出行考

全球私家车忧思录

Straphanger: saving our cities and ourselves from the automobile
Taras Grescoe

[加拿大]塔拉斯·格瑞斯科 /著
陈信宏 /译

海天出版社（中国·深圳）

图书在版编目（CIP）数据

出行考：全球私家车忧思录 /（加）塔拉斯·格瑞斯科著；陈信宏译. — 深圳：海天出版社，2018.5
（大家译丛）
ISBN 978-7-5507-2285-9

Ⅰ．①出… Ⅱ．①塔… ②陈… Ⅲ．①城市交通运输-研究-世界 Ⅳ．①U12

中国版本图书馆CIP数据核字(2018)第005851号

版权登记号　图字：19-2017-215号
STRAPHANGER: Saving Our Cities and Ourselves from the Automobile by Taras Grescoe
Copyright © 2012 by Taras Grescoe
Published by arrangement with Henry Holt and Company, New York.
All rights reserved.
本书中文译稿由时报文化出版企业股份有限公司授权，同意经由海天出版社出版中文简体字版本，非经书面同意，不得以任何形式任意重制、转载。

出行考：全球私家车忧思录
CHUXING KAO：QUANQIU SIJIACHE YOUSI LU

出　品　人	聂雄前
责 任 编 辑	胡小跃　幸绍菲
责 任 校 对	林凌珠
责 任 技 编	蔡梅琴
封 面 设 计	知行格致

出版发行	海天出版社
地　　址	深圳市彩田南路海天综合大厦　（518033）
网　　址	www.htph.com.cn
订购电话	0755-83460239（邮购）　83460397（批发）
设计制作	深圳市龙瀚文化传播有限公司 0755-33133493
印　　刷	深圳市华信图文印务有限公司
开　　本	787mm×1092mm　1/16
印　　张	22.25
字　　数	280千
版　　次	2018年5月第1版
印　　次	2018年5月第1次
定　　价	48.00元

海天版图书版权所有，侵权必究。
海天版图书凡有印装质量问题，请随时向承印厂调换。

目 录

引 子
中国·上海 / 001
    一名公共交通运输乘客的告白 / 005
    石油大冲击 / 008
    汽车的祸害 / 011
    轨道与尾灯 / 014

1 被时间遗忘的地铁线
纽约州·纽约 / 019
    搭乘T线 / 024
    "15分钟抵达哈姆勒区！" / 029
    第二大道的故事 / 036
    大刀阔斧砍除障碍 / 043
    哈得孙河上的阿姆斯特丹 / 049
    泰珀是一名公共交通运输乘客 / 053

2 加强联结

加利福尼亚州·洛杉矶 / 057
 10亿美元的玉米卷 / 058
 《谁陷害了兔子罗杰》理论 / 062
 高速公路的折磨 / 068
 公交车乘客与地铁市长的较劲 / 071
 市中心的问题 / 080
 没有空屋 / 084
 洛杉矶品牌 / 090

3 通往地狱的公路

亚利桑那州·菲尼克斯 / 094
 扩张型城市的拥护者 / 097
 没落凋零 / 101
 从花园城市沦为市郊贫民窟 / 105
 赖特的错误 / 114
 密集度是否注定了城市的命运? / 117
 溪谷热 / 120

4 巴黎的救赎

法国·巴黎 / 124
 一个霸王车乘客的告白 / 127

巴黎朝圣之旅	/ 131
超级地铁	/ 141
双城忌	/ 146
巴黎浩劫	/ 152

5 哥本哈根综合征

丹麦·哥本哈根	/ 155
自行车天堂	/ 163
对汽车的无声反抗	/ 170
良性循环	/ 175
驯服猛兽	/ 177
快乐因子	/ 181

6 傻瓜与道路

俄罗斯·莫斯科	/ 186
巴洛克大营	/ 190
兴建社会主义地铁	/ 195
地下的恐怖事件	/ 200
公共交通运输的意识形态	/ 205
乘客	/ 207

7 列车城市

日本·东京 / 209
 列车城镇 / 217
 特快列车与叮叮电车 / 219
 道路族与铁道迷 / 226
 东急，东急，东急 / 230
 陆地喷气式飞机 / 235
 轨道上的教训 / 236

8 窝囊废游艇的逆袭

哥伦比亚·波哥大 / 243
 街上的地铁 / 246
 零钱战争 / 251
 市公交车的胜利 / 257
 受困于自身的成功 / 262
 摆脱悲剧 / 267

9 良好的骨架

俄勒冈州·波特兰
不列颠哥伦比亚省·温哥华 / 269
 高速公路上的野餐 / 272
 高速公路反对者 / 278

新郊区主义　　　　　　　　　　/ 282
　　良好的骨架　　　　　　　　　　/ 289
　　有好有坏的"温哥华主义"　　　　/ 292

10　下一座伟大的城市
　宾夕法尼亚州·费城　　　　　　　/ 301
　　第一城原则　　　　　　　　　　/ 310
　　朝着目标迈进……　　　　　　　/ 316
　　无车的西费城　　　　　　　　　/ 320
　　头脑不清的选择　　　　　　　　/ 326
　　橡胶轮胎与铁路　　　　　　　　/ 328

11　即将来临的改变
　魁北克省·蒙特利尔　　　　　　　/ 335

致　谢　　　　　　　　　　　　　/ 345

本书英文原著出版于2012年,书中人物、事件、数据的时效性及涉及时间的相关表述皆以此为前提。

引　子

中国·上海

在上海车展会场上，对于那些准备购入人生第一部车的买主而言，未来一片光明，甚至灿烂夺目。在宽敞的展示厅里，身材窈窕的车展女郎穿着晶莹闪亮的尼龙晚礼服与人造皮迷你裙，斜倚在流线型的发动机盖上，宛如达利画中披挂在树枝上熔化的钟表。梦幻般的概念车慵懒地在旋转平台上回旋着：吉利魔卡是一辆迷你油电混合动力车，掀背后厢大得超乎寻常，打开后可以从中取出一部摩托车；还有装饰着镀铬栅板的吉利帝豪，配备V8发动机、后座按摩椅与内置冰箱，介绍手册称其"可让人充分享受移动的乐趣"。

身处这拥挤的人潮当中，一个外来访客的心绪不免在消遣与敬畏之间摆荡。"长城风骏""江铃陆风"等车款名称实在让人印象深刻。每隔几分钟，随着一笔笔交易成交，展示厅里即可见到不断闪烁的闪光灯，掌声此起彼伏地回响着：扬扬得意的新车主获得一束鲜花、一幅裱框照片，还有一袋礼品，同时接过车钥匙，准备把一辆全新的朗逸、旗云或美人豹开回家。

你能明显感受到现场的购买欲望。中国2011年售出了超过1850万辆车，已超越美国，成为世界上最大的汽车市场。在为期8天的展期内,共有75万人在上海车展17个有如停机坪般的展厅出入——此展目前已是世界大型车展之一,并已超越纽约车展——人们排队等着抚摸车身烤漆、操作排挡、开关车门,梦想着拥有现代世界的终极消费商品——私家车。

2012年车展的一大新闻,就是超小型汽车已不再是焦点,各大车厂也将混合动力车与电动车抛在一旁,回头推销老式的汽油轿车。多年来,售价不到5000美元①的奇瑞QQ——一辆果冻豆形状的省油小车——一直是中国畅销的车款。不过,力争上游的中产阶级近来眼光更高了。中国现在最畅销的车款之一是比亚迪F3,一辆四门轿车,外形与丰田卡罗拉极为相似,标价约9300美元。比亚迪F3在2010年卖了20万台以上,由此可见,中国消费者在汽车购买上已然踏出一大步,从入门小车发展到中型车。

展厅里一辆配备电动天窗、仪表板装有空气清新器的银色比亚迪F3吸引了陈淑丽(音)的注意。她是一名来自上海静安区的年轻妈妈,陪着先生一起来车展参观。

"我们的孩子还小。听说比亚迪F3很安全,又实用。"陈淑丽说,"我们只是看看,还不确定是不是真负担得起。我们现在没有车。我没工作,我先生在一家工程公司上班,我们平时都搭地铁,一趟大概要45分钟。我不确定他开车上下班是不是会缩短时间。"她的先生已走到一旁去看一辆比亚迪S6,那是一辆零售价比F3高出一倍的SUV(运动型多用途汽车)。"不过,"陈淑丽接着说,"我们想买车主要是为了探望我爸妈。他们住在浙江的一个小镇里,我们现在得转两次公交车再叫出租车才到得了。我的朋友们大部分都还没有车,出门都是搭公交车和地铁。"

对于陈淑丽和她先生而言,车展上展示的车辆意味着一定的身份地位、自由与便利的未来。不过,那些开车来看车展的人,也许早

---

① 2012年,1美元约等于人民币6.23元。——编注(本书脚注除特别注明外均为原注。)

已体验到一个遭到汽车大幅破坏的环境。在上海内环线这条双层道路上，雾霾最严重时让人连前车的尾灯都看不太清，通往浦东的杨浦大桥——长度全世界数一数二的桥梁——在交通状况最差时也会变成一座六车道停车场。烧煤厂的废气排放加剧了中国的空气污染程度。在这座人口多达2400万而且挤满车辆的大城市里，如何改善空气质量确实已成为民众和政府最重视的问题。

20世纪60年代，上海最常见的汽车是政府官员所搭乘的红旗汽车。截至2016年年末，上海汽车保有量约为320万辆，为了解决交通堵塞问题，政府收取高昂的车辆登记费，并且禁止自行车骑上主干道。和中国的塞车现象相比较，洛杉矶的交通简直如田园般悠闲。为了促进交通顺畅，中国计划到2030年建成一套总长约12万公里的高速公路网。这套道路系统的规模已超过欧盟和美国的高速公路网。如果不及时地加以治理，中国的二氧化碳排放量将有可能持续高居世界前列。

把西方长达百年的汽车发展史浓缩在短短几年内完成，中国并不是唯一的国家。在印度，汽车制造商拉登·塔塔推出了"纳米"（Nano）小车。这是一种宽1.5米的迷你车，车速97公里每小时，标价2500美元，这是目前印度迅速增长的、人数已达3亿的中产阶级负担得起的价钱。塔塔认为，每个印度人都应该拥有自己的车辆，但在班加罗尔与海得拉巴等城市，新增的数十万辆低价汽车已经造成几乎永远疏通不了的交通堵塞。按照目前的发展速度，全球汽车数量预计将在2050年增长到将近30亿辆。这些新增的汽车有许多都将由中国或印度制造，甚至可能绝大部分都是如此。中国的吉利汽车公司在不久之前买下了沃尔沃汽车公司；塔塔买下了捷豹与路虎；生产比亚迪F3的比亚迪汽车公司——传奇投资家巴菲特是这家深圳企业的主要股东之一——更已设定目标，希望在近几年成为全世界最大的汽车制造商。

游客若想逃离车展的拥挤人潮，可以有两种选择：第一种是叫一辆出租车,闯入上海的车流当中;第二种则是搭乘地铁。中国在展开其雄心勃勃的公路兴建计划之际,也对城市公共交通运输及城际铁路进行了庞大的投资。重庆、杭州与成都——这些城市在西方人耳中听来虽然非常陌生,却都是人口比芝加哥还多的大城市——轨道总长达数千公里的全新地铁系统都已接近完工。中国的主要城市早已由长度超过2.2万公里的高速铁路连接——其中包括以350公里的平均时速往返于广州与武汉的和谐号列车。上海地铁在第一条路线开通之后,短短十几年已增至14条路线,轨道总长度也达到617公里,成为世界上里程最长的地铁系统。

选择比亚迪F3还是地铁?中国未来的道路建设,为私家车和公共交通工具双双做了规划。然而,地球的命运恐将取决于人们会在这两个选项之间做出何种取舍。若是依循西方世界的经验,以汽车和高速公路为核心,扩张城市,那么发展的前景似乎不妙;若是把赌注压在一般公共交通工具和适合人们步行的道路设计,那么环境保护就还有希望。

至少就今天而言,陈淑丽和她先生做了务实的选择。在车展逛了一个下午之后,他们走到几百米外的地铁站,穿越闸门,在月台上看着悬挂屏幕上播放的孕妇装与冰咖啡广告,等着下一班列车到达。搭乘一趟地铁的费用相当于45美分[①],而且每一分半钟就有一班车。列车上虽然人满为患,乘客也不免互相推挤,但这些由庞巴迪公司制造的列车全都洁净明亮,又有空调。这对夫妻在车厢中央找到了立足的空间,抓着垂挂在车顶栏杆上的拉环。不到半个小时,他们就能回到位于静安区的公寓。

汽车不免引人遐想,但在未来发展迅速的城市里却不一定是最好的出行方式。在21世纪的上海,地铁绝对是回家最快的方式。

---

① 1美元等于100美分。——编注

> 只有窝囊废才会年过四十还搭地铁。

——萨尔瓦多·达利

> 26岁以上的人要是还搭公交车,无疑是个失败者。

——第49任英国首相玛格丽特·撒切尔

一名公共交通运输乘客的告白

我承认:我搭公交车。

更重要的是,我经常搭乘地铁、电车、轻轨与高铁。我虽有驾照,却从未拥有过汽车。除了偶尔租车之外,我在这40多年的人生中,日常出行都是依赖自行车、步行以及公共交通工具。要是你认同英国前首相撒切尔夫人的话,那么我将近20年都过着失败的人生。平日出入都由司机驾驶凯迪拉克接送的达利比较仁慈,根据他的说法,我身为窝囊废只有几年而已。但我丝毫不以自己的乘车卡为耻,反倒认为这是荣誉的标志:我是个公共交通运输乘客,而且只要我还能靠着自己的双腿走到街边的公交车站,我就打算保持这样的身份。

我并不孤单。地球上有多达9亿辆车,而且数目还在不断增加,但人口却有70多亿,也就是说,绝大多数人都是靠着公交车、渡轮、火车、电车或地铁出行。换句话说,这些人往返于工作地点、学校或菜市场,都必须扮演公共交通运输乘客的角色:这样的人不论出于自愿还是被迫,都依赖公共交通工具而非私家车。

纽约、多伦多与伦敦皆有半数人口没有私家车。在亚洲与非洲这两个全世界人口最多的大洲，大多数人也都利用公共交通工具往来各地。地铁系统每天载运的乘客达1.55亿人，是全球飞机乘客数的34倍。据估计，当今全球公共交通运输市场一年的价值达4280亿美元。在内燃机诞生一个半世纪后的今天，驾驶私家车仍是少数现象。

尽管如此，公共交通工具在许多人的心目中却仍是光鲜亮丽的反义词——是那些时常违反交通规则、没钱负担汽车保险或是体衰病弱得无法操控方向盘的人士不得不采用的交通方式。这种看法在北美洲的大部分地区确实没错：搭乘公共交通工具实在是种令人沮丧的体验。你只要在街边等过姗姗来迟的公交车，上车之后又发现车上不仅人满为患，行车速度更是缓慢不已；或是曾经奋力拖着行李搭乘地铁或接驳车前往大城市的机场，就会知道这里的公共交通工具通常都因经费不足而保养不佳，路线规划也令人摇头。只要有机会，谁不想开车？自己开车似乎总能更快抵达目的地。

事实上，也许并非如此。公共交通运输若是做得好，速度可比自己开车更快，舒适度更高，成本也更低廉。在上海，由中国和德国合作制造的磁悬浮列车以430公里的时速在高架轨道上滑行，以超过声速三分之一的速度将乘客送往机场。在法国的乡下城镇，电车靠着橡胶轮胎安静地行驶，沿着嵌于石板路的单一导轨滑行于狭窄的街道上。从西班牙到瑞典，配备无线网络的高速铁路与路网密集的地铁系统无缝衔接，可让上班族当日往返距离遥远的大城市间参加会议，并在途中利用笔记本电脑准备会议所需数据。在拉丁美洲、中国与印度，上班族搭乘快速公交车，行驶在有如地铁线般的公交车专用道上，而富人驾驶的轿车与SUV只能在堵塞的车流里眼睁睁看着公交车呼啸而过。有些城市还在街道开辟出自行车快速通道，大幅提升公众安全及健康指数，以及城市的居住舒适度，使寻常的自行车得以转变成一种可行的公共交通工具。

你若是认同人口统计学家的看法，那么这种公共交通运输趋势显然具有可持续发展的潜力。在21世纪初出生长大的"千禧世代"，如今人数已超越"婴儿潮世代"①，他们在居住选择上都倾向于舍市郊而就市区，也比父母更愿意搭乘公交车和地铁。部分原因是他们经常使用平板电脑、MP3（音乐播放器）、Kindle（电子书阅读器）和智能手机等电子产品，一旦不开车，即可利用上下班时间发些短信，而且耳机又可尽可能隔离上下班途中各种恼人的事物。尽管美国当前的青少年人数比以往都要多，却只有1000万人持有驾驶执照（上一辈则是1200万人）。婴儿潮世代也许生长于《天才小麻烦》（*Leave It to Beaver*）剧集里的那种典型市郊居住区，但他们退休之后，却有一大部分人宁可住在较为老旧的城市或密集的城镇里，便于步行或骑自行车出行。此外，老年人也较倾向于搭乘公共交通工具；到了2025年，美国预估将有6400万人年龄超过65岁。目前，华盛顿、亚特兰大与丹佛等地的老区，特别是接近轻轨或地铁车站的社区，房价都已远高于市郊地带。欧洲与亚洲城市的经验显示，只要政府愿意构建便利、舒适、快速又安全的公共交通运输系统，放弃自驾车而改搭公共交通工具的人口比例将会出乎意料的高。

对于那些希望自己居住的社区与外界隔绝、出入都驾驶SUV，并且喜欢逛精品购物中心的人士而言，公共交通运输系统在他们眼中不免永远显得简陋、危险又不便。不过，如今世界各地都已开始掀起一场出行方式的革命。先前以汽车为中心的城市也因此出现了本质性的变化，不但把街道改造得更为宜人，也恢复了城市迫切需要的元素——真正的公共空间。

---

① 婴儿潮世代指二战之后的1946年至1964年在美国出生的近7600万婴儿，约占美国目前总人口的三分之一。——编注

石油大冲击

美国是史上汽车化程度最高的国家。[①]2010年，美国的登记车辆共有2.55亿辆，持有驾照的驾驶员却只有1.96亿人。换句话说，现在美国的汽车保有量与驾驶员人数的比例约为5∶4。平均每个美国家庭拥有1.9辆汽车，每年保养的花费达1.67万美元——这些还不包括停车与罚单的支出——比饮食和医疗的花费加起来还多。

2008年夏季，原油价格飙升到创纪录的每桶约147美元。自此之后，原本在20世纪90年代每加仑[②]要价不到1美元的汽油，在部分加油站的价格已大致维持在每加仑4.5美元以上。这次价格飙升造成的震撼效果丝毫不亚于1973年与1979年的石油危机。两家世界最大的汽车制造商因此破产。曾是全球最大汽车企业的通用汽车公司，在接受了500亿美元的政府补助金之后，现在已由美国财政部持有部分股份。2008年的金融风暴成因复杂，许多经济学家认为金融自由化与次级房贷危机并非最主要因素，是高涨的油价给消费者信心带来了致命一击，从而导致全球性的经济衰退。

过去20年，在日本早已成为风潮的去汽车化现象，如今可能也已传入美国。2009年，美国人的汽车购买量为1000万辆，但却报废了1400万辆。这400万辆的净减数，是美国自第二次世界大战以来首度出现汽车数量减少。（联邦政府推行"旧车换现金"计划，以现金

[①] 运输学中以"汽车化"一词描述一个国家里私家车的普及程度。只要每千人拥有400辆汽车，即达到了大规模汽车化。美国在1958年达到大规模汽车化；中国目前每千人有140辆汽车，预计将在2050年达到大规模汽车化。

[②] 本书中的加仑指美制加仑，1加仑约等于3.78升。——编注

鼓励民众报废旧车，换购较为省油的新车；不过，这项计划仅促成70万辆车的替换，因此在这次减量现象中只扮演了极小的角色。）人均汽车行驶里程——目前最可靠的汽车依赖程度指标——在2005年前后开始下降，2012年已达到自2000年以来的最低点。在生产方面，汽车行业里稳定的终身工作机会已成往昔回忆。随着底特律的失业率逼近20%，并有数以千计的住宅遭到拆除，这座曾经号称"汽车之城"的城市已有不少地区回归荒野，在距离市中心仅几分钟车程的地方还可见到河狸在水中建造水坝。[1]

投注资金促使汽车产业复苏，本是明智的做法，问题是，能源生产的前景极为严峻，特别是在化石燃料方面。所谓的"石油峰值"[2]，即全球石油存量的消耗已近半数，长久以来被认为是阴谋论者所言，但近来却被地质学家、金融家与石油业者公认为是迫在眉睫的情况。2010年，高度保守的国际能源署宣布，如果石油需求一如既往地持续增长，传统石油的产量将在10年内达到峰顶。

"就算石油需求量维持在当前的程度不再升高，"国际能源署首席经济学家法提赫·比罗尔在2011年坦言，"全球每日石油总产量也必须增加超过4000万桶——相当于4个沙特阿拉伯的石油产量——才能抵消当前的衰退情形。"

随着现有油田逐渐干涸，其他非传统的石油来源——例如加拿大艾伯塔省的油砂——已开始受到重视。不过，从油砂提炼石油需要消耗大量的水和天然气，不但耗费能源，而且严重危害环境。用于从页岩沉积层当中提炼天然气的水力压裂技术，早已被怀疑是导致北美洲地下水普遍遭受污染的元凶。2010年美国墨西哥湾原油

---

[1] 2013年7月18日，底特律正式申请破产保护，成为美国历史上最大的破产城市。2014年12月10日，底特律宣布将结束法庭保护，正式宣告摆脱破产。——编注

[2] 石油峰值论为1953年美国地质学家哈伯特所提出的理论，他认为，石油作为不可再生资源，任何地区的石油产量都会达到最高点，达到峰值后，该地区的石油产量将不可避免地开始下降。——编注

泄露事件导致3个月内有2亿加仑石油流入墨西哥湾,更是突显出目前人类为了取用地球上仅剩的石油已有多么不择手段。事实上,我们早已在极短的时间内耗用太多化石燃料,对地球造成极大的伤害。我们若彻底用尽地底尚存的石油,将会释放出3兆吨的二氧化碳,足以带来最可怕的全球变暖,造成冰帽与冰川融化、海洋酸化,沿海城市也将惨遭淹没。换句话说,"一如既往"正是通往全球灾难的途径。

当前使用的石油(不久之后也许会告罄)太多都用在让汽车奔驰于道路上。全世界90%的石油都用作燃料,单是美国的车辆所消耗的石油量已达一天900万桶,占全球每日石油产量的十分之一。全球汽车产业虽然试图以电动车及混合动力车扭转形象,但以电力替代燃料的做法本身就问题重重(美国有半数的电力来自燃烧后会产生二氧化碳的煤)。①

"石油顶峰"不是2008年夏季油价飙涨的成因——石油需求量的上升才是较直接的原因——但高价乃是一个预兆。阿拉伯世界的动荡不安已导致油价高度不稳,不论怎么看,廉价能源的前景都不被看好。偏远市郊地区可容纳3辆车的大车库迟早将成为难以想象的奢侈享受,汽车文化也将出现剧烈变化。

尽管现在说不定已有某个当代爱迪生在堪萨斯州的工作室里发明出低成本的可携式低温核聚变反应堆,但就算明天立刻出现一辆零排放的神奇轿车——只需加自来水即可行驶,而且排出的还是带有熏衣草香的废气——也仍然解决不了汽车的基本问题。

汽车从来就不是适合美国城市的科技。以汽车作为全世界的公共交通工具,更是一大灾难。

---

① 飞机的耗油量虽然非常大,但这种空中交通工具的数目却远远少于地上的车辆。据估计,航空产业排放的温室气体占总量的3%,而汽车却占了10%,还不包括卡车和摩托车。在全球变暖的人为因素当中,汽车造成的危害仅次于发电厂。

汽车的祸害

1899年9月13日,一个名叫布利斯的房屋中介在纽约西74街与中央公园西路的交叉口下了电车,这时右侧车道的一辆出租车为了闪避卡车不幸撞上他,碾碎了他的头部与胸部。他在第二天因伤重不治身亡。据记载,这是美国第一位汽车事故的死者。

不过,你若是想找出最近一位汽车事故的死者是谁,恐怕非常不容易:光是在刚刚过去的这1分钟内,世界上也许就有2个人命丧车轮下。汽车每年在世界各地夺走125万人的性命,造成2000万至5000万人受伤。[1]这样的"大屠杀"相当于每天有十几架满载乘客的巨型客机坠毁,而且毫无生还者;然而,又因为车祸早已成了家常便饭,以致绝大部分的死亡事故都未被报道——仿佛因撞击玻璃与金属而死已成为一种"自然死亡"。相较之下,战争剥夺人命显然缺乏效率:在10至24岁的人口当中,车祸早在许久之前就已击败武装冲突,成为该年龄层的首要死亡原因。

光是从公众健康角度考虑,我们就足以提出反对汽车的充分论据。虽然美国汽车排放标准已有所改善,但造成的污染每年仍然夺走3万名美国人的性命。研究证明,拥有汽车是让人变得又胖又懒的原因之一:一项针对亚特兰大的驾驶员所进行的调查显示,每天开车的时间每增加1小时,肥胖的程度就会增加6%。(1969年,美国儿童有半数都靠步行或骑自行车上学,当时的儿童肥胖率为14%。

---

[1] 尽管有安全气囊与安全带的保护,美国每年仍有超过4万人死于车祸,因此造成的经济损失更是达到4330亿美元。

今天，84%的儿童都由父母驾车接送上学，体重过重或肥胖的儿童比例也提高到45%。）待在车上的时间也与社交隔离强烈相关：每天开车上下班10分钟，对于社区事务的参与就会下降10%。美国人待在车上的时间极长，肿瘤科医师指称，驾驶员的身体左侧罹患皮肤癌的概率远比右侧高。

不过，汽车最恶性的冲击是在建筑环境上。从独头巷道①到沃尔玛商场占地几十万平方米的停车场，城市吞噬了面积大得难以想象的土地。举例而言，美国的达拉斯与沃思堡已合并成一座面积与以色列相当的大都会。美国有极高比例的人口都住在所谓的扩张型城市——低密度的独栋住宅杂乱散布于城市边缘，几乎没有任何规划。结果就是这些居民全都彻底依赖汽车。为了接送孩子上学、去商场购物，以及上下班，一般家庭每天平均开车出入11趟。此外，柏油路也的确占用了许多土地：若是将全美的柏油路面集合起来，将可形成一座面积比佐治亚州还大的停车场。

即便在经济衰退时期，汽车文化的宣传仍然到处可见。消费者不断被告知拥有车辆能带来自由：可让不安分的叛逆人士摆脱令人窒息的城市街道，上66号公路快意奔驰；可让厌倦嘈杂的城市人利用周末到国家公园好好歇息；可让人在诸事不顺时暂时出逃。从斯坦贝克的《愤怒的葡萄》(The Grapes of Wrath)里那辆载满床垫的老爷车，到凯鲁亚克的《在路上》(On the Road)里由迪安驾驶的那辆1949年的哈得孙汽车，还有汤普森的《惧恨拉斯维加斯》(Fear and Loathing in Las Vegas)里的"大红鲨"，以及最新一部的《速度与激情》(Fast and Furious)电影当中那些改装得让人眼花缭乱的本田跑车——流行文化传播拥有一辆汽车就等于拥有一张通往冒险之旅的门票这一理念（在一则广告里，一名年轻人把闹

---

① 在美国，因为很多人开车，所以独头巷道的尽头通常会有一段U字形的路面，像袋子的袋底，用于掉转车头。——编注

钟设定在清晨4点,以便驾驶他新买的大众汽车外出兜风。确实没错,在大部分城市,道路只有在凌晨时分才会空旷到足以让人觉得享受)。私家车持久且大幅度地拓展了我们的视野。不过,在这个过程中,我们周遭的世界也全被铺上了柏油。

情况为什么会变得这么糟?在北美洲,数十年来的政府政策已使得私家车成为实际上的公共交通工具。10个美国人中就有9个开车上班,而且这些上班族中有四分之三以上都是独自开车上班的。由于交通堵塞,目前美国人平均每天上班时间为51分钟,而美国有350万人口算得上是全职上班族——上下班就得花费3小时以上。得克萨斯州交通研究中心指出,交通堵塞造成的时间与燃料浪费,导致美国经济每年损失1150亿美元——平均每人损失808美元。即便目前经济衰退,这个数字仍比过去10年提高了50%。此外,上下班时间的长短也与不快乐的程度息息相关。一项针对上下班途中花费时间超过两小时的德国驾驶员所进行的研究显示,他们的收入必须比非上班族高出40%,才会满意自己的生活;而夫妻之间若有一人的上下班时间超过45分钟,离婚概率也高出40%。

汽车不可能在短时间内消失,它一方面有如蚕茧让人与外界隔离;另一方面又如驮马,巧妙地调和了人类两种互相矛盾的冲动:一边是对于家与安全的需求,另一边是对于外出流浪体验世界的渴望。在偏远的乡间地区,汽车的运输能力至关重要;在城市里,汽车也有许多无可取代的功能——汽车这项发明毕竟太有用,永远不可能彻底消失。的确,由于过去几个世代以汽车为中心的发展,无车生活[①]看起来也许像是一种不可能的梦想(特别是对于正在养育幼年子女的夫妻而言)。根据目前大部分城市的规划形态,呼吁拒绝汽车恐怕有如要求众人丢掉冰箱靠冰桶过活,或是丢掉吸尘器只靠扫把清理家里一样。然而,汽车文化已经碰到瓶颈——这很可能是

---

① 作者于本书中所提及的"无车生活"特指无私家车的生活。——编注

件好事。我们正该借此机会审视自己不合理的梦想：包括为所有人兴建畅通无阻的高速公路、为大众打造宽敞的郊区居住环境，以及让家家户户都拥有一辆SUV。

还有一个长期趋势也对汽车不利。由于农业持续工业化，目前已是人类史上城市人口首次多于农村人口的时代。往后30年，全世界的城市人口预计将再增长30亿。未来是城市的世界，而这点对于地球很可能是一项恩惠：人口密集聚居在城市里，不仅可让乡间与荒野地区免于不该有的人类冲击，也比分散居住的郊区更节省能源。不过，如果城市化带来的是时间更长的交通堵塞、无止境的扩张、更多的二氧化碳排放量，以及全球大塞车，那么我们就得面对一个简单的现实了——人类若不开始规划控制汽车数量增长的方案，恐怕也没什么未来可言了。

轨道与尾灯

我对汽车的敌意由来已久，但我这种感受是有充分原因的。在我还小的时候，我们举家搬到北美洲西北岸。当时我们的街道充斥着汽车，导致我们没办法玩街头曲棍球与踢罐子游戏，这种状况必定在我幼小的心灵里唤起致力于城市规划的志向。我用脚步测量了我们的街区之后，用厚纸板盖了一座模型，以"大富翁"游戏的饭店棋子充当房屋，将我们的街道规划成汽车禁行区，货车以及当地公交车都行驶于后巷。我带着这座模型到当地电视台，热切地倡议将街道转变为公园——一个8岁大的城市规划小专家，身穿白色套头毛衣，蓄着"豪迈王子"的发型，对于行人交通安全怀有强烈的意见。

后来，20岁出头的我郁郁不得志，在一家牙医诊所担任送货司机。那份工作一点都不迷人：我打卡上班，整天开车找寻停车场，提着一袋袋的假牙搭乘办公大楼里的电梯,然后再打卡下班。每周工作40小时的我从挡风玻璃后看着这个世界,对于脚步缓慢的行人与突然窜出的自行车骑士越来越愤怒,俨然成了电影《出租车司机》(*Taxi Driver*)里愤世嫉俗的主角。下班之后,我便骑上自行车,立刻摇身变为一个伪君子,一路上诅咒着汽车以及汽车排放的废气。在6个月的开车生涯里,我被追尾过两次;而且,我还肩膀酸痛,腰胖了一圈,每天在车流当中累积下来的激动情绪也导致我的脾气变得暴躁不已。

有一次,在送完货返回牙医诊所的途中,我朝后视镜瞥了一眼,看见我后面的一辆小型车突然停了下来,无疑是爆胎或发动机熄火了。当时我们正位于市区快速道路上一段视线不佳的长弯道,因此我立刻心知那名司机陷入大麻烦了。我才刚瞥见他脸上的惊慌表情,紧接着便看到他被后方一辆18轮大货车追尾,整个人从车窗飞了出去。我没有看到后果——大家都知道没有路肩的快速道路不能停车——但我永远忘不了那个人临死之前的恐慌神情。那天打卡下班之后,我就辞掉了那份工作。

当时我便下定决心,汽车不会在我的人生中占据重要地位。不只是因为开车讨生活的工作单调乏味,而是汽车给我的感觉就是不对。我觉得自己在塑料、玻璃纤维与金属构成的车辆中每待一刻,仿佛就是少活了一刻。我后来踏上旅游作家的职业道路,更进一步证实了我的直觉:搭乘飞机——可以,这是达成目标的必要手段;搭乘火车与船只——完全没问题;至于开车呢——只有在别无选择、逼不得已的情况下才勉强为之。能让我觉得意义深厚的地方,往往都是我步行抵达之处。

读者可别误会——担任送货司机的经历并没有对我造成什么性格上的创伤,我没有因此罹患强烈的汽车恐惧症。我活在真实世界里,也就是说,我仍然会定期更换驾照,必要时也会租车。我在青少年时期曾经疯狂热爱底特律的各种酷炫车型;即便到了今天,一辆保养良好的雪铁龙DS还是会吸引我的目光。不过,对我而言,这种零首付、月付299美元即可获得的轻松移动方式，是一种恶性循环的开端，从此将让人陷进自私、路怒与道德沦丧的无底深渊，生活中的目标也只剩下购物中心与封闭的高级社区。我现在抱有的信念是：你如果真的想在这世上享有自由，绝对不要买车。

过去几年，北美洲已出现一项重大变化。在佛罗里达州、内华达州、亚利桑那州与加利福尼亚州，有许多庞大的郊区、"以距离换取低房价"的住宅区，以及边缘城市，原本都是在认定化石燃料会永保低价的前提下建成，现在却因为次贷危机造成的后果而陷入困境。报纸上越来越多的报道提到牧场式住宅被人用作制毒实验室，废弃的"伪豪宅"里水管与电线被拾荒者拆除一空，人口统计学家也宣告市郊的贫穷人口已超过了市区——这种形势的逆转，是上一代人无法想象的。过去备受丑化的"市中心贫民区"，近来似乎开始成为宜居的好地方。工厂已从老市区中心搬迁到州际公路旁，因此市区也跟着摆脱了工厂造成的污染。此外，尽管城市街道上的交通仍然堵塞不已，城市里的废气污染在过去20年来却因为越来越严格的汽车排放标准而消退了不少。现在的纽约市人口平均寿命甚至还比全美平均寿命多了1.5年。

"一直以来，联邦政策其实鼓励了城市扩张、塞车与污染，而不是高质量的公共交通运输与明智持续的发展。"奥巴马在2009年的一场城市事务高峰会上如此宣称。在他的执政下，联邦政策开始将部分公共资源转移到城市，并且特别强调改善公共交通运输。从洛杉矶到纽约，陆续有许多新的地铁轨道开始铺设，而轨道交通也再次成为城市发展与市政成就的象征。在美国街道上消失已久的电车，也开始重新出现在各个意想不到的地区，如休斯敦、丹佛与盐湖城。

就许多方面而言，我们已经进入城市公共交通运输的黄金时代：精密的软件与导航设备可让公交车与火车的发车更有效率，逐渐上升的搭乘率提供了改善服务所需的经费，可重复储值的乘车卡让换乘变得相当便利,智能手机也让上班族能够获取实时班车信息。随着自驾频率的降低,大众对于公共交通运输的需求也随之增长:2010年,美国公共交通运输的载客量创下54年来新高,达到一年102亿人次。对于像我一样,认为人生不该只是绕着私家车打转的人,以上种种都是绝佳的消息。

在某种程度上,本书讲述的是关于一个坏主意的故事,这个坏主意就是认为我们的大城市应该围绕汽车而不是人的需要来建构。昔日那些条理分明的社区遭到匝道与高架道路的恣意切割,生活质量因此下降之后,居民便逐渐迁出,于是快速道路也就从此嵌入大城市的肌理。汽车缩减了公共空间,从而将原本美妙的城市变成了不宜居的地方。

除此之外,本书也将讲述若干极佳的构想。世界各地许多充满活力与理想的人士都致力于复兴一度遭到遗弃的社区。这项运动被赋予了各种不同名称:公共交通导向发展①、智能型增长、新城市主义。这些做法一旦"遇人不淑",也有可能只是空口白话,甚至沦为各种徒然浪费资源的措施,和草率建设的市郊社区一样有害无益。不过,宜居城市与宜行小镇的倡导者可能确实发现了通往未来的重要途径——只要在发展中纳入规划明智的公共交通运输系统,我们便可创造更加持久而且——这点至关重要——更为文明的社区。

在此要提醒读者一点:我不是铁道迷,不是电车狂,也不是铁路机动车的爱好者。②我虽然喜爱大城市的地铁系统所具有的那种粗

---

① 公共交通导向发展(transit-oriented development,简称TOD模式)是指以公共交通站点为中心,以400至800米(5至10分钟步行路程)为半径建立居住区、商业区、休闲区,或混合功能区,使人们在不排斥小汽车的同时能方便地选用多种公共交通出行方式。其目的是协调城市发展过程中产生的交通拥堵和用地不足的矛盾。
② 铁道迷又称为"飞沫客",因为他们只要一谈起转向架与集电弓,总是不免口沫横飞;不过,他们倒不必然是"电车狂",对于古董电车乃至燃油驱动的铁路机动车不一定具备广博的知识。

犷魅力，也认为搭乘火车旅行是人生中的一大乐趣，但我对运输科技的兴趣却远次于我对城市的热爱。简言之，我之所以喜欢地铁、公交车与火车，原因是我认为这些公共交通工具比汽车与高速公路更能造就良好的环境。

另外还有一点。我在过去20年走访了许多城市。20世纪90年代初期我在巴黎待过，旅行过程中也曾在欧洲、亚洲与美洲的许多大城市待过好几个月。虽然我的朋友与家人搬到了郊区或乡下，我却从没失去对老市中心的信心。尽管我知道市中心的房租有多贵，污染有多严重，入室盗窃的情形有多常见，交通状况又有多可怕，但在我眼中，城市生活向来都是利大于弊。况且，城市的环境也明显变得越来越好了。才不过短短几年，我就目睹了城市智能化、运输政策的改善以及人口结构的变动将生活质量原本仅是尚能忍受的城市转变成真正适宜居住之处。

后来，我发现蒙特利尔似乎满足了我对城市的各项要求，又认识了艾琳这位让我想安定下来的女子，于是我的观点真正开始出现转变。不久之前，艾琳和我结婚，我们一起买下一间房子。过了不久，艾琳说她怀孕了。当初我开始规划未来时，为人父母还只是想象中的情景。现在我真的即将为人父了，我先前对于城市的未来提出的问题也就不再那么抽象。我发现自己想知道艾琳和我是否做了正确的选择；还是说我父母那一辈在20世纪抛弃了交通堵塞、空气污染与犯罪猖獗等现象都越来越严重的城市才是正确的做法；或者，我们是不是能够借着一点想象力与意志力，将21世纪的城市重新塑造成人们愿意在其中生活、发展、建立家庭的地方。

我知道，若要回答这个问题，我得看看世界各地的人士正采取什么措施改善他们的城市环境。虽然这只是我的直觉猜测，但我认为，只要跟着轨道与人行道，而不是尾灯与高速公路，即可找到我目标中的城市。

高峰期要是没有拥挤的人潮，就不需要有市长，纽约也将成为一座鬼城。他们总是喜欢批评高峰期、车祸与噪声。可是，听听，你难道不了解那样的嘈杂混乱正证明了我们的生命与活力？哎呀，这就是纽约呀！

——纽约前市长菲奥雷洛·拉瓜迪亚，1943

1
被时间遗忘的地铁线

纽约州·纽约

某种体积与力量都庞大得令人难以置信的东西在城市底下移动着。

在切尔西一处建筑工地上的临时办公室里，我已经能从鞋底传来的震动感受到那个东西的存在。我搭乘一个铁笼子降入一处圆形的深渊，深度相当于15层楼的高度，那股震动也逐渐增强为来自四面八方的轰隆巨响。电梯在一个从灰色岩石当中炸出的挑高的洞穴里落地，我看到许多人在其中的临时工厂里忙碌不已。在我身旁，一名电弧焊工的喷灯不断噼啪作响；一部起重机高高吊着预制水泥块，一面发出刺耳的哔哔声；一辆工程车摇摇晃晃地停了下来，将几十吨的碎石倒上一条输送带。在这一切活动的底下，那震动地面的轰隆声响一刻也不曾停下。在洞穴北端，穴顶往下倾斜形成两条平行隧道，圆润平滑得有如猎枪的两根枪管，右侧的隧道嗡嗡作响，仿佛是哈得斯①的迪吉里杜管。我不禁觉得像是有什么活生生的怪物被放了出来，正啃噬着曼哈顿的岩床。

"就在前面，差不多还有300米！"我的向导在我耳边吼道。雷德蒙是纽约大都会运输署的工程顾问，负责管理这个工地的日常运作。他快步走到我身前，率先走进隧道里。我眯起眼睛望向前方，但在视线尽头只看得到隧道越来越暗，也越来越狭小。我一面想象着沙虫与牛头人身的怪物，一面跟着雷德蒙走进阴暗的隧道里。

我们走在一条轨道上，踩着枕木周遭的积水，这些积水来自水泥墙上不断渗出的地下水。在我们前方的隧道尽头嵌着一个不停震动的圆盘，上面装有红色与绿色的小灯。就在我觉得噪声几乎难以忍受之际——那声音像是一部全世界最大的碎木机正在碾碎一座化石森林——那股轰隆声响却突然停止了。雷德蒙停下脚步，回头对我大喊："他们一定是钻完一次了。你要是想看，就趁现在吧！"我们加快脚步，走到轨道尽头：一片由水平走道与垂直攀梯组成的结构，从地面延伸到穴顶，垂挂着许多盘绕的电线和悬荡着的软管。

位于隧道尽头的"巨兽"是海瑞克公司的双护盾盾构机②。"这是后挂装置，"雷德蒙在我们爬上盾构机尾端时说道，"长度约106米，里面装有通风设备、抽水泵和电力系统。"这部重达千吨的盾构机是德国工厂专为这项工程量身制造的，体积庞大，分别由3趟横越大西洋的货船运输才得以到达纽约。零件送进掘井之后，光是组装就花了两个半月。这部机器的首要目标是为第34街的新车站挖出

---

① 哈得斯，希腊神话中的冥界之神。——编注
② 盾构机是一种使用盾构法的隧道钻掘机，其施工法是在掘进的同时构建（铺设）隧道之"盾"（支撑性管片），区别于敞开式施工法。——编注

一个大洞穴，接着再偏离第11街，在宾夕法尼亚车站的美国国家铁路隧道底下挖掘，以便衔接时代广场的7号线站台。这项工程计划被称为7号线延长线项目，完成后将方便纽约居民到贾维茨会展中心甚至西区最远端上班。

我们穿梭在管道与梁柱之间，来到盾构机的神经中枢——一间小舱房，只见一名身穿绿色工作服的操作人员坐在计算机屏幕前方，监控着这头"巨兽"的工作进展。"这些屏幕会显示掘进的力道、施加在岩石上的压力以及盾构机的扭力。"雷德蒙说。在全球定位系统、激光与雷达的指引下，操作人员必须调整各个液压控制杆，确保机器的切削头维持在正确的路线上。盾构机虽是由金属构成，并且由电压1.3万伏特的电力马达驱动，但这部机器运作起来却像是一只生物。它的旋转切削头有如八目鳗的圆形嘴巴，只是里头不是牙齿，而是44片可旋转的合金圆盘，由两个突出的反力座顶在隧道壁面上，再以活塞迫使切削头前进；磨碎的石块落入圆盘后方的进碴槽，再由一条中央出碴输送带运出隧道。盾构机在石壁当中推进约1.5米后，反力座即收回，接着整部机器就像一只硕大的毛毛虫，借由举起、落下为数众多的支脚，把重达千吨的机体往前移。

雷德蒙和我爬上一架梯子，在隧道顶壁下弓着身子走向盾构机的前端。3名工人头戴安全帽，身穿工作服，侧躺在地上，一边喘着粗气一边诅咒，将一块宽1.5米的曲状预制水泥块上的螺栓用力扭紧。五六块这样的水泥块组合起来，就会形成一道完整的圆形隧道壁。雷德蒙说，如果一切顺利，这部机器能在半个小时内完成一次推进钻掘；一天24小时由3班工作人员轮流作业，可钻掘出约18米的距离。若是遇到不顺的日子，一旦出现意料之外的状况，钻掘工作也可能完全停摆。我们走回后挂装置，雷德蒙从一个轨道车厢里拾起一块箭头形状的碎石递给我，石块上闪烁着云母的反光。"这是运碴列车，"他高声说，"所谓的碴就是钻掘下来的碎石。你现在手上拿的是一块纯曼哈顿片岩。"盾构机能迅速磨碎这种粗纹理的灰白色岩石,对在纽约底部岩床当中占大部分的花岗岩也一样。不过,若是在比较难预测的地层,就得采用其他技术。

"我们从钻这个隧道的一开始就碰到含水的结冰物质,"雷德蒙说,"只好先钻孔,在表面牵上管子,接着在管子里灌入浓盐水,再利用冷冻机把温度降到零下30摄氏度。这么一来,土石就变成了一大块冰——硬度才达到可以钻掘的程度。"冷冻机关掉之后,他们在水泥壁与岩石之间灌注水泥浆,封住缝隙,以免地下水渗出来。

我们周遭满是隧道工人。他们是纽约的城市传奇矿工,身材壮硕结实,穿着牛仔裤与安全背心,全身沾满灰色泥浆。这些工人把盾构机称为"鼹鼠"——这个昵称并非全为善意。过去几个世代,挖掘隧道几乎完全依靠人力进行。纽约自从在1872年奠立布鲁克林大桥的基础之后,城里每一条重要的下水道、输水隧道和火车隧道都是由隧道工人挖掘而成。这些传奇工人有许多是爱尔兰人、非裔美国人以及意大利人。他们贯通了林肯隧道与荷兰隧道,撑起崩塌的三一教堂,也挖出纽约的地铁线路。他们以炸药炸开岩石,以30多公斤的扭力扳手锁紧螺栓,而且经常必须徒手清除石碴。当初在纽约河床底下的加压隧道里进行挖掘工作时,坍塌与爆炸事故就夺走了他们中数十条人命。

直到今天,隧道工人在纽约的街道底下仍是一股不容忽视的力量。施工的隧道入口挂着一面爱尔兰国旗,而在7号线延长线开挖之前,纽约市新任的罗马天主教大主教也曾经来访,在工人低垂的安全帽上画着十字圣号。1970年,纽约的第三输水隧道首度采用隧道钻掘机,从此开启自动化的时代。不过,自动化的发展却是有利也有弊。"鼹鼠"出现之后,隧道工人就不必再从事工作中最危险的部分——也就是以十字镐、铁锹和冲击钻挖掘不太坚实稳固的土层。不过,许多工作机会也因此消失。20世纪初,纽约开挖第一条地铁线的工程动用了将近8000人,每人每天的工资是2美元。现在的隧道工人领取的工资比当初高了许多——一年超过10万美元,外加其他福利——但一次8小时的班只需要几十个人手。"鼹鼠"就像铁路时代的气锤机,尽管许多隧道工人都像约翰·亨利①一样吃苦耐劳,终究还是不免遭到淘汰。

现在,数以百计的这种机器正在全球各地啃噬着地底的岩层。这是一股史无前例的工程浪潮,目的是提高人类移动的便利性。在北京、马德里、德里与洛杉矶,隧道钻掘机都在城市人的脚底下不断钻掘,造就了一场数十年来最惊人的公共交通运输设施兴建风潮。随着全球进入城市化的新阶段,世界各地的城市纷纷把先进的公共交通运输系统视为从塞车、污染与经济停滞等泥沼中解脱的方法。"鼹鼠"也许降低了隧道挖掘工作的危险性,却也因此剥夺了其魅力,但同时也让城市能在预先规划的时间及预算内建成新的地铁线路,而且不必牺牲人命。纽约在过去几十年是全球各大城市中唯一地铁总里程不增反减的城市,现在终于也开始挖掘新隧道——这项发展堪称是划时代的象征。经过半个世纪致力于兴建高速公路之后,地铁终于回来了。

在我们搭乘电梯返回地面的途中,雷德蒙向我说明,如果一切顺利,这条线路会在2013年下旬完工。这项工程的批评者认为,由于7号线延长线只会为既有的地铁路网增加一站,因此是一条"毫无意义的地铁线",是一项在经济衰退时期浪费宝贵资源的举动。这条路线原本是为2012年夏季奥运会的一座比赛场馆所规划的,但在纽约争取奥运会主办权失利之后,在"地狱厨房"②设置第二座车站的计划也就因此遭到撤销,尽管当地确实迫切需要一座地铁

---

① 约翰·亨利是美国的英雄。据传他是个孔武有力的碎石工人,为了保住自己及其他工人弟兄的饭碗,与公司新引进的气锤机比赛碎石。后来他虽赢得胜利,却也不堪疲累倒地而亡。——译注

② "地狱厨房"(Hell's Kitchen)是纽约市曼哈顿岛西岸的一个区域,正式行政区名为克林顿区,亦俗称西中城(Midtown West),早年主要为爱尔兰裔移民工人的聚居处。——编注

站。这条路线的尽头将位于曼哈顿最大的一片未开发建筑用地——哈得孙场。2009年,大都会运输署将这片满是调车轨的约10.5万平方米土地以整整10亿美元的价格卖给关系公司(The Related Companies)与高盛集团,开发商打算将该处建设成一片价值150亿美元的飞地①,里面包括办公大楼、公寓住宅、饭店,还有公园与零售店。纽约市市长布隆伯格②称,这是一项基础建设的长期投资,可将充满潜力的地区转变为"满是居民、公园游客、上班族与购物人潮的社区"。批评者斥之为浪费公款的计划,只会为市长的开发商朋友带来利益。在21世纪初为纽约地铁路网增添1.6公里的成本是多少呢?略高于20亿美元。

不论怎么算,这项建设计划都昂贵得极为荒谬。由于有隧道钻掘机,隧道挖掘工程也不会为纽约市带来太多工作机会。不过,即便是像7号线延长线这样充满争议,铺设新的地铁轨道也很可能是纽约数十年来为自己的未来所做的最明智的投资。

搭乘T线

要不是因为地铁,如此面貌的今日纽约将不会存在。工程师在纽约市发展史上的关键时刻建构出这套绝妙的地下铁路系统,不但纾解了街道上严重的交通堵塞状况,下东区那些环境恶劣的拥挤公寓中的众多人口也因此分散到纽约各行政区的偏远角落。由于地铁能让许多人迅速移动,因此大幅提高了城市人口密度,使得曼

---

① 飞地,一种特殊的人文地理现象,指隶属于某一行政区管辖但不与本区毗连的土地。——编注
② 迈克尔·布隆伯格,2002年至2013年担任纽约市市长。——编注

哈顿的公寓大厦与写字楼比邻而立，将这座面积约67平方公里，由片麻岩、大理石与片岩构成的岛屿转变成全世界数一数二的大城市，让数百万人居住其间，并且迅速、高效地交换服务、商品和创意。

纽约地铁在20世纪备受忽视，能够存活到21世纪实在堪称奇迹。20世纪50年代中期，纽约地铁列车已经使用了40年之久，却又碰上市政府经费短缺而不得不推迟维修，导致纽约地铁开始了漫长的衰退趋势，同时也反映出城市发展下滑的现象。纽约地铁在20世纪80年代跌到谷底，发动机脱落与列车起火自燃的事件时有所闻。在最严重的一场事故当中，由于一个老旧的信号灯发生故障，导致一辆开往曼哈顿的列车在布鲁克林的一条隧道内撞上另一辆列车，造成司机丧生和135名乘客受伤。游记作家保罗·泰鲁在1981年花了一个星期搭乘纽约地铁，发现了一个极富狄更斯色彩的地下世界，其中充斥着拦车抢劫犯、流浪汉、公共交通卧底警察，还有专门锁定醉酒者下手的扒手，甚至有人出于好玩而把地铁工作人员活活烧死在售票亭里。

"令人讶异的是，"泰鲁总结道，"一群生意人在1904年解决了纽约未来几世纪的运输问题。他们创造的这套地下铁路系统实在是一大工程奇迹！但他们要是亲眼看见这套系统如今成了什么德性，在大众心目中的形象有多么低劣，他们该有多惊讶？"泰鲁仿佛在丛林里意外发现，一具老旧锈蚀的机械人偶在当地原始部落的维护下仍旧勉强运作着。

这样的状况必须改变，结果也确实如此。在泰鲁造访地铁之后不久，大都会运输署即对涂鸦宣战，每晚都对列车进行清洁，擦除白天被人喷画在车厢各处的涂鸦图案。（现在，喷漆已是往日回忆了，如今破坏分子的手段是以强酸在车窗上蚀刻。）老旧残缺的列车现在已替换为加拿大制造的列车，平均行驶100多万公里后才会出现故障——这是20世纪80年代标准的100倍。过去30年，纽约投入地铁系统的经费已达750亿美元。

倒不是说纽约地铁的粗陋现象已经完全消失。在世界各地的地铁系统当中，纽约地铁算是一套实用的系统。除了个别站，纽约地铁车站所在的位置都不深：在街道上即可听见地铁列车在人行道底下轰隆驶过，在行人脚下几米处奔驰。"纽约的腥臭本质就在地底下……"摇滚界的桂冠诗人卢·里德（地下丝绒乐队吉他手兼主唱）在纽约居民戈茨①的地铁枪击案发生后唱道。而纽约地铁至今仍然弥漫着混合了煤烟与汗水的浓浊恶臭，还有过热的刹车片浸入积聚在轨道间的雨水所冒出的烤坚果气味。在车站大厅里，一根根沾满灰尘与万年口香糖的柱子切碎了视线，天花板距离头顶仿佛只有几厘米，干热的空气与黄疸色的灯光包围着你，迫使你和这座城市产生一种近乎戏剧性的新关系。

许多人在成长过程中都听过这样的故事：在这座倾颓的大城市底下，有一套通往地狱的地铁系统。不过，纽约地铁的运行状况事实上却是好得令人讶异。大部分的列车都设有空调，中央车站月台屋顶上的巨型冷气出风口更是营造了一片舒适的"绿洲"，让人在大热天忍不住想待在地底。（我曾有几年的7月是在纽约度过的，这里的居民在20世纪的大半时间里竟然都搭乘没有冷气的地铁，这足以证明他们的坚毅。巴黎与伦敦居民至今仍然得搭乘没有冷气的地铁，实在是残忍又不寻常的惩罚。）如今，几乎所有人都搭乘地铁；在地面交通拥堵之际，搭地铁可能比乘出租车还快。即便是身为亿万富翁的纽约市市长布隆伯格，有时候也会搭乘莱辛顿大道线的地铁到市政府——频率可能高达一周两次。②纽约地铁搭乘人次在

---

① 伯恩哈德·戈茨是一名纽约居民，在1984年一天下午搭乘地铁时遭到4个歹徒索讨钱财，他开枪击伤了那4个歹徒。——译注

② 《纽约时报》记者在2007年花了6个星期，暗中跟踪布隆伯格，结果发现这位"搭乘公共交通工具的市长"，其实是由两辆雪佛兰SUV将他从位于上东区的住宅接送到22个街区外的布鲁明戴尔百货公司外的车站搭车，所以他上班的路途至少有四分之一是搭乘由司机驾驶的SUV。

1977年跌到一年只有10亿的谷底，现在又再度趋近战后的高峰，当时每年有20亿人次搭乘高架火车和地铁。

最重要的是，纽约终于开始兴建更多公共交通运输基础设施。除了7号线延长线之外，目前在华尔道夫饭店与西格拉姆大厦底下挖掘的东侧干线隧道造价达72亿美元，完工之后将可让长岛铁路的乘客直接抵达中央车站，不必再从宾夕法尼亚车站倒回东区的办公室，进而省下半小时的时间。曼哈顿下城的富尔顿有轨电车站充斥着错综复杂的走道与阶梯，被当地的公共交通运输倡议者挖苦为"一座毫无乐趣的游乐园"——现在终于也重新规划成一座易于使用的东西向车站。"区域核心通行计划"在新泽西与曼哈顿中城之间规划的3条隧道，原本可为宾夕法尼亚车站的高峰期增加一倍车次，却在2010年遭到新泽西州州长撤销。自此之后，据说布隆伯格的市政府团队打算进一步延伸7号线，横越哈得孙河通往新泽西——这项计划将大幅提高7号线的成本效益。

不过，最受纽约人期待的计划必定是第二大道地铁线——早自地铁车票只要5美分，而且布鲁克林道奇队还在埃比茨棒球场上击出全垒打的时代，就已经有这个计划的风声。第二大道上备受厌恶的高架铁道，在二战期间为了收集废铁而遭拆除，第三大道高架铁道又在15年后拆除，当时普遍认为不久之后就会有地铁取代这些旧铁路。不过，尽管有几次看似动工在即，第二大道地铁线却一直没有建成。于是，莱辛顿大道线只好承担起运送东区所有上班族人潮的重责大任：其4、5、6号线每天载运170万人次——相当于波士顿地铁、芝加哥地铁与华盛顿地铁乘客数的总和——成为北美洲最繁忙的公共交通运输路线。第二大道地铁线原计划在2016年完工，估计建造成本为170亿美元。

曼哈顿真的需要这么多地铁线吗？绝对需要。我在一星期内每天的高峰期搭乘莱辛顿大道线，没有一次找得到空位可坐。实际上，在那个星期里，我每天早晨搭乘那条线，车厢总是呈现爆满状态,也就是说,原本设计可容纳110人的车厢挤进了160人。尽管每两分钟就有一班车,月台上却还是大排长龙。另一方面,地铁的基础设施已显老态。联合广场站弯曲的轨道不免造成列车发出尖啸声(《纽约邮报》记者发现音量高达98.6分贝,足以损害听觉),而且许多车门与月台之间的间隙甚至宽达46厘米。为了解决这个问题,地铁公司动用了工业时代初期的科技:在月台边缘装设伸缩踏板。车次的间隔时间无法再缩短,原因是纽约地铁使用的模拟继电器与信号灯是20世纪30年代沿用至今的物件——一名地铁评论者告诉我,那些设施看起来"有如19世纪大饭店里的接线总机",所以目前车次之间的间隔时间早已是安全范围内的最短。如今的纽约地铁也许正处于数十年来的最佳状态,但和欧洲及亚洲的许多地铁系统相较,仍是破旧得令人吃惊。

兴建第二大道地铁线的理由很简单:只要分流东区的乘客,即可大幅减少莱辛顿线的拥挤人潮。不过,这项工程却先后因为经济大萧条、第二次世界大战、朝鲜战争,以及20世纪70年代的财政危机而一再延宕。这一次,上东区的街道底下终于展开了挖掘工作,隧道工人也已将一部隧道钻掘机垂放进第96街的坑洞里。这条名为"T线"的新路线一旦完工,资深公共交通运输乘客来到这里也可能会目眩神迷:明亮的车站内将会有不见梁柱的宽敞夹层,天花板也会高得叫人讶异——这里会更像华盛顿的地铁,而不是纽约居民习以为常的那种狭小幽闭的车站。

不过,前提是这条命运多舛的地铁线确实能完工。根据纽约市目前的财政状况,这条地铁线的未来绝非确定无疑。大都会运输署的经费大部分来自房地产税,而随着这项税收的严重下滑,该署已在2001年宣布其预算赤字达9亿美元,因此不得不缩减3条地铁线的基本服务。这么一来,我们不禁要问:大都会运输署既然连维持现有地铁线的运作都困难,还怎么有余力建造新线?

在一座空间如此紧凑、人口如此庞大,而且如此富裕的城市里，持续投资公共交通运输系统应当是毋庸置疑的事情。每天到曼哈顿中心商业区上班的人口当中，只有5%是开车的，其他都是靠步行、骑自行车或搭乘某种形式的公共交通工具。地铁是曼哈顿不可或缺的要素；这套运输系统维系了纽约市、纽约州，乃至整个美国东北部的经济繁荣。地铁只要停运一天，纽约市立刻就会沦为一座无关紧要的小城镇。

不过，只要一谈到公共交通运输系统，有些人的脑筋似乎就是转不过来。常见的说法是"公共交通运输的营收总是不敷成本"，或者"经营公共交通运输系统的那些坏蛋捞满了油水"，或者最典型的"我们应该把那些钱拿来建造更多道路"。第二大道地铁线只是一项简单的替代计划，理应在半个世纪前就已完成，却因为上述这类想法而沦为一条被时间遗忘的地铁线。

只要稍微回顾纽约的公共交通运输发展史，即可发现这种情形从来没有变过。

"15分钟抵达哈姆勒区！"

每一座城市都有其幽灵收费站，也就是仿佛悬浮在断裂时空里的地点。纽约有一班地铁列车，在最后一名乘客下车之后，还会短暂停留在一座幽灵车站内：一座宏伟壮观而且已有百年历史，自从第二次世界大战结束之后，便如图坦卡蒙的墓穴般封闭起来的地铁殿堂。

这里是旧的市政府站，是公共交通运输史学家心目中的传奇。为了走访这座车站，我还得向纽约市地铁局的一位发言人保证我绝不会透露在那里暂停的列车编号——或是字母。詹姆斯·安亚西在曼哈顿下城一个潮湿的地铁月台末端和我碰面。他向一列下完乘客的列车驾驶员出示证件之后，便带着我搭上那列车，在车轮的尖啸声中转过轨道上的一个急弯。车门打开后，我们便踏入了一个被时光冻结的世界：一座由"跨区地铁公司"设置的车站，看起来与其在1904年10月27日对大众开放时的样子大同小异。

我的眼睛过了几秒钟才适应水晶灯散射出来的光线。我们站在月台上，它弯曲的形状有如苏丹王的弯刀。不同于大多数地铁车站那种柱子与横梁的简单构造，旧市政府站里完全看不到一条直线：一连串的拱形横梁弯曲地消失在视线之外，有如罗马式教堂的地下墓穴。在这些半圆形的脊梁之间，乳白与翠绿的光滑瓷砖排列成人字形，贴在铅框玻璃天窗边缘；白炽灯泡照亮了车站里的阴暗角落。列车开走，留下我们两人置身车站内，轨道对面一片精美的铜牌也因此出现在眼前。铜牌两端各有一幅少女端坐着的图案，附带着"1900"与"1904"两个年份数字，中间的文字则记载着"第一条市立地铁铁路……由州政府许可/市政府兴建"，末尾还有美国运输业巨子科尼利厄斯·范德比尔特与小奥古斯特·贝尔蒙特的姓名。我们爬上一道宽敞的阶梯，来到一个拱顶夹层，里头有个玻璃圆窗，过去是检票员向乘客收取车费之处。安亚西将手电筒的光束沿着一道阶梯往上照，只见尽头是一扇紧闭的厚重铁门。我们要是能打开那扇门，即可从市政府外的爱国志士内森·黑尔的雕像旁走上地面。

市政府站刚开放的时候，《纽约世界报》的一名记者这样描述道："一座由乳白色与蓝色瓷砖砌成的拱顶小城市，有如一只德国啤酒杯。"他的描写大致上没错。全纽约只有另外一个地方和这里有些许相似，就是贴满了洁净的瓷砖、长年样貌未曾改变的中央车站牡蛎吧餐厅。这两座建筑是由同一位西班牙建筑师设计的，而这位建筑师正是靠将西班牙加泰罗尼亚地区常见的瓷砖拱顶天花板技术引进美国而闻名。在第二次世界大战期间，为了避免遭到敌人空袭，市政府站将那片壮观的铅框玻璃天花板全部遮蔽起来。后来，这座车站在1945年永久关闭，原因是其中的月台弯度太大，不适宜较长的列车行驶。

安亚西在腰侧挥舞着手电筒，示意下一班车的驾驶员接我们上车。我们又绕过另一个弯道，眨眼之间就从那个奇妙的"兔子洞"回到了大都会运输署平淡普通的环境里。

纽约早期的地铁还有其他高雅的特色，但大部分都在20世纪遭到摒弃。设有精美铜质配件的橡木售票亭，被由树脂玻璃与钢铁构成的笼子取代。铺着玻璃砖的人行道原可让地面上的光线透入地铁站内，但后来这些人行道也都逐渐改铺水泥。超过100个地铁入口原本设有仿造土耳其夏日别墅的亭子，由拱形铁条与玻璃构成，后来因为汽车驾驶员抱怨这些亭子遮蔽了他们的视线，而被全数拆除。（阿斯特广场地铁站那座为乘客遮风挡雨的入口亭，即是忠实仿造当时那些亭子的现代产物。）身为跨区地铁金主的小奥古斯特·贝尔蒙特，为整套地铁系统核发的装饰经费只有50万美元。这笔金额即便在当时也是少得可怜——他为自己打造的私人地铁车厢米内奥拉号，花费就不只50万美元，而且还采用来自菲律宾的桃花心木，配置了滑动人造皮窗帘、柔软的沙发椅，甚至还有专职司机。

跨区地铁正式启用之后的第一个星期日，100万名纽约居民纷纷排队搭乘这条从市政府沿百老汇通往哈姆勒区145街的地铁线。有些车站的排队人龙跨越了两个街区。跨区地铁的特快车时速达64公里，是当时全世界速度最快的公共交通运输铁路——至今仍是全世界少数设有专属特快车轨道的地铁路线之一。大众对这套新系统的热切欢迎乃是出自肺腑。在这个长期以来堵塞不已的商业中心，众人对于这样的自由已经等待许久。

大塞车是纽约的地理形势与历史造成的。毕竟，纽约其实是一座城市群岛，被许许多多的潮汐河口与河流切割开来。曼哈顿下城那些迷人的狭窄街道是殖民地时代，甚至是前工业时代的荷兰人聚落的遗留产物。1811年，纽约州官员规划了一份街道蓝图，从此成为未来所有街道发展的样板：155条街道从曼哈顿岛一侧的河流延伸到另一侧的河流，再由11条宽约30米的大道交叉衔接，形成一片从格林威治村延伸到哈姆勒区的棋盘状街道，没有多少可容纳绿地的空间。宽广的南北向大道上一条条相互紧邻的狭窄街道交会着，宽度只适合1到4层楼高的建筑。沿着一条美洲原住民古老步道修建的百老汇，在这个棋盘上画出一条对角线，造成主要路口交通混乱。

当时中央公园还是一片沼泽地，哈姆勒区仍是一座偏远的村庄，周围环绕着有钱人的庄园——那个时候，州政府官员规划的街道图看起来犹如美妙的梦想。不过，随着港口繁荣起来，纽约的人口也开始大幅增长，从1820年至1840年增加了1倍，接着在1840年至1860年间再度倍增，到了1890年又一次增长。在居民人数达到340万的情况下，20世纪初的纽约是当时全球第二大城市，人口密度更是高居全美第一。身为美国外来移民聚集地的纽约下东区，平均每个街区挤进了将近5000人，成为全球最拥挤的土地之一。

纽约在19世纪的头十年，原是一座步行城市，徒步横越市区只需不到半小时。市区延展到第14街以北后，横越市区的时间也随之拉长，于是纽约市最早的公共交通运输企业家们开始争夺乘客。一名马厩主人偷取法国人的点子，在19世纪20年代推出了依照固定的路线与时刻行驶的公共马车。纽约哈姆勒铁路——世界上第一条马车铁路又进一步提高竞争难度：在鲍厄里区铺设铁轨，铁轨减少了摩擦力，因此能以比缓慢的公交车更快的速度拉动更多的乘客，而且所需的马匹还更少。到了1860年，纽约共有14家马车铁路公司，每年载运3800万人次的乘客。这时候，曼哈顿的街道状况已到达令人难以忍受的程度。由于街道没有分道，因此交通杂乱无章，根本难以前进。板车、肉贩推车与杂货商的拉车混乱不堪，据说穿越富尔顿街就得花上20分钟。1867年马克·吐温在为加州一份报纸

所写的文章中,鲜明地呈现出这种情形有多么荒谬:

"搭车的唯一选择,就是搭乘人满为患的公交车,走走停停,以4.5小时行驶约5公里的速度奋力前进,一再被步履快速的行人抛在脑后,总是绝望地和其他车辆纠缠不清,只见那些车辆挣扎着想前往某地,却又到不了。你要是忍受得了,也可搭乘铁路马车,在一排从车头延伸到车尾的男性乘客当中站立45分钟(座位自然都坐满了人);或者,要是你愿意,也可以站在车外的露天平台上,但由于极为拥挤,你连眼睫毛和脚指甲都得用力抓紧才不会掉下去。"

马克·吐温总结道,在纽约想做任何事情,都得花上一整天的时间与交通搏斗。

在城市陷入停摆的情况下,改善公共交通运输的计划就像一剂解药,在科学期刊、画刊与周报中漫天飞舞。有些愚蠢的建议甚至真的被采纳了。西段综合铁路线简直是出自苏斯博士童书里的构想,其设计是在格林尼治街上(也就是后来所谓的"肉品包装区")建造一条悬空10米的单轨轨道,由纤细的铸铁支柱支撑。隐藏在人行道底下的蒸汽发动机驱使一条条钢索在巨大的滑轮组上不停转动;乘客排队搭上车厢,一名工人拉下控制杆,车上的爪子随即夹住钢索,于是车厢便在钢索的拉动下沿着约800米长的轨道前进。这条被报纸称为"嘎嘎响地铁线"的铁路经常发生故障,令人哭笑不得——乘客被困在街道上方3层楼高的轨道上,必须靠梯子才能救下来。经过短短两年极不稳定的服务之后,这整座设施就在警长拍卖会上以960美元卖掉了。

只要"老大"威廉·特威德持续掌控民主党的纽约政治团体坦慕尼协会,高效的大众地铁就不可能有机会出现。这名贪腐至极的公共工程官员为了保有既得利益,竭力把公共交通运输保持在地面上:特威德在公交车上投资了大笔资金,而且靠着向马车铁路线的所有者颁发为期990年的专营权而大发横财。发明家阿尔弗雷德·比奇对于地铁能否在纽约得到许可大感绝望,同时又因为看到伦敦地铁的成功而深受激励，于是决定暗中建造一条地下铁路。一群工人利用夜间进行挖掘工作，并且从沃伦街与百老汇交叉路口一家服饰店的地下室用推车运走土石，结果在无人察觉的情况下挖出了一条长约90米的隧道。1870年，比奇得意扬扬地公开他的气动铁路。好奇的民众在一座设置有长椅、水晶灯与平台钢琴的地下大厅里候车，接着排队走进一节马蹄形的车厢，这节车厢的大小正好可行驶在直径为2.4米的隧道里。一个矿坑通风用的巨型风扇开始转动，吹出的风可让满载乘客的车厢以约9.7公里的时速在隧道中前进。后来总共有将近50万人以每人25美分的价格搭乘气动铁路。特威德原本想控告比奇，但在气动铁路运作不久之后，特威德就因贪腐罪名被判处无期徒刑。可惜的是，在1873年的大恐慌当中，由于美洲各地的铁路纷纷停运，新的建造计划也因此夭折，气动铁路更是就此封闭起来，彻底被人遗忘。40年后，隧道工人在挖掘通往布鲁克林的地铁线隧道时，无意间挖到了那座地下大厅，里面还摆着一架钢琴，这简直有如莫洛克人①发现了一架维多利亚时期的时光机。

  比奇的气动铁路是个超前的构想，后来又经过半个世纪的抗争，纽约才又开始动工兴建另一条地下铁路，在这期间只能凑合着使用地面上那些笨重的运输设施。许多大道上都有缆车，但缆车的危险臭名昭著。从19世纪80年代开始取代铁路马车的电车，在不久之后便到处可见；但在曼哈顿拥挤的街道上，电车的前进速度慢得让人难以忍受。解决公共交通运输问题的权宜之计是建造高架铁路，不久之后便有4条主要大道的上方架起这样的轨道。在自由放任主义盛行的19世纪，高架铁路俨然是一种再自然不过的解决方

---

① 莫洛克人为英国作家赫伯特·乔治·威尔斯所创作的中篇小说《时间机器》（*The Time Machine*）中的人物，他们面目狰狞，终日劳动，生活在潮湿阴暗的地下，偷走了时间旅行者的机器。——编注

式：私人企业可以在无需政府协助的情况下，以低廉的成本迅速建成这样的铁路。到了1890年，纽约的电车与高架铁路的载运量已达到每年10亿人次，比美洲其他铁路的载运量总和还多。

　　高架铁路虽然得到广泛使用，却也备受厌恶。高架铁路有什么问题？没什么问题——除非这么一条铁路刚好经过你的社区。布鲁克林至今还保留了许多高架铁路的路段，为了了解这种铁路有多么恼人，我在某天下午搭乘Q线列车前往康尼岛。布莱顿海滩大道上方有4条高架铁路。即便在最闲适的时刻，走在这条道路上的俄罗斯熟食店与美甲沙龙之间，还是不免觉得嘈杂不已：头顶上的轨道不但遮蔽了日光，还使汽车与卡车在道路上的喇叭声与发动机声也放大了至少两倍。我看着一班驶向曼哈顿的列车奔驰而来，节奏规律的咔嗒声响越来越大，大到令人汗毛直竖的程度，接着列车的轮子在康尼岛大道上方的弯道发出刺耳的尖啸声。若是两班列车同时经过，那种感觉活像是身处瓦尔哈拉保龄球馆的地下室里。

　　在19世纪90年代住在曼哈顿的第二大道，想必更是艰苦许多。当时在头顶上轰隆来去的列车不是由电力驱动，而是燃煤动力驱动。行人要么被车轴润滑油喷溅到身子，要么被从刹车片上飞出的铁屑遮蔽视线，而烧得火红的煤块也经常掉在路上。一名澳大利亚旅游作家在走访纽约期间抱怨道，高架铁路就像是头顶有一座"随时活跃的火山"，而且"对一般人的神经系统是一大考验"。高架铁路虽然导致铁路沿线的房地产价格下跌，却与先前的电车一样成功地降低了曼哈顿下城惊人的人口密度。随着居民逐渐迁往不那么拥挤的社区，并且搭车到市区工作，廉价出租公寓也逐渐往北扩张到中央公园以北。

　　兴建地下铁路则是另一回事，当时反对声浪更是来自四面八方。百老汇上的房地产持有人担心房屋的地基会遭到破坏，甚至整栋百货大楼会因此崩塌。报纸上也刊登着各种骇人的消息，例如新建成的伦敦地铁环境极糟，竟有妇女在其中窒息身亡。此外，纽约市民也担心市政府一旦介入地铁的兴建工程,开发商与政客都会从中捞取油水——经过数十年的坦慕尼协会贪腐现象之后,这样的担忧的确相当合理。后来,在某年的3月初,就在兴建地铁的争论正炽之际,一股强烈的东北风从新泽西袭来,暴雪积了两层楼高。渡轮暂停行驶,蒸汽发动机熄火,纽约市内所有的马车铁路与高架铁道也都因积雪而造成堵塞。才短短两天的恶劣天气就让西半球的商业首都瘫痪了。《泰晤士报》惊讶地指出:"纽约完全与外界隔绝,仿佛曼哈顿岛位于南太平洋一样。"

1888年的暴风雪终结了争议:纽约将兴建地铁。市长提出一项方案,由私人企业建造及运营地铁列车,市政府则拥有名义上的所有权。这种做法虽把公共交通运输的控制权交给了商业精英,无法受到有效的民主管制,选民却在一场公民投票当中以3∶1的比例赞成这项方案。1900年2月21日,小奥古斯特·贝尔蒙特签署了一张合约,将在往后50年兴建跨区地铁,并负责运营——车费保证为5美分。一个月后,一支仪仗队在纽约市政府公园击响21发礼枪。约瑟夫·普利策的报纸报道指出,在每一发礼枪之间,"全世界最受瞩目的口号'15分钟抵达哈姆勒区',热烈地在众人口中传诵,最终汇集成一曲壮阔的合唱"。

经过长久的等待,纽约的第一座地铁终于动工了。

第二大道的故事

在动工典礼过了110年之后,纽约地铁仍在兴建中。佩科拉原本不会在乎这个,但问题是,这工地就在他的餐厅门前。

"欢愉九二"是一家店前有霓虹灯点缀的意大利餐厅,就坐落在第92街与第二大道交会处,从1978年开始就在这里为上东区居民供应比萨饺与西西里奶酪卷。在午餐的高峰期结束之后,佩科拉坐着,面前放着一杯意式浓缩咖啡,目光忧郁地凝望着在门外道路上一个长方形坑洞旁啜饮着滤式咖啡的隧道工人。说来不幸,"欢愉九二"就位于隧道开挖处旁。一部隧道钻掘机刚刚在这里垂放到地底,开始第二大道地铁线的第一阶段挖掘工程。

"他们先寄了信通知我们,"佩科拉告诉我,"可是我们不相信真的会动工,因为第二大道地铁线以前就开工过两次,但从来没完成。后来,他们架起了栅栏。"他说,这项工程给他带来许多困扰,包括无预警停电,店内昂贵的设备也因此遭到损坏。工程施工的震动导致地板上的缝隙扩大成令人触目惊心的裂口。地下室的水管破裂,顾客找不到停车位,"而且这种情形还得持续7年"。

第二大道的这个路段曾经是"德国城",其中聚居了德裔、匈牙利裔、俄裔与爱尔兰裔的居民;马克思兄弟①就在这里的街角长大,住在高架铁路开发之后修建的某幢出租公寓里。高架铁路在1942年被拆除之后,第二大道的建筑开始变得越来越密集,因为房地产开发商认定承诺许久的地铁即将开通,于是在这里兴建了许多高楼大厦。这里的建筑不像上东区那种工业巨子的豪宅以及麦迪逊大道的精品店,这里仍是许多工人阶级店家的聚集地,例如海德堡餐厅以及经营历史长达半个世纪的多利安红手酒吧。

佩科拉身为第二大道商会的会长,听闻过许多当地人的牢骚。有若干商家已经倒闭了,还有一栋百年历史的住宅大楼因为出现危险的倾斜而不得不疏散其中的住户。"大都会运输署提供给商家的补偿根本微不足道。"佩科拉埋怨道。为了兴建地铁出入口,至少已有52名住户被迫迁离。

---

① 马克思兄弟是美国一个喜剧演员组合,成员为亲兄弟五人,皆为德裔美国人,擅长歌舞杂耍,在20世纪初活跃于舞台、电视界、电影界。——编注

这听起来像是政府强迫地方居民接受巨大工程的典型案例。不过,这次的各方相关人士——甚至包括抗议发起人自己——似乎都不反对地铁计划本身。"我绝对认为这条地铁有必要兴建,"佩科拉说,"可是他们应该给商家更多补偿。"他只希望车站不要盖在他的店门口。"理想的开挖处应该是第96街。"换句话说,往北4个街口——就在哈姆勒区的起点。

大都会运输署则认为自己已经力求公平。他们准备了1000万美元预算,用来补偿愿意搬迁的住户;如果有住户选择租金比较昂贵的公寓,大都会运输署也会帮忙支付未来3年半的租金差价。"值得注意的是,"该署的基本建设公司总裁霍洛尼谢努告诉我,"我们每天为那个地区带进300名工人,其中许多人都会到'欢愉九二'吃片比萨。"第二大道上只有少数几个路段会受到隧道工程的影响——"欢愉九二"只是恰好位于其中一个路段上。大都会运输署的铁路服务设计主任卡费罗指出:"我们修建车站就得在地面施工,因此在这些地方都会被人特别注意。不过,只要我们是在地底下以隧道钻掘机挖掘土石,大多数人根本不会感觉到我们的存在。"

相较于1900年的第一轮公共交通运输工程,目前在第二大道进行的兴建工程根本称不上造成任何困扰。当年的跨区地铁有一半的路线都是采用"随挖随填"的方式,这是布达佩斯与波士顿兴建地铁首倡的技术。隧道工人必须挖开主要干道的路面,将地面下的下水道与煤气总管改道,并在百老汇、第42街与第四大道挖掘长方形的壕沟。工地旁的建筑物必须加以支撑,并且架设木桥以支撑电车的重量,让电车持续在工人的头顶上来回行驶。意外经常发生。在中城,一根掉落的蜡烛引爆了四分之一吨的炸药,炸毁了中央车站的外观;一些建筑的正面也塌落,高级住宅内的浴缸与妇女的闺房也都因此暴露出来。在兴建第一条地铁的过程中,发生了各种爆炸与隧道崩塌的事故,共造成44人丧生。

后来的长期成果是否值得这短期的阵痛?当时那套新系统无

疑迎合了一项迫切需求。跨区地铁启用后的第一个月，载运量就达到每天42.5万人次，报纸也开始报道"地铁堵塞"的现象。跨区地铁启用不到4年，列车就已超载达30%。

　　地铁对纽约市貌的影响比高架铁路及电车还大。这座步行城市的面积随即扩张为原本的3倍。房地产投资者买下北曼哈顿与布朗克斯区的农地，为工人阶级家庭兴建"新法"①出租公寓——比下东区的无电梯公寓空间更宽敞，通风也更佳，还设有通风井与中庭。地铁这种"穷人的马车"给人们提供了环境良好而且适宜步行的社区——例如位于偏远的皇后区的杰克逊高地，就是一座典型的园林郊区［后来更成为电视节目中的平民香格里拉，电视剧《宋飞正传》(Seinfeld)里的康斯坦夫妻就住在那里］。在纽约郊区，几乎所有的新工程都集中在距离地铁约400米的范围内。多亏公共交通运输的路线，贫穷的劳动人口因此得以摆脱肮脏简陋的工业区，住到较为绿意盎然的地方。在地铁出现之前，超过半数的纽约居民都住在曼哈顿；40年后，只有四分之一的居民仍住在那里，布鲁克林则成为纽约市人口最多的区。

　　地铁虽然降低了曼哈顿的人口密度，却也增进了市区的商业发展。当时的地铁首席工程师帕森斯说："地铁带来的一项最壮观的成果，就是摩天大楼。"如果没有地铁，克莱斯勒大厦与洛克菲勒中心都不可能出现。由于地铁技术水平的提高，加上垂直运输在19世纪的突破——安全电梯在1857年首度装设于百老汇一栋5层楼高的建筑物里，密集兴建的摩天大楼从此才成为真正可行的构想。随着第42街接驳线联结了时代广场与中央车站，地下铁路促使曼哈顿的商业重心以惊人的速度从华尔街转移到中城。联邦政府出资兴建的灌溉系统造就了洛杉矶，而纽约地铁与这套系统双双被视为史上对

---

① "新法"指1901年实施的《纽约州经济住宅法》，其中对于公寓住宅的安全、卫生与通风设施有较为完善的规定。——译注

城市房地产影响最重大的改善措施。

然而，许多纽约居民却始终将地铁的兴建视为理所当然。"群众虽然仍对地铁的陌生奇特深感着迷，"《纽约时报》一名记者在1904年地铁启用后不久写道，"车上的乘客却都平静地在自己住处的车站下车回家，若无其事地完成他们从此以后每天都将经历的例行上下班行程。纽约人对任何事物都不会吃惊太久。"纽约人对于地铁列车的熟悉感随即转为嫌恶，从而形成对纽约最历久不衰的隐喻：那些肥猫都靠把乘客塞进咔啦作响的密封盒里而大发横财。

这些埋怨确实有其道理，至少在早期的确如此。1913年，纽约市与跨区地铁公司及布鲁克林运输公司签署了"双重合约"，将地铁线延伸至东河与哈姆勒河对岸，总里程数延长1倍。赫斯特在他的《纽约晚报》里严厉抨击这项与"权势集团"订立的合约，鼓吹市政府应该完全控制整个地铁系统。这位现实生活中的"大国民"对于双重合约说得没错：那项合约对纽约市不利，它任由那些地铁大王捞走车费，所有的债务却都由市政府负担。不过，赫斯特对地铁利润的看法却错了——才过不久，纽约地铁就开始亏损。到了20世纪20年代，"权势集团"已付不出资本负债的利息，被迫裁去数以千计的警卫与检票员。

暂且将美国那种牢骚满腹的公民传统放在一旁，地铁对纽约居民而言是一大好事。过去50年，任何人只要口袋里有5美分，就能搭乘地铁到康尼岛、扬基体育场或时代广场。按照这样的收费标准，一个工人阶级家庭的成员若是每周出行6天，交通花费也只占一年总收入的1%而已。[①]然而，正是这笔5美分的车费注定了纽约地铁无法获利：20世纪20年代的通货膨胀导致纽约市的公共交通运输出现庞大赤字。随着乘客人数在经济大萧条期间的下滑，跨区地铁公司随即因财力不支而破产。地铁收费在1948年才上调为10美分，

---

① 依赖私家车的美国家庭如今在交通上的花费一般占收入的25%。

当时美国其他城市的地铁收费全都在许久之前就涨价了。

多年来,民粹政客一再提议由市政府取得地铁的实际所有权。1933年当选纽约市市长的拉瓜迪亚,在任内完成了"独立地铁系统",这是纽约地铁路网在20世纪所添加的最后一项重要建设。作为一套有别于私营路线的市营地铁系统,这套"人民的地铁"对于曼哈顿而言虽然非常好,却未能进一步延展至皇后区以外。独立地铁系统的路线以第八大道地铁线为起点,大多数都与既有的私营路线互相平行,并且形成直接竞争的关系,顶多只是填补了私营路线当中的空缺。不仅如此,独立地铁系统更是财务上的一大灾难:每载运一名支付5美分车资的乘客,市政府就损失9美分。独立地铁系统在不久之后就丧失了独立性。在拉瓜迪亚的主导下,独立地铁系统与破产的私营公司结合成一套统一系统。[①]1940年,拉瓜迪亚戴上一顶驾驶帽,以列车司机一号的身份搭乘了由市政府拥有的新地铁——纽约地铁系统。在此之前的70年,地铁乃是属于纽约市民所有。

说纽约地铁源自私人企业家的才智,其实是种夸大的说法。事实上,纽约地铁是现在所谓的"公私合伙"的产物。如果没有市政府出资或是纽约的债券发行能力,这套系统绝不可能兴建。市政府给了小奥古斯特·贝尔蒙特3500万美元进行轨道铺设与隧道工程的挖掘,还另外提供了150万美元购买建设车站所需的土地。私人公司也只在地铁初期有利可图的时候握有经营权——时间不到20年。不过,即便在私人经营权结束之后,商业管理的意识形态还是存留了下来。20世纪50年代,共和党律师温德尔斯协助成立了一个高度官僚化的机构——纽约市地铁局——于是地铁不再直接受到民主控制。大都会运输署是州政府层级的上级机构,在1968年接管了纽约

[①] 在今天的纽约地铁中,编码A到G的班车所行驶的路线即属于过去的独立地铁系统;编号班车行驶的则是过去的跨区地铁路线;一般而言,编码J到S的列车行驶的是布鲁克林–曼哈顿运输公司的路线。

市地铁局的业务与市内的通勤铁路。在延迟维修政策导致地铁系统陷入衰颓之后，民众那种老掉牙的抱怨——有些人靠公共交通运输乘客的痛苦捞钱——又加深了，于是纽约居民也就越来越疏离自己的地铁。

长久以来，房地产业一直抗拒财产税应该用于补助公共交通运输的概念。考虑到地铁为公寓大楼带来增值效果，进而为开发商带来财富，这种态度实在是忘恩负义的极致表现。"地铁算是市政府对于民营产业的间接补助，"克利夫顿·胡德在《722英里》（*722 Miles*）这部讲述纽约地铁兴建史的著作中写道，"市政府在没有直接干预私营企业的前提下，为工人阶级家庭提供了像样的住宅。地铁历久不衰的一大影响，就是纽约的贫穷市民因此得到较为充实也较具生产力的人生。"

回到第二大道上，延宕已久的地铁仍然为佩科拉带来了无尽的烦恼——人行道上的铁丝网、施工的震动、开挖处垂置的重型装备——这些让人烦不胜烦的侵扰恐将持续至本年代末。（与此同时，你还是可以到"欢愉九二"吃一顿。佩科拉做的菠菜比萨饺美味无比。）不过，一旦第二大道地铁线开通，一天将载运50万人次的乘客，分摊纽约地铁自从启用以来就一直处于爆满的搭车人潮。对于像纽约人口这么密集的城市而言，挖掘地铁堪称是进行一场必要的手术，绝对值得这样的开支与短期阵痛。地面的伤口很快就会缝合，而一旦痊愈，纽约市的交通将因此变得比以前更强壮、更有效率，城市也更具凝聚力。

但快速道路则是另一回事。快速道路造成的是永远不会愈合的伤口——只会撕裂城市。

大刀阔斧砍除障碍

一个世纪以前,纽约市原本正要打造出绝佳的生活环境。优美的公寓大楼——首倡于镀金时代的高收入公寓住宅,如第18街上的施托伊弗桑特公寓(1869)与第72街的达科他公寓(1884)——造就了不同阶层混居的密集城市环境,工人的家庭就在上班地点的步行距离内。弗雷德里克·奥姆斯特德设计的中央公园参考自史上第一座公共城市公园——利物浦的人民花园,让人得以暂时摆脱棋盘式街道,而街区大小的公园也相继出现。一方面,城市美化运动中那些思想进步的富有人士,通过游说,为纽约市成功争取到各种城市艺术空间和受古典建筑启发的公共纪念建筑物(他们也反对广告入侵地铁,但没有成功)。室内厕所、电灯,以及公共卫生的改善,让纽约市成为一个更洁净也更宜人的居住地。这是一项全球性的趋势,与巴塞罗那的埃桑普勒、巴黎的香榭丽舍大道、芝加哥的黄金海岸、布宜诺斯艾利斯的雷科莱塔和上海的外滩一起,纽约的第五大道也成为各种优雅城市主义的最新表现形式的试验场。另一方面,纽约的工人阶级也对中城那座由摩天大厦构成的新兴"奇妙城市"深感兴趣——那些林立的高楼不但代表了最高的市民志向,也让土地使用率达到最大化。地铁将这座大城市凝聚在一起。为了妥当规划日益发展的纽约市,区域规划协会在1922年成立,其中富有远见的城市规划专家也拟订了充满野心的地铁扩张计划(包括一条沿着第二大道修建的路线),希望打造一套铁路系统,让市民只需以低廉的费用即可迅速且舒适地在市内各地移动。前景似乎一片光明。

但接着却发生了一件事情。这件事情犹如一场慢动作的海啸,彻底改造了纽约市的面貌。首先是出现了少数几辆模样奇特、走走停停且不时回火爆鸣的富裕人士的玩物——汽车。到了1932年，纽约市已有79万辆汽车，于是交通又再度陷入堵塞。这一次，堵在街道上的不再是肉贩推车和铁路马车，而是福特、克莱斯勒和雪佛兰的汽车。汽车入侵的最大帮凶是罗伯特·摩西——是他把现代大城市变为汽车能安全奔驰的地方。

我们可从正面角度来看待摩西的职业生涯，而近来的史学家、博物馆策展人与记者也正采取此方法，重新认识他留下的影响。以下是经过授权的美化后的传记内容：摩西在1888年出生于一个富有的家庭，在耶鲁大学、牛津大学与哥伦比亚大学接受绝佳的教育，后来致力于拒领市政府资助的运动，并且首倡修建通往长岛的公园大道；他征用了许多富人的土地，使得工人阶级的民众能摆脱闷热的市区，前往琼斯海滩以及他所打造的其他海岸游乐区休闲。他利用"新政"的资金兴建宏伟的三区大桥[①]，并且巧妙利用管理机构的法律概念确保快速道路的过路费成为一笔独立的收入来源，让他得以用于投资其他公共建设——韦拉札诺海峡大桥，该桥在完工时是世界上最长的吊桥。随着摩西的影响力越来越大，他为纽约市带来了联合国大厦、两届世界博览会，以及促成上西区复兴的林肯中心。他建造的华丽游泳池为贫穷的社区赋予了高雅的气息，他打造的公园与游乐场为纽约人提供了喘息的空间，而他兴建的1000栋以低收入住户为主的公寓大楼更为纽约居民解决了居住问题。他在长达44年的职业生涯中共历经5任市长和6任州长，总共建造出15条快速道路、16条公园大道、西区快速道路、哈姆勒河公路和谢亚球场。摩西敢于梦想，也达成许多大成果，若没有他兴建的快速道路，纽约的车流将彻底堵死，从而扼杀纽约市的所有经济活动。从

[①] 三区大桥2008年8月8日改名为"罗伯特·肯尼迪大桥"，以纪念1968年在洛杉矶进行总统竞选活动时遇刺身亡的前纽约州参议员罗伯特·肯尼迪。——编注

这个角度来看，摩西的确是20世纪纽约的大建设家。如同一名为他抱不平的人士所说，和他比较，"奥斯曼男爵①不过是个小承包商而已"。

罗伯特·A.卡罗为摩西撰写了一部精湛而庞大的传记《成为官僚》(The Power Broker)，其中提出了另一种看法。在优越环境中成长的摩西从未受过真实生活的磨难。他从9岁开始就睡在定制的床上，吃的是家中聘请的厨师烹调的餐点，并以上等瓷器盛装。他在担任公园委员会的职务期间，以欺诈手段骗取长岛农民与屋主的土地，建造他的公园大道——基本上只是绕过富人房地产的牲畜运送道，让那些买得起车的小康人家能开车前往景观被庞大的停车场破坏掉的海滩。他在河畔兴建快速道路，导致纽约市与水滨就此隔绝，而且他建造的公园也满是水泥地而非草地，导致城市没有变得更绿，反倒更灰。当时的种族歧视氛围也不足以开脱他对少数族群的彻底蔑视：在他于20世纪30年代建造的255座新游乐场当中，只有一座位于哈姆勒区（这座游乐场被他的一条快速道路与纽约市隔离开来，其中的攀爬架还以铁铸的猴子雕像装饰②）。在第二次世界大战结束后的10年间，摩西使32万人遭到驱离；他那些廉价的公寓大楼成了垂直贫民窟，在往后数十年造成城市的衰败。他有些更加疯狂的计划要是真的实现——例如一条穿越帝国大厦6楼的快速道路、一条穿越当今苏活区的曼哈顿下城快速道路，以及必须拆除克林顿堡与炮台公园而兴建的炮台大桥——纽约将成为一座几乎无法居住的城市。摩西的所作所为，其实就是阶级战争，不是以武装车辆和燃烧弹发动的战争，而是靠推土机和水泥。

不论你选择相信哪一种观点——把摩西视为大建设家还是大

---

① 奥斯曼男爵于1852年至1870年受拿破仑三世重用，是负责重新改造巴黎的人，奥斯曼的城市规划造就了目前巴黎的样貌。——编注
② 猴子曾被用作针对黑人的种族歧视词语，而哈姆勒区的主要居民是黑人。——编注

坏蛋——有一点都是显而易见的：摩西对公共交通运输，也包括对那些搭乘公共交通工具的民众，嗤之以鼻。他拆除纽约市的电车轨道以提高交通流畅度，公园大道上的天桥也故意设计得比公交车的高度低了那么一点点，因此只有轿车车主能前往琼斯海滩（摩西自己就住在长岛）。他毫不理会区域规划协会的建议，拒绝在桥梁或快速道路的安全岛上腾出空间设置列车轨道，导致人们无法搭乘列车前往爱德怀特机场（也就是后来的肯尼迪国际机场）以及其他许多地点。

卡罗在《成为官僚》里指出："摩西建设了许多公路，导致纽约市淹没于车流当中。他循序渐进地剥夺地铁与市郊铁路的建设资源，使汹涌的车流膨胀到足以摧毁整座城市的程度。他在自己崛起之际仍是一片乡野的庞大市郊地区填满了低密度住宅区，这种居住形式不适于公共交通运输系统，而必须依赖公路，因此他也确保了这股汹涌的车流将持续好几代人，甚至好几个世纪，于是纽约市的交通运输恐怕永远都会是个令人懊恼而且浪费大量时间的问题。"第二大道地铁线之所以延迟至21世纪才终于动工兴建，原因就是公共经费在20世纪都遭到摩西霸占，用于兴建桥梁与公路，而不是公共交通运输设施。

最重要的是，摩西自己从没学会开车，出入都是搭乘由司机驾驶的帕卡德空调豪华轿车，因此他完全没有注意到当时已开始出现端倪的塞车问题。他让民众开车更方便，也让居住在开车可达的市郊地区的生活更加便利，而这些决定了纽约在未来的瘫痪命运。他促成长岛的郊区化发展，造就了大量以汽车为基础的市郊社区，例如建于万塔州立公园大道旁的莱维敦，这些社区将村庄和农地吞没殆尽。三区大桥原本的目的是要解决纽约的交通问题，结果这座桥梁完工之后的几个月内，纽约市其他桥梁的堵塞现象反而变得更严重。摩西的桥梁和横跨全城的公路首度证实了诱发式交通理论：建造更多公路，只会让这些公路立刻塞满车辆。

也许我们不该以摩西所建造的东西评判他，而应着眼于他所破坏的事物。最令人痛心的一个例子发生在位于布朗克斯区中心的东特里蒙特。这是一个工人阶级民众聚居的地区，其中的犹太人、意大利人与爱尔兰人逃出了拥挤的下东区，在此地定居，开辟出一条热闹的商业街，其中包括肉贩、面包铺、熟食店与电影院。这个区域的公寓以宽敞平价著称，广场大道沿路尽是美观的装饰艺术建筑物，有着流线造型的正面，而且只要步行一小段距离即可抵达湖泊、网球场和克罗托纳公园的棒球场。这里没多少家庭拥有汽车，一条跨区地铁线直通曼哈顿的服装区，也就是这个社区内大多数居民的工作地点。后来，摩西在地图上画了一条线，宣称东特里蒙特阻挡了他长达10公里的跨布朗克斯快速道路。尽管居民示威抗议，他却连将这条快速公路偏移一个街区都不肯，还夸口说："在建筑过多的大城市里做事，就必须大刀阔斧地铲除障碍。"从理论上讲，当地居民可有90天的时间搬迁，但事实上，他的工程团队却是在公寓顶楼的住户迁离之后，就马上开始拆除屋顶。快速道路完成后，东特里蒙特便被一块宽达68米且无可跨越的水泥撕裂成两瓣。总共有1530个家庭被迫迁离，这个原本充满活力的社区只能眼睁睁看着自己的心脏被人挖除。

摩西的盲点是社区，居住其中的"小人物"从来不被他放在眼里，更不会出现在他的模型与蓝图上。1956年，他原本打算拆除中央公园备受居民喜爱的绿地客栈餐厅，改建成一片停车场，结果因为一名推土机驾驶员拒绝冲过一道由一群衣着体面的妇女推着婴儿车形成的人墙而功败垂成——这个情景被纽约市各大媒体争相报道。此外，他原本企图将格林威治村的部分地区宣告为破败的贫民窟，居民的抗议活动更增强了他身为毁灭社区刽子手的形象。摩西曾规划一条穿越华盛顿广场公园的四车道公路，结果在这项计划遭到阻挠之后，有人听到他气急败坏地说："没有人反对这项工程。没有人，没有人，就只有一群妈妈而已。"

当然，其中一位妈妈就是卓越的城市理论家简·雅各布斯。这位作家兼社会运动活跃分子在她位于哈得孙街的家里，针对摩西的工程计划巧妙策划了充满戏剧色彩的反对活动，包括在华盛顿广场焚烧纸汽车，以及在一场公众听证会的讲台上抛撒便笺纸以抗议曼哈顿下城快速道路的兴建工程。她在《美国大城市的死与生》(The Death and Life of Great American Cities)里，精确点出波士顿的北角和她自己居住的格林威治村这类社区的魅力所在，称19世纪遗留下来的那种住商混杂的生活环境——酒保在店门口一面扫地，一面帮忙照看在街道上玩跳房子游戏的邻居小孩——打造了一种安全且生机盎然的城市空间。小街区、6层楼以下的建筑、相互交杂的商店与住宅，以及众多的行人，彰显的绝非破旧衰败，而是活力。在20世纪60年代那个热爱汽车并且鄙弃城市的文化氛围里，雅各布斯所开的"药方"简直是异端邪说：她坚信纽约应该增加开车的困难度，理由是居民若是靠自行车、公共交通工具和双脚进行移动，社区就会运作得更好。

长期来看，雅各布斯的世界观显然得胜。曼哈顿在1968年之后就不再兴建新公路，而一波波草根抗议运动也遏阻了巴尔的摩、密尔沃基、新奥尔良和费城的公路兴建计划。此外，摩西也眼睁睁目睹了他的三区大桥管理局沦为大都会运输署辖下的一个单位、纽约陷入破产，以及卡罗所写的传记摧毁了他的名誉。摩西的孙子似乎是他唯一真正宠爱的人，却在从斯坦福大学驾车返回长岛的途中撞进涵洞而丧命。

雅各布斯虽然致力于捍卫成功的老社区，却从来不曾认为这些社区完全不该有所改变。恰恰相反，她极力支持西村住宅当中数以百计的补助公寓；而她搬到加拿大之后，也支持多伦多的圣劳伦斯社区兴建密集的混合收入住宅。然而，她的著作却经常被邻避主义者与香蕉主义者①引为论据。雅各布斯对于"遗产"建筑物或是特定的建筑细节并没有特别的兴趣。她支持社会复杂性，反对单调乏味、千篇一律的现代主义；她支持构成社区的"人"——而且这些人越多元化越好。尽管她的名字曾被援引于反对地铁线的抗议活动中，她却是步行爱好者，也是公共交通运输的捍卫者。

如果说我们终于重拾百年前的承诺，致力于将北美洲城市建为适宜人居之处，那么正是因为有像雅各布斯这样的母亲，敢于抗拒摩西这类人士投注毕生的目标——为了汽车而不是为了人所建造的城市。

哈得孙河上的阿姆斯特丹

在初夏的一个星期一午后，我站在百老汇中央，觉得纽约仿佛变成一座美妙的步行城市。我上次造访时代广场时，汹涌的人潮一再将我挤下人行道，迫使我在马路上闪避迎面而来的车辆。这一次，百老汇共有7个街区封闭了起来，仅供行人通行，于是我享受了半个小时的悠闲时光，在散置于一大片人行广场上的户外座椅间蜿蜒行走，周遭满是从邻近的办公室出来吃午餐的纽约人，以及手持相机拍着霓虹灯招牌的游客。两天前，我也步行在麦迪逊大道的中央，并在一条完全没有车辆的停车道上的一个墨西哥小吃摊买了一份菲希塔②边走边吃。这是"夏日街道"计划造就的成果：曼哈顿共

---

① 邻避主义为"NIMBYism"的音译，意为"别在我家后院"（not-in-my-backyard）；香蕉主义为"BANANAism"，即"抗拒一切建设"（build-absolutely-nothing-anywhere-near-anything）的英文缩写。——译注
② 菲希塔是一种肉丝蔬菜玉米卷饼，是墨西哥人常吃的传统家常菜。——编注

有约11公里的街道对汽车封闭,成为步行街。

不是所有人都乐见封街的做法。我在第37街听到一辆福特货车的驾驶员对警察埋怨道:"重点是,它们占用了两条车道呐!"他指着绿色自行车道以及一家街头咖啡厅的长凳,这时有一家人正在外侧车道上喝着冷饮。"别误会,这些当然都很好,可是有一天一定会有台失控的卡车撞上那些长凳,到时候这种情景就会拜拜了。"对于这种可能,他似乎有那么一点幸灾乐祸的心态。

如果说今天曼哈顿的街道比起过去百年更适合步行,那么最大的功臣就是纽约市交通局局长萨迪克-汗。说起话来速度极快的她,自2007年以来即负责管理全市近1万公里的道路。

"纽约人对他们的街道非常热情。"萨迪克-汗在沃特街55号9楼的一间会议室里告诉我。她看起来相当年轻,留着颇为俏皮的刘海,以连珠炮般的说话方式和善于掌握和应用数据著称。"我时常觉得自己好像面对800多万个交通工程师,因为每个人对于该如何使用街道都有自己的一套看法。纽约市的人口在未来20年将会增加100万。我们可不打算把所有的道路都变成双层道路。唯一能够适应交通需求的方式,就是提高路网的移动效率。所以,我们必须依赖公交车、自行车道,还有更好的步行环境。这些条件其实缺一不可。"

萨迪克-汗简要地提出相关数据:95%的上班族都靠搭乘公交车、骑自行车,以及步行抵达曼哈顿的中心商业区;54%的纽约居民甚至根本没有汽车。为了适应这样的实际情况,交通局在过去3年内已设置了约320公里的自行车道。他们在布朗克斯区推出了"特选公交车服务",也就是一条快速车道,借由预付车费的方式加快公交车上下客速度;而且他们也正在咨询各个欠缺公共交通运输服务的社区,至少将再推出8条快速公交车专用道。新的法案将会强制设有货运电梯的商业大楼提供室内自行车停放空间。

但我指出,尽管有这些措施,除了少数能见度高的地点——例如时代广场——纽约市的其他地区仍然受到汽车主宰,而且大部分的路边停车格也都没有停车计时器。萨迪克-汗称她已竭尽全力限制交通量。她曾在纽约前市长丁金斯手下担任政策制定人员,结果眼睁睁看着自己规划的东河桥梁收费方案被束之高阁。在布隆伯格手下,她又致力于争取向进入曼哈顿的车辆征收通行费。伦敦向进入市中心的车辆征收8英镑①的通行费,将塞车情形减少了将近三分之一(而这笔收入则用于资助公共交通运输系统)。纽约向伦敦学习,提出向进入市区的汽车征收桥梁通行费。这项法案在纽约市议会获得通过,却在奥尔巴尼②被州议会挡了下来。

如此一来,我们不禁要问:既然只有5%的上班族开车上下班,那么堵塞曼哈顿街道的那些驾驶员——想必就是反对道路拥挤收费政策者——究竟是谁,而他们又来自何处?每天约有75万辆汽车进入中心商业区。在摩西当初的规划下,区域内的各大公路几乎全都通往曼哈顿,因此这些车辆有五分之一只是路过而已;其他绝大多数都是来自缺乏公共交通运输服务的地区,如皇后区、布鲁克林和长岛。

如果不算送货车、卡车、豪华轿车和私人包车这种所谓的"黑车"以及出租车,那么马路上的驾驶员大部分都是公务人员,纽约市政府员工开车上班的比例高达35%:长久以来,免费停车一向被视为担任公职的一大福利。停车场管理员几乎不会对放有停车许可证的车辆开单——从理论上讲,只有执行公务的市政府与州政府员工才能使用停车许可证。2010年,《纽约客》杂志爆料一名法官兼参议院的多数党前领袖在巴尼斯精品百货外利用停车许可证把车子停在消防栓旁,而不愿停放在计时投币的停车格内。这种行为对纽约州议员造成了严重的利益冲突:既然凭着停车许可证即可在市

---

① 2012年,1英镑约等于人民币10元。——编注
② 奥尔巴尼为纽约州首府。——编注

区内畅行无阻,又何必投票支持限制汽车进入曼哈顿?何必通过兴建新地铁线的预算?

我向萨迪克-汗提起这个问题,她略显尴尬地一笑。"在市长布隆伯格的执政下,我们已将市政府员工的停车许可证全面削减了30%。交通局也正在推动一项汽车共享试行计划。这项计划要是顺利,将可在全市广泛推行。"

萨迪克-汗面临的挑战非常艰巨。在布隆伯格执政之下,城市规划局虽然对纽约市20%的区域进行了土地规划变更——大部分都是针对密度较高以及地铁车站800米内的地段——却未采取任何限制汽车的措施。要求新建筑物提供道路外停车空间这种摩西时代的法规,至今仍为常态——而停车空间越多,民众就越会倾向于开车。在萨迪克-汗的身后,我能看见布鲁克林水滨那些老旧生锈的码头,以及布朗克斯-皇后区快速道路上的多车道车流——摩西兴建的这条道路造成了红钩区的没落。

"我们已不再采取20世纪50年代那种功利的眼光,把街道视为能让汽车移动得越快越好的通道。我们现在其实是把街道视为珍贵的公共空间。就许多方面而言,交通局堪称纽约市最大的房地产开发者。"萨迪克-汗值得赞扬的一点是,她促进街道改变的速度和她的语速一样快。"在某些地区,我们能在几天内就把道路转变成广场。我认为纽约人对于等上10年、15年才能见到变化的情况已经厌倦了。每当我们创造出一个公共空间,效果都非常惊人,人群在短短几分钟内就会凭空出现。"

和萨迪克-汗谈过之后,我漫步前往肉品包装区,接着爬上几段阶梯,来到高线公园,这是纽约中央铁路的一条废弃路线,现在已变成一条美不胜收的高架步道。铁路岔道拐入被砖块封起来的仓库,在预制水泥条块之间长着漆树、黄栌及其他本土植物;上班族松开领带、解开上衣的扣子,懒洋洋地坐在长凳上享受阳光。这幅不见车辆的画面,让人想起了社会学家古德曼的计划:禁止私家车进入曼哈顿,把所有的道路都留给电动公交车和出租车行驶。他在1961年的一份宣言里写道:"如此一来,这座城市即可像威尼斯一样悠闲,成为一座美好的人行城市。"高线公园也不禁让人觉得这是对汽车文化的尖锐批评:穿越标准饭店那幢现代化建筑之后,高线公园路边设有一排排长凳,面对着一片玻璃墙,坐在长凳上感觉仿佛悬浮在第十大道上空。马路上的情景映照在那片玻璃上,形成一幅动态艺术作品,只见出租车与卡车的尾灯赶往住宅区,与公园中母亲推着婴儿车的人性化景象形成鲜明对比。

在高线公园总长约5公里的路程中,我在半途看见一座机械式立体停车场,许许多多的车辆停放在5层楼高的开放钢筋结构中,犹如层叠式鸡舍里的鸡一样。那些静止的雷克萨斯与奔驰车,轮子悬浮在空中,看起来带有一种微微的荒谬气息,就像是原始城市化的遗迹,展示在一座未来的博物馆里,供人欣赏已经废弃的过往科技。

泰珀是一名公共交通运输乘客

某天下午,我搭乘一号列车前往市中心的西村,身旁坐着几个兴高采烈的西班牙游客,手上提满布鲁明戴尔百货商店的购物袋,另外还有一个扮成蜘蛛侠的街头艺人。这时候,我回想起我在青少年时期曾觉得纽约地铁是世界上最可怕的地方。电视上播放的无数深夜电影中,我一再看到纽约地铁那满是涂鸦且犯罪猖獗的列车。你要是对《战士帮》(The Warriors)的内容信以为真,那么夜里的联合广场站便会满是穿着溜冰鞋横行的帮派分子;在《地铁惊魂》(The Taking of Pelham 123)里,莱辛顿大道线列车上的乘客遭到戴着假胡须的抢匪持枪恐吓;根据1967年美国电影《意外事件》

(*The Incident*)的描绘,你要是从布鲁克林搭地铁前往时代广场,难免会因为遇上蓄着鸭尾发型、手持弹簧刀的疯子而留下终生的精神创伤。

好莱坞的剧作家(其中许多都是从纽约逃出去的)深知如何利用美国人对城市的恐惧。实际上,巡逻严密的地铁一直比地面上的街道安全得多。即便在暴力犯罪现象达到高峰的1981年,发生于地铁里的凶杀案也只有17起,发生在街上的则多达1832起;当年死于车祸的人数,也比在地铁内丧命的人数要多。

地铁已经变了,纽约也是。从曼哈顿搭乘地铁列车能抵达的地区,包括阿斯托里亚、科罗纳、波恩兰姆小丘、日落公园、卡罗尔花园和里奇伍德,纷纷成了当今的格林威治村,全是适合步行的老社区,如今已有越来越多家庭住进各区。简·雅各布斯要是看到这些地区,想必会深表赞赏。在房地产热潮期间兴建的数以万计的公寓大楼,现在都已转为平价出租住宅。今日的纽约类似20世纪40年代末期的纽约,当时城市的人口与活力都正值高峰。不同的是,当今的纽约人口有40%都出生于国外,而且外来移民的拥入速度已超越了埃利斯岛。地铁中再次混杂了各个阶级、种族与年龄的人,这种情形显然是未来发展的良好征兆。

自1961年以来就一直住在西村的卡尔文·特里林,从某种程度上说,也算是第一波城市先驱——或是城市缙绅化①的推动者之一。这位长期为《纽约客》杂志撰稿的作家住在一栋建于19世纪30年代的联邦式风格的联排排屋里,就位于第七大道以西的一条弯曲街道上。特里林原本只是租客,现在已成为户主。(我不敢问他这栋房子多少钱,但在几个街口外,就是简·雅各布斯位于哈得孙街上的朴素住宅,那栋房子虽在50年前被摩西及其支持者宣称为"祸

---

① 缙绅化指一个旧区原本聚集低收入人群,重建后地价及租金上涨,吸引较高收入人群迁入。——编注

害",近来却以300万美元售出。)特里林拉下天花板上的一道折叠梯,邀我爬上他家屋顶,于是我们共坐在一株悬铃树下。在他的小说《泰珀不下车》(*Tepper Isn't Going Out*)里,一个纽约人因为喜欢待在自己的雪佛兰轿车上,而意外地成为纽约市里一个性情乖戾的修行者。按此看来,你也许会以为特里林是个死硬派的驾车人士。(他确实拥有一辆大众帕萨特轿车,会开这辆车到新斯科舍省的夏日别墅度假。)不过,特里林有个秘密:他平日出门主要都是骑自行车或搭地铁。

"现在我几乎都不搭出租车了,"特里林说,"我几乎都搭地铁。在我认识的人当中,也许有少数几人认为地铁是'公共'运输而不肯搭乘。他们基本上是高傲的势利鬼。"特里林告诉我,一号线是他的"战马",因为这条地铁其中一站距离他家只有两个街口。"我昨晚得到中央车站附近去主持一场义卖。要到那里去,除了搭地铁以外,其他交通方式都是很痛苦的。"他穿着燕尾服搭乘地铁。"别人都以为我是餐厅的服务生。我过世的太太不喜欢在夜间盛装打扮搭乘地铁。她不在乎别人把我当成餐厅服务生,她只是不想被人当成服务生的太太。"特里林说他搭乘地铁已经将近50年,未曾目睹过任何重大犯罪,也从未被困在隧道里。"当然,有时候我也觉得地铁有些地方让人不满,特别是那些涂鸦。而且,他们也一直到近几年才开始在列车外设置路线图。以前你得在上车之后才找得到路线图,而且那些图大概只有修过制图学的人才看得懂。等到你发现自己坐错车时,下一站都已经是皇后广场了。不知道为什么,每次坐错车都一定会坐到皇后广场站。"不过,整体来说,现在地铁的服务已比以前要好得多了。"说真的,在纽约不搭地铁未免太笨了。"

要是我住在纽约,一定也会是个"全职"公共交通运输乘客。我在30多岁时曾经考虑过搬到纽约,艾琳和我至今也还是会谈到是否该到曼哈顿住上一两年——随着越来越多的街道朝步行化发展、自行车道的路网逐渐发展,以及像高线公园这样的地方的出现,我们心中的这个想法也越发诱人。实际上，我们要是真的搬到这里，大概会住在房价较低的布鲁克林区，我们有些朋友现在就住在那里。不过，在这个想法实现之前，我们还是可以不时造访纽约，而我们来到此地的第一件事，几乎都是先钻进一座地铁站，为我们的地铁票充值。

经过多次造访之后，纽约地铁至今仍然不断对我揭露它自己的秘密。这一次，我踏上一场近乎田园般的旅程，前往远洛克威海滩。我搭车沿着堤道前进，经过一栋栋木结构船屋，看着苍鹭在岩岸上捕食青蛙。在第34街-先锋广场站，我看到一架虚拟木琴，行人只要在光电传感器前挥挥手，木琴就会亮起来，并且发出马林巴琴、长笛和鸟鸣的电子声响。我从布鲁克林搭上D线列车，抬头看见隧道里出现一幅表现火箭发射的动态发光卡通图像：这就是所谓的"公共交通走马画"。艺术家比尔·布兰德在一座废弃地铁月台上架设了长达100米的画板，上面有一幅幅手绘图画。地铁列车一开动，画板上的图画就会形成像西洋镜那样的动画。

尽管有些扰人的现象仍然存在，例如乞丐诉说自己有多么不幸、流动小贩强力推销电池和巧克力棒，但和各种小乐趣相比，不值一提。我最大的乐趣是搭乘开往住宅区的区间列车，望向窗外，看着另一条平行轨道上的快车摇摇晃晃地钻进纽约市的地底深处，整个情景虚幻迷蒙，让人觉得仿佛置身梦中。

我以前很喜欢这座城镇……好莱坞是市际电车沿线上的一栋栋木屋；洛杉矶虽只是一大片干燥晴朗的地区，充斥着丑陋的住宅，毫无风格可言，却是友善且平静的。现在许多人总喜欢把当时的那种氛围挂在嘴上吹嘘。当年，居民常睡在门廊上，有些自命为知识分子的小团体甚至把这里称为美国的雅典。洛杉矶其实没那么了不起，但也不是布满霓虹灯的贫民窟。

——雷蒙德·钱德勒，《小妹妹》（The Little Sister），1949

2
加强联结

加利福尼亚州·洛杉矶

要是你对洛杉矶只知道一件事，那么大概就是这一点了：在这座"天使之城"里，没有车实在无法过活。

关于洛杉矶的发展，一般人都这样认为：洛杉矶接受了魔鬼的交易，抛弃公共交通运输，建设了城市高速公路网，于是洛杉矶居民便得以享受毫无限制的自由移动——任何人只要买得起车，什么地方都到得了。这种做法似乎奏效了，在充满幸福的数十年里，厌倦了寒冷冬天的人们千里迢迢来到此地，把他们的梦想和毕生的积蓄投入到这片不管是去海滩还是去雪山,都是天涯咫尺的农场式住宅区。不过,城市高速公路这项针对严重大塞车所开发出的技术性解决方案,不久之后就陷入瘫痪。修建完善的高速公路不但使得洛杉矶雾霾警告不断、市郊贫民区遍布、市民深陷路怒症、驾车枪击案件猖獗,并且"荣获"全美污染程度最高的城市之称,现在更是全美堵塞情况最严重的高速公路。

不过,极少人知道的一点是,这座被美国东岸居民鄙视为"17座想成为城市的郊区"之一的西岸大城市,在延迟许久之后,终于接受老式城市主义的福音。开发商开始在轻轨路线的步行距离内兴建可供多户居住的公寓大楼,刚起步的地铁系统也预计在未来10年增加1倍的里程。在破产阴霾笼罩加州的背景下,一位备受爱戴的市长已取得当地及联邦政府的资助,即将落实一项全美野心最大的公共交通运输计划,希望达成一个长久以来一直被视为超出人类能力的目标:让洛杉矶人放弃汽车,改搭公交车和火车。

从汽车帝国里救回大洛杉矶地区虽是个充满抱负的绝佳构想,却也可能是不切实际的妄想。从空中鸟瞰南加州,即可看见一大片公路之海,从圣巴巴拉延伸至墨西哥边界,其中只间杂着少数几座挡路的山丘。

即便是最有远见的城市规划师与政治人物,恐怕也救不了这座城市。

10亿美元的玉米卷

在一个晴朗的冬日早晨,洛杉矶轻轨金线的一班列车开进联合车站外的广场,铃声当当作响,车头灯闪个不停,仿佛一部总统竞选列车。那是一部造型雅致的意大利列车,以复古风格精心设计,车厢边角皆有精美的装饰,采用不锈钢门扇,前方漆有象征速度的线条,犹如立体派画家笔下的猫须,让人不禁联想起爵士乐时代那种银色螺旋桨飞机的流线造型。我在第一节车厢里找了一个空的双人座坐下来(空位其实很多,车厢里除了我,只有一名带着幼女的妈妈),列车便呜呜作响地驶离车站——那声音听起来虽像是传统蒸汽火车的汽笛声,实际上却是电子合成器模仿的。车厢里的广播不是通常那种用英语和西班牙语轮流提醒乘客不要把鞋子踩踏在座位上的预录语音提示,而是由驾驶员以爽朗的声音与乘客打招呼。

"各位乘客早安!"他的语调听起来对人生充满热情,仿佛将南加州的阳光全带进了车厢内。"这辆开往大西洋广场的列车,沿途会停靠所有的车站。为了各位的安全,请绝对、绝对、绝对不要闯入轨道——你永远不知道什么时候会有列车出现喔。下一站是小东京艺术区!"

就这样,东洛杉矶一幕幕多元文化景象开始在车窗外飞快滑过。沿着一条蜿蜒的高架桥,越过夹在水泥建筑物中间的洛杉矶河,我们陆续经过净土真宗本愿寺层层叠叠的佛塔、博伊尔高地基督教中心的三原色壁画、洛杉矶最古老的墨西哥薄饼工厂屋顶上那浸沐在阳光下的波形瓦片,还有塞尔维亚公墓里一排排尖端采用梅花造型的十字架。轨道钻入圣安娜高速公路底下之后,轻轨便成了地铁,穿越约2.4公里的隧道,才回到阳光普照的地面,四周满是免下车药店和伪装成棕榈树的移动信号塔。

搭乘一趟金线列车的票价是1.25美元,堪称以起亚汽车级别的价格提供凯迪拉克等级的服务。这是一个轻轨规划完善的典型例子——所谓的轻,不是指列车大小,因为轻轨的列车也可能和地铁列车一样长,而是指这种列车载运的重量相对较轻,行驶速度更快。和轻轨相比,即便是最新颖的公交车看起来也有点像蹒跚局促、在车流中难以动弹的次级运输工具。列车在电力驱动下顺滑地加快速度,红灯也在我们接近时纷纷转为绿灯。金线票价低廉,乘坐舒适,而且由于交通信号灯都优先让列车通过,因此速度也非常快。如果不是别无选择,实在很难想象为什么会有人宁可开车也不愿搭乘轻轨。

在蒙特利公园的大西洋广场,我和车上仅剩的乘客——两名打扮新潮、推着亮闪闪的单速自行车搭地铁的拉丁裔青少年,在流浪艺人广场一起下车。金线的尽头是一片荒原,唯一醒目的建筑物是一间麦当劳得来速餐厅①和一家汽车零件连锁店。这里是汽车驾驶员的世界,不适合行人游荡。所幸,东洛杉矶不论哪里都不乏美味的墨西哥食物。我在一排沿路商店中注意到一家供应墨西哥玉米卷的小店,名叫"曼尼的疯狂餐馆",于是匆匆穿越两车道的马路,朝那家餐馆走去。

"我来拿9个鸡肉玉米卷!"排在我前面的那人在柜台前方高声说道。我从他那开朗的语调认出了列车广播里的声音,他就是列车驾驶员。我向他自我介绍,身为阿帕契族的他也随即向我介绍他的名号——"奔跑之鹰",并且和我来了个犹如罗马斗士般的前臂式握手,说:"你真是来对地方了!曼尼这里的东西最好吃了,我只要轮到这条路线,都会先打电话向他们订午餐。"他问我觉得金线怎么样。我说非常舒适,只可惜好像没什么人搭乘。

"就是这样!"他笑着说,"人少,我的工作就轻松一点。不过,你要知道,这条线才刚通车几个月而已,大家还没养成搭这条线的习惯。"餐点出来之后,他主动拿了一个包着铝箔纸的玉米卷给我。

"奔跑之鹰"说的也许没错,乘客确实会随着时间的推移而增加。不过,通往东洛杉矶的金线似乎也有美国南部许多城市公共交通运输路线的致命缺陷:这些路线经常经过人口稀少的地区,为的是在

---

① 得来速餐厅是麦当劳的一种汽车餐厅,顾客可在汽车上完成整个购物过程,不用下车。——编注

兴建过程中不容易被地方居民抗议，而不是因为这些地区的人口密度足以支撑路线的运营。金线蜿蜒在小平房散布的社区、高速公路两旁的荒地、修车厂和空旷的停车场之间。就目前而言，金线最接近市区的一站是联合车站。这座优美的文艺复兴风格的车站同时也是美国国铁列车的枢纽站，距离邦克山的摩天大楼约1.6公里远。

你可别误会，我很乐意造访东洛杉矶，而且这个地区也绝对应该享有最优质的公共交通运输服务。软玉米卷里的鱼排烤得很可口，我和隔壁桌一个蓄着胡子的爸爸相视一笑，看着他那学龄前的儿子抓着一张塑料椅，跟着The Champs乐队的《龙舌兰酒》扭屁股。不过，洛杉矶地铁东区支线的9座车站与约11公里长的轨道总共建了5年，耗资9亿美元，今天的乘客量距离原本预计的一天1.3万人次还非常遥远。简单做个比较，纽约莱辛顿大道线每15分钟的乘客就有这么多。花了那么多钱兴建一条地铁线，结果搭乘者似乎只有想到东洛杉矶吃点美味鱼排玉米卷的市区公寓住户，这样未免太浪费了。

洛杉矶的公共交通运输若要真正发挥作用，这座城市就必须在若干关键点上有所改变。第一项改变已经出现了：目前既有的地铁、轻轨和快速公交车等运输系统都已逐步扩展，并且相互联结；第二项改变将取决于南加州的经济前景，而这点却充满不确定性，公共交通运输路线附近必须出现大量密集的新建筑，才有可能在这座扩张型城市中造就真正适合步行的社区；可惜的是，第三项关键改变，即在新的开发项目中大幅减少免费停车空间，却根本没有被考虑到。

换句话说，洛杉矶必须成为许多洛杉矶人从没想过的样子：一座城市，而不是一片片毫无规划的郊区。

《谁陷害了兔子罗杰》理论

根据流传已久的城市传说,洛杉矶原本是太平洋岸上一簇簇平静的住宅聚落,不受高速公路、塞车和雾霾影响。在1988年的电影《谁陷害了兔子罗杰》(*Who Framed Roger Rabbit*)里,一个小孩问鲍勃·霍斯金斯饰演的私家侦探埃迪·瓦林特为什么不开车。

"在洛杉矶哪需要开车?"瓦林特答道,一面满不在乎地抓住一辆电车车尾的防撞杆跳上车,"我们有全世界最棒的公共交通运输系统呀!"

这部电影的剧情描述末日法官的卑鄙阴谋,企图把卡通城夷为平地(片中的卡通城与洛杉矶的沃茨区颇为相似),以便在一条新式高速公路沿线兴建轮胎店、快餐餐厅和广告牌。他这么描述那条道路:"用闪闪发亮的水泥建成的八车道大马路,他们称之为高速公路!"瓦林特对此难以置信:"红色列车的票价只要5美分,绝对不会有人想开车上这条讨人厌的高速公路!"

关于这点,合乎事实的部分如下:红色列车确实存在,确实四通八达,而且票价也确实只要5美分。你若是采信末日法官版本的历史,一个靠汽车牟利的阴谋集团拆除了洛杉矶乃至全美各地的铁轨,以污染空气的柴油公交车取代快速又节能的电车,目的就在于让内燃机成为道路之王。这种阴谋论虽然"引人入胜",却太过简化事实。红色列车的命运以及洛杉矶为何会成为城市扩张与塞车的同义词,这背后的真实故事其实复杂得多,也更加有趣。

和一般人以为的相反,洛杉矶的城市扩张其实是铁路造成的,而不是高速公路。洛杉矶建于1781年，原本是由梅斯蒂索人①与黑白混血人种垦殖建立的新西班牙农牧城镇，当时只是个偏僻的小聚落而已，直到铁路从中西部带进大批移民后才出现改变。到了19世纪80年代中期，由于南太平洋铁路与圣菲铁路之间的车票价格大战，致使从堪萨斯市到洛杉矶的火车票价跌到只需1银元②。圣佩德罗在19世纪90年代成为洛杉矶市的深水港，通往此处的铁路因此将城市边界扩展至闹市区西南方32公里外。在欧文斯山谷兴建了引水渠之后——波兰斯基执导的《唐人街》(*Chinatown*)讲述了这条引水渠背后的贪腐故事——不但圣费尔南多谷从此被并入洛杉矶，区域内的各地也因此出现许多石油工业区和人口聚居区。到了1930年，洛杉矶已是全美人口数排名第五的城市。

这座新兴大城市能真正开始发展，必须归功于电车这项19世纪的科技奇葩。1887年，发明家弗兰克·斯普拉格在弗吉尼亚州的里士满建构出一套系统，通过拉设于半空中的电线为40辆电车供应驱动电力。电车随即成为北美洲主要的城市公共交通工具；截至第一次世界大战结束，电车每年载运的乘客已达110亿人次。电车的电线在森林与农田上方接连，使得电力铁路成为实际上的城间公路；在乡下，日落之后，农民们就在轨道旁焚烧一块破布以示意电车驾驶员停车。在大城市之间行驶的电车称为市际电车，其路网最终遍布各地，乘客若是愿意，理论上能从缅因州的沃特维尔跳上电车，一路转车到威斯康星州的希博伊根，这全程1600公里的旅程完全可以依靠电车进行。

在洛杉矶，南太平洋铁路继承人亨利·亨廷登收购了数十家小成本的电车公司，打造出"太平洋电车王国"。称为"红色列车"的大型市际电车，不但摇摇晃晃地穿越圣莫尼卡与箭头温泉之间的

---

① 梅斯蒂索人，指有西班牙和美洲土著血统的拉丁美洲人。——译注
② 银元是美国铸币局生产的一种面额1美元的银质硬币。——编注

橙林，也会咔嗒咔嗒地驶过纽波特海滩的沙地边缘，一路开到终年积雪的洛山上的一座客栈。红色列车在直线轨道上的时速可达到96公里。1926年是红色列车的全盛时期，当时这种电车联结了4个县及50个社区，大部分的行驶路线都是私有的专用道路。此外还有黄色列车，这是亨廷登旗下的小型电车，在洛杉矶市中心提供地方交通运输服务。太平洋电车公司建成了全世界最错综复杂的公共交通运输系统，轨道总里程超过2400公里。

红色列车系统并不是什么理想崇高的慈善事业，其铁轨全都"刚好"通往亨廷登及其友人所拥有的土地，但确实造就出迷人的城市景观，促成一家家工厂、平房、超市和药店在电车路线的步行距离内有序分布。铁路史学家斯潘塞·克伦普写道："红色列车市际电车系统既高效又便利，运送乘客前往不同地点，包括橙林、海岸、山岳、村庄和城市，让乘客发现各种机会，从而鼓励大家经常在南加州度假。在1919年之前的10年，纳入洛杉矶县的13座城市中，只有一座位于太平洋电车路线上。"散布各地的油田和炼油厂，来自小城镇和家族农场的移民对独栋房屋的偏好，都进一步促进了洛杉矶市的水平分布，因此造就了一种新式的城市，适合步行的居住区距离闹市区非常遥远，但仍可轻易到达百货公司和办公大楼。只要红色列车与黄色列车运作顺畅，洛杉矶就能为其居民提供宽敞的生活空间和些许城市氛围。

汽车时代来临之后，这种城市快速交通的黄金时代也随之告终。汽车的来临在全美各城市都引发激烈的争议，而引发争议的原因显而易见：因为汽车将公共街道变成了杀戮战场。1925年，单单一年内就有7000名儿童死于车祸。粗心大意的驾驶员在费城遭到暴民攻击，各大城市的报纸也纷纷谴责"致命驾驶员"。在密尔沃基的一场游行中，一辆电车拉着一部平板拖车，上面展示着一辆撞毁的汽车，驾驶座上摆着一个撒旦像；在圣路易斯，一艘飞船将花朵撒向一座刻着32位车祸罹难儿童姓名的纪念碑上。

皮特·诺顿在《对抗交通》（Fighting Traffic）这部经典的研究著作中详尽记录了汽车制造商、汽车俱乐部和交通工程师如何沆瀣一气，以持久且协同的作为，慢慢地鲸吞蚕食掉城市居民自古以来在街道上的优势地位，将行人的活动范围限制在人行道上，还把行人丑化为"任意穿越马路的交通障碍"；过去由打棍球的孩童、骑自行车的人和街头摊贩共享的道路，从此成为汽车干道与私家车的停车场。诺顿指出，汽车帝国最大的胜利，就是一场缓慢的消耗战，将价格低廉且不会制造污染的电车完全赶出美国的街道。

爵士乐时代的洛杉矶是这场竞争的关键战场。南加州人对于汽车的接受程度相当高，因为许多人当初就是从中西部的乡下搭乘农用卡车和老爷车穿越沙漠，经过漫长路程才来到这里。到了20世纪20年代中期，洛杉矶每三个人中就有一人拥有汽车，基本上就是每户都有一辆车，成为全世界汽车化程度最高的城市。洛杉矶市的工业区和住宅区虽然分散，市中心的商业区却是全国密度最高的，300个方形街区内充斥着各种艺术风格的摩天大厦和宏伟华丽的百货公司，还塞进许多银行、办公室和零售商店。随着开车上下班与购物的人潮加入50万工作人口的行列，每天一同拥入市中心，交通于是陷入动弹不得的堵塞状态，亨廷登的红色与黄色列车也因此经常在高峰期误点达1小时之久。为了疏通街道，新成立的城市规划委员会采取了一项激进措施：在1920年一个薄雾迷蒙的春天，他们决定在上班时间禁止路边停车。

这项计划奏效了——至少一开始是如此。电车经过多年的误点之后，终于再次准时到站，而上班族也能准时抵达办公室。不过，第二天就有数以万计怒气冲天的汽车驾驶员齐聚市中心，在默片女明星克拉拉·金博·杨的率领下将车子停在路上以示抗议。这位有着一双水汪汪大眼睛的女明星向记者表示，粗暴的官僚限制了中产阶级妇女出门购物以及到市区看戏的自由。（杨的新片即将于周末在丽都戏院上映，停车禁令会对票房造成严重影响。）抗议人士迫使警方开光所有的罚单之后，支持汽车的《洛杉矶时报》刊出一篇文章，宣称城市规划委员会的停车禁令彻底失败，文章的标题写着"停车禁令证明了汽车的必要性"。（这根本是胡说八道。8年后，芝加哥就在市中心成功实施了禁止日间路边停车的法令。）炒新闻的女演员赢得胜利，禁令因此撤销，电车于是再次堵塞在几乎无法动弹的车流里。

电车是自然消亡的吗？这个问题至今仍然挥之不去。《谁陷害了兔子罗杰》里的那套理论，其实有不少真实性。汽车产业在1924年陷入销售低潮之后，汽车帝国便明确指出拥挤的市中心区缺乏"道路空间"，是阻碍汽车产业扩张的主要原因，并且将电车视为最大的障碍。20世纪30年代，通用汽车、凡世通轮胎、标准石油和麦克货车合资买下中西部一家小小的客运公司，成立了"全国城市干线"。这家幌子公司最后在45座城市里消除了电车系统，并且私下非法同意向通用汽车和麦克货车购买相同数量的客运车辆。1944年，"全国城市干线"的一家子公司买下了亨廷登的黄色列车，并将其替换为"公共汽车"，采用的燃料是标准石油公司的柴油，轮胎则是凡世通的橡胶轮胎。（"从我们的立场来看，"标准石油的某主管后来作证指出，"此举能为我们的产品开创市场，包括汽油、润滑油和机油。"）两年后，联邦大陪审团判决拥有"全国城市干线"的企业违反反托拉斯法[①]，判处这些企业的董事每人罚款1美元。值得一提的是，这项判决认为他们所犯之罪不在于共谋消除美国的电车系统，而是私下串通只购买通用和麦克的客运车辆。在这场战争结束之后，通用汽车及其他共谋企业纷纷卖掉持有的"全国城市干线"股份，就此摆脱公共交通运输事业。

有些运输学者认为电车本来就不可能存活下来。他们指出，电车乘客人数到了20世纪30年代就已开始下滑，而且由于多年疏于维

[①] 反托拉斯法即反垄断法。——编注

护,许多私人公司的电车状况都非常糟糕①。从这个观点来看,电车乃是汽车的轮下亡魂,是美国人与汽车之间无可抗拒的爱恋情结的受害者。的确,美国各地市中心区的电车都在汽车的围堵下难以运营。太平洋电车不但票价被迫只能维持在5美分的水平,乘客人数稀少的路线也必须保持运营,而且在获利良好的路线上,生意又遭到非法载客的"野公交"的瓜分。粗心大意的驾驶员开车任意穿越轨道所造成的车祸又进一步降低了太平洋电车的运营效率。通用汽车及其共谋不是唯一必须负起电车消亡责任的一方,但他们确实挥出了致命的一击。

换句话说,电车并非单纯遭逢噩运。如同美洲大平原上的野牛,电车也是因为遭到鲁莽的践踏而陷入濒临灭绝的处境。从多伦多到墨尔本,以及数十座欧洲城市,至今都仍有涵盖范围甚广的电车系统,这足以证明有轨电车在现代城市环境中确实能有效运作。太平洋电车系统若是能公有化并加以扩展——就像拉瓜迪亚治下的纽约对地铁实行的做法——红色与黄色列车即大有可能存活下来。不过,亨廷登及其他房地产大亨却共同谋杀了这套系统。如同城市地理学家彼得·霍尔在《明日之城》(*Cities of Tomorrow*)中所指出的:"洛杉矶任由强取豪夺的资本家兴筑该城的轻轨系统,但那些商人感兴趣的并不是提供运输服务,而是大规模的土地投机。后来,洛杉矶更是袖手旁观地任由这套系统自生自灭。"1925年,运输专家提议将列车与道路交通区分开来,兴建从市中心区向外发散的高架铁路;不过,城市规划师、政治人物和民众早已执迷于一项保证成功的塞车解决方案:一种与缓慢行驶的地面道路完全区分开来的快速车道——高速公路!

---

① 这种说法顶多只有一半为真。经济大萧条确实造成公共交通运输乘客人数大幅下滑,但随着第二次世界大战爆发,许多公共交通运输系统又再度获利,包括太平洋电车——这家公司也因在大洛杉矶地区运送货物而获利颇多。

洛杉矶最后一班市际电车在1961年驶抵长滩之后画上了句号。全世界最棒的电车系统之一的红色列车，最后被弃置在长滩高速公路尽头的一座废料场内，像木材一样叠成一堆。

某天下午，我在潘兴广场附近漫步前往市区，眼角余光突然瞥见一抹黄，于是走上前去看看究竟是怎么回事。原来，亨廷登的电车竟然还有一辆存留到了21世纪。这辆电车盖着帆布，当地一个历史协会显然正为其修整。车厢完全由铆钉接合的钢板构成，下半部为鲜黄色，上半部为青柠绿，车前唯一的车头灯底下漆着"前方上车"的字样，邀请我上车参观。

我忍不住想爬进车厢里，但这辆孤独的黄色列车停放在一座停车场的中央——周遭围满了汽车——而且一名看守人正向我这个闯入者走来。我赶紧逃离现场，没有走人行道，而是直接穿越橄榄街。我一定是因为看到那辆电车而陷入对卡通城的想象中，因为我在横穿车流之际，差点因为心不在焉而被一辆新款SUV撞到。

我忘了。在现实生活中的洛杉矶，最后获胜的是末日法官以及他的高速公路，不是兔子罗杰和红色列车。

高速公路的折磨

到了20世纪60年代，洛杉矶已成为世界上最先进的大城市，这必须"归功"于那些市内到处可见、限制通行的快速道路。在比较老旧的城市里，高速公路主要是通往郊区及其他社区的通道；但洛杉矶长达1600公里的市区高速公路有如交通动脉，相当于其他城市的主要街道和马路。圣迭戈高速公路与美国国道101号公路的交叉口是全世界最繁忙的交换道，每天有50万辆汽车从这里经过。不过，在距离这个交通汇聚点不到一个街区之处，却能看到儿童在住宅区的小街上玩耍。

根据南加州经久不衰的传说，在外来人口涌入这里之前，高速公路原本空空荡荡，开起车来畅行无阻。收音机里传来兰迪·纽曼在《我爱洛杉矶》里歌颂高速公路的歌声，诉说他带着一个放荡的红发女子，开着别克敞篷车奔驰在圣莫尼卡大道上，这确实能让人体会到这个传说的魅力。除此之外，另外有些体验也有同样效果，例如以约64公里的时速奔驰在日落大道上，欣赏那些在高速运动之下显得迷人不已的建筑物——包括"In-N-Out 汉堡店"那太空时代风格的招牌，以及各种古奇建筑①（尽管这些建筑一旦近距离细看，不过就像一堆廉价的石灰而已）；或是看到琼·狄迪恩在《白色纪念册》(The White Album)这本散文集里的随想："高速公路的体验是洛杉矶唯一世俗的集体体验。参与者只关心自己身在何处，行动上则必须彻底沉溺其中，将注意力完全投注于道路上，有如一种痴迷状态，一种高速公路的狂喜。"

时至今日，驾车奔驰于洛杉矶的道路上仍然可以给人带来狂喜般的体验——前提是你得在凌晨3点上路。其他任何时间，你都绝对免不了身陷北美洲最严重的塞车洪流中。某个星期六上午，我打算从市区开车前往威尼斯海滩，并决定走洛杉矶人所谓的"地面道路"，而不走高速公路。威尼斯大道上的塞车情况非常严重，我在各个主要十字路口都被同一群已届退休之龄的自行车骑士一再超越。沿岸1.6公里以内的每一条街道都塞得水泄不通，有如一片多车道的地狱，儿童的尖叫声和父母的怒骂声此起彼伏。在太平洋街上，打赤膊的男子高举硬纸板招牌，招呼汽车驾驶到街道旁的空地或住宅

---

① 古奇建筑是一种现代建筑形式，属于未来主义建筑的一种，受到汽车文化影响，20世纪40年代起源于美国南加州并延续至60年代，在汽车旅馆、咖啡店和加油站中很流行。——编注

前院停车，一次25美元。这段路程花了我半个上午的时间，找停车位又差不多花掉了一顿午餐的时间。说来难以置信，开车受了这么多的罪，最终目标就是为了和大家一起在没有汽车的木栈道上悠闲漫步。

在返回旅馆的途中，我在10号州际公路上走走停停，一路上只能盯着前面那辆马自达的车屁股。这时候，我听到收音机里的女主播问道："他们承诺的飞行汽车在哪里呀？"

别被吓倒了。洛杉矶的驾驶员每年平均塞车72小时，相当于将近两周的工时。（这还不是全部的开车时间，只是塞车时间而已。若以一周平均18.5小时计算，美国人一生中待在车上的时间长达9年。）而且塞车情况实际上越来越严重。自从年平均塞车时长在1982年达到44小时之后，洛杉矶就一直是北美洲交通最拥堵的城市。好莱坞高速公路更是美国最糟的汽车道路，瓶颈处的平均时速只有22公里。

回头想想，你还是应该被吓倒才对。众多的高速公路使洛杉矶成为美国最脏的城市。1943年夏末的一个星期日，整个洛杉矶地区笼罩在浓密的雾霾里，能见度仅达3个街区，农作物因此枯萎，甚至还有人谣传是日本发动了化学攻击。自从这个"黑色星期日"以来，洛杉矶人就一直生活在汽车尾气造成的空气污染当中。后来，较严格的排放标准虽然让空气稍微干净了一点，但从长滩朝北隆隆行驶的卡车却还是不断吐出有毒的柴油废气。此外，研究又发现了一项新威胁：大气悬浮颗粒物。轮胎的橡胶、刹车的金属屑，以及排气管散发出来的微粒，能穿越冷气滤网与双层窗户进入人体，导致动脉硬化和肺炎，更可能对儿童造成终生的肺部损害。家距离大马路一个街区以内的居民所受的影响特别严重，但"癌症走廊"的范围可达高速公路两侧约1.6公里——而洛杉矶没有几个社区距离高速公路约1.6公里以上。据估计，大气悬浮颗粒物每年总共造成2.4万名加州居民死亡，约是车祸死亡人数的6倍。

未来30年，大洛杉矶地区5个县的居民人数预计将增加630万人。洛杉矶显然得设法改变，否则必定会陷入瘫痪与窒息的境地。除非洛杉矶打算建造3层高速公路，或是在圣伯纳迪诺山脉的山脊上架设巨型风扇，把所有的雾霾吹到大洋彼岸去，不然这座城市最大的希望仍在公共交通运输系统上。

身陷这种高速公路的折磨几天之后，我决定完全依赖洛杉矶城市运输局的公交车和火车。这么做并没有让我多开心，因为不开车使我错过城市中的许多风景。不过，我能看到的地方至少都可以看得比较清楚。而且，这样一天下来，也远比自己开车要轻松得多。

公交车乘客与地铁市长的较劲

"我们认为享有公共交通运输服务是人权，"洛杉矶公交车乘客联盟的杨善英说，"这是一种必须提供的社会服务，也应该受到政府部门的资助。而提高乘客人数以及鼓励更多人使用地铁的头号方法，就是降低票价——不是挖掘更多成本高昂的地铁隧道，也不是兴建更多的轻轨。"

我有点困惑，也许我只是还不习惯美国西岸这种阶级斗争的偏激言论。杨善英是个说起话来强而有力的女子，负责公交车乘客联盟的清洁空气运动。她坐在佩利西耶大楼12楼一个角落里的办公室内，窗外可望见五六辆城市运输局的快速公交车正困在威尔希尔大道的车流当中。我从潘兴广场搭乘地铁过来，票价1.25美元，只花了10分钟。前一天，我搭乘行驶于蓝线的一部日本制造的轻轨列车，穿过康普顿与沃茨区那些栅栏社区的平房。蓝线是一条相当舒适的轻轨线，乘客非常多，不像金线那样空空荡荡。蓝线总长约35

公里，从市中心延伸到长滩，途中穿越了市内若干最贫穷的社区。我也刚从报纸杂志上得知，市长克服了巨大困难，取得资金，将建造一条深入西区的地铁线，可望减轻全城的交通堵塞。在我看来，这座塞车塞到无可救药的城市需要的就是公共交通运输设施，不但越多越好，而且越快越好。

所以，我请求杨善英再说明一次：公交车乘客联盟为什么反对兴建更多的轨道运输设施？

"你必须了解，"她答道，"我们在20世纪90年代初期开始探讨公共交通运输的议题，不是因为我们想要更好的公共交通运输服务——我们当然想要更好的——而是因为对于我们的许多社区成员而言，这点明显是一项公民权利与环境正义的议题。超过80%的公交车乘客都是黑人、拉丁裔人士和亚裔人士，而他们的年均家庭收入都不到1.2万美元。对于洛杉矶最贫穷的劳动人口来说，公交车基本上就是他们的脚。我们控告城市运输局，以确保他们使用目前最洁净的燃料，结果我们打赢了官司。"

"现在，城市运输局想兴建更多的轻轨，还有一条新的地铁线，可是他们向来不会取得足够的运营资金，结果就是瓜分现有的公交车运营资金。"杨善英指出，这么一来，中产阶级会得到成本高昂但使用频率低的铁路线，贫穷阶级则不得不依赖经常缩减班次的劣等公交车系统。"这是一种徒然的资本扩张，"她告诉我，"如果你现有的房子都已经快要坍塌了，当然不该花钱买新房子。"

杨善英的论点颇有道理。洛杉矶当初在市际行驶的红色列车与地方性的黄色列车之所以运作良好，原因是当时这座城市还很年轻。然而，21世纪的洛杉矶已是一座截然不同的城市。如同城市规划专家威廉·富尔顿所写的，洛杉矶是"一座全国性的郊区，只要是不想和其他大城市的移民政治问题扯上关系的保守新教徒，都会迁至此"。到了1930年，洛杉矶市的住宅已有94%都是郊区的小别墅，住户主要是"来自中西部的中产阶级中年人"——他们同时也是全世界最早、最热切的私家车拥护者。不过，根据2010年的人口普查，洛杉矶已是一座以拉丁裔人口居多的城市，非裔与亚裔人口另占近20%。洛杉矶市为数庞大的劳动人口之中，有许多人都住在昔日为移民所建造的住宅区里；由于这些社区的规划都以汽车为中心，因此他们在交通上就得依赖公共交通运输。这种论点认为，市政府即将用来兴建新地铁线的资金，足以为洛杉矶的工人阶级市民购置许多公交车。讽刺的是，在此一论述逻辑之下，极左派的公交车乘客联盟竟然与反对"大政府"兴建铁道运输设施的自由意志主义者站在同一阵营，认为私营公交车是市场导向的解决方案，不但能满足买不起汽车的居民的交通需求，也正符合这类居民的地位。

然而，洛杉矶县的运输部门却似乎致力于兴建一套适合所有洛杉矶居民的公共交通运输系统。城市运输局在房屋业主协会（HOA）的强烈反对下，兴建了一条双线地铁线路，标准尺寸的重型列车穿梭于空间庞大的市区车站之间。橘线的"城市班车"看起来则像是电影《机械战警》（*Robocop*）的美术设计师想象出来的高科技蜈蚣，速度快，车次也多，沿着专用车道驶入圣费尔南多谷中心深处。在市中心，则由活力盎然的小型公交车——市中心循环巴士，连接地铁与轻轨系统，搭乘一次的票价只要25美分。洛杉矶的公共交通运输每年载运5亿人次，排名全美第二。不过，目前显然还有改善空间，特别是在吸引乘客方面——如今每16名洛杉矶居民当中只有一人搭乘公交车或地铁上班。

最主要的问题是，当前的地铁路网还有太多缺口，导致运输网络难以有效运作。所谓的快速公交车，似乎总身陷交通泥沼当中，亮橘色的车身也因此成了公共交通运输缺乏效率的招牌。目前的轨道路网没有一条路线通往富庶的西区社区，因此一个住在东洛杉矶的家政人员若要到比弗利山的住宅去清洁，就得搭公交车转乘轻轨、地铁，接着再转乘公交车，总共得花上两个小时。如果搭乘公共交通工具的结果是得花上双倍的交通时间，以及无止境地转车，那么自然只有别无选择的人才会愿意搭乘。

如同作家亚历克斯·马歇尔在《城市的运作方式》(How Cities Work)里指出的,"交通运输不能只有一点点,不能只有半英里①的公交车路线、半英里的铁轨、半英里的州际公路"。纽约与巴黎的地铁都是货真价实的公共交通运输系统,由于其分布范围几乎涵盖了整个城市——并且为长途旅客衔接了火车站与机场——因此效率接近四通八达的私家车。

城市运输局正试图建构这样一套路网。他们正在兴建"区域联机",即一条短距离的地铁,将可让来自东洛杉矶与帕萨迪纳的金线乘客抵达市中心。穿越卡尔弗城、长约24公里的"博览线"已经动工;该线完工之后,将会是洛杉矶第一条终点站位于公共海滩步行距离内的铁路线。城市运输局相信,只要建造一套连接好莱坞大道、加利福尼亚大学洛杉矶分校、机场与圣莫尼卡码头的路网,以及可在3小时内抵达旧金山的高速铁路,即可减少为数众多的洛杉矶居民对汽车的依赖,就算不可能彻底摆脱车辆,至少每家拥有的车辆也可以减少一点。

这就是为什么公交车乘客联盟在看待铁路运输问题时显得那么目光短浅。自20世纪20年代以来,洛杉矶总算首度出现这样的政治意志,致力于为市民提供一套高度整合的现代化公共交通运输系统。令人讶异的是,公交车乘客联盟竟然拒绝支持"R提案",即征收半分钱的销售税,为往后30年的公共交通运输确保了220亿美元的收益流。我向杨善英指出,由于他们也鼓吹降低票价,因此他们的诉求将导致洛杉矶的公共交通运输在未来数十年破产。

"我们的立场是,"她反驳道,"他们如果愿意建造一套水平一流、运作良好、持久且顾及平等的公交车系统,我们就会支持。这么一来,他们要是还剩下一大堆钱,自然可以拿去投入那豪华的20公

---

① 1英里约等于1.6公里。——编注

里地铁计划。"

我看不出市政府规划的紫线延长线有什么特别"豪华"之处。公交车的确可以是绝佳的公共交通工具,特别是行驶在专用道上的公交车,例如橘线。(我在后来的旅行中发现,发展中国家的大城市里,涵盖全市的公交车地铁路网都提供了绝佳的服务。)然而,地铁是恒久性的设施,贫穷的劳动人口与中产阶级都可获利——而且,政府预算一旦吃紧,公交车路线可能在一夕之间就被取消,铁道运输却会持续存在。世界上从来没有一套地铁系统长久停止运作。

大多数的洛杉矶居民都支持地铁。2010年,他们不理会公交车乘客联盟对"R提案"的立场,在公投中以68%的比例赞成征收为公共交通运输发展提供资金的销售税。推动洛杉矶兴建更完善的公共交通运输系统的人,是2005年当选市长的安东尼奥·维拉莱戈沙。他将自己的执政成败完全押在"开往海滨的地铁"以及其他11项公共交通运输计划上,这是一场豪赌。他的构想是将发育不全的紫线沿着威尔希尔大道朝西延伸,在罗德欧大道、世纪城、加利福尼亚大学洛杉矶分校、西木区等地设站,最终甚至抵达圣莫尼卡的海滨——新铺设的轨道可达20多公里,预算约为90亿美元。

我在市政厅3楼那间天花板高挑的市长办公室里与维拉莱戈沙会面。他身材结实,瘦高骨架上没有太多多余的脂肪;要不是因为额头上那些深深的皱纹,一定看不出他已58岁。他对公共交通运输非常热衷,这是他在20年前进入洛杉矶交通委员会以来就不断思考的议题,因此一谈到这个话题就雄辩滔滔,让人难以插嘴。维拉莱戈沙在财务数字上有点拿不准,于是转向副市长杰米·德拉维加,他坐在沙发的边缘,就在市长的扶手椅旁,手里抱着一叠文件。

"我先说明几件事情。"维拉莱戈沙说,"我说过,洛杉矶会成为美国最安全的大城市。现在,凶杀案发生率已降到1952年的水平——抱歉,"他朝德拉维加瞥了一眼,确认自己是否说错,"暴力犯罪的发生率已经降至1952年的水平。第二,我说过我们会把洛杉矶建设成美国最环保的城市，我们现在不但达成了，甚至还优于《京都议定书》规定的二氧化碳排放标准。第三，我说过我们会优先处理道路拥堵与公共交通运输的问题，现在博览线已经开工，并且启用了橘线——橘线可能是全美最成功的公交车专用道。"

德拉维加插嘴："橘线其实是全国唯一的公交车专用道，每天的载客量大约是2.6万人次。"

"我们当初预期只有7000人次左右，"维拉莱戈沙接着说，"在目前经济衰退的状况下，再加上全国各地的反对声浪，我们还是促使议会通过征收半分钱销售税的法案，这将可为公共交通运输的建设发展带来220亿美元的经费。这是我们自己的钱，是本地居民的钱。国内没有其他城市愿意花这样的钱。

"在我们目前推动的十几项计划当中，最重要的是'开往海滨的地铁'。这条地铁线将会沿威尔希尔大道兴建，威尔希尔大道连接了加州最大的两个就业中心：洛杉矶市中心与圣莫尼卡——中间夹着世纪城和比弗利山。连接这些地区的10号州际公路是全国交通最拥堵的一条高速公路。'开往海滨的地铁'计划无疑将在这套交通系统中担负重要的工作。一天将会有多达11.5万人次的乘客搭乘这条地铁，威尔希尔大道也将因此减少数万车辆。"

维拉莱戈沙要是成功，紫线沿线的兴建将会是一项历史性的成就。长久以来，反对这条地铁线的声浪一直发自威尔希尔大道沿路那些西区的富裕社区。在警察殴打洛德尼·金所引发的1992年暴动之后，"社区维护"成了最重要的事，于是汉考克公园、费尔法克斯和比弗利山都一致反对任何可能将大众带到这些飞地的运输建设。地方政客利用民众对于地底甲烷聚集的过度恐慌，阻挠联邦政府拨款资助地铁兴建工程。不过，社会气氛最近已出现改变。一旦连出门买罐牛奶都得在车流中塞上半小时，自然连心态最偏狭的市民也能看出公共交通运输减少交通堵塞的潜力。维拉莱戈沙似乎感受到了民众对他计划的支持，因此也毫无妥协之意。

我提起公交车乘客联盟，维拉莱戈沙随即变得尖酸刻薄起来。"要是顺着他们的意，我们绝不可能建出任何一条轻轨路线！我当然明白低票价确实能吸引更多人搭乘公共交通工具，也知道我们确实有许多依赖公共交通运输的人口，可是我们取消一条只有15个人搭乘的公交车路线，他们就恼怒不已。拜托！"维拉莱戈沙对于铁路运输属于中产阶级的这种想法嗤之以鼻，"只要看看这座城市里的铁路与公交车运输的人口经济分布，就会发现差别其实不大。而且，届时使用地铁的人口当中，有三分之二都会是东洛杉矶、南洛杉矶和韩国城的居民，而不是西区的居民。"

现在，销售税已为维拉莱戈沙确保了一项源源不绝的当地财源，于是他希望地铁能在10年内完工，而非30年——他称之为"30/10"计划。为了达成这项计划，他需要更多的钱，但州政府绝对不可能提供资助。加州曾以信用良好著称，如今却面临全美最严重的预算危机，以致连维持基础建设都极为勉强。维拉莱戈沙已经跑了几趟华盛顿争取贷款，宣传"30/10"计划的效益。他相信这项计划将可创造16.6万份薪酬优越的工作机会。总统对此计划表示欢迎，称之为"全国的样板"①。

我指出，对于一座以开车成瘾而闻名世界的城市而言，这实在是非常引人注目的进步。

"你看，"维拉莱戈沙说，"我们必须融入这个世界，这就是我们现在做的事。在这座典型的扩张型城市里，我们已经看见了公共交通导向的发展。我们现在朝着垂直方向发展。虽然还比不上纽约或芝加哥，但我们从开始到现在也才短短几年而已。洛杉矶之所以

---

① 在我访问维拉莱戈沙的几个月后，"开往海滨的地铁"计划即遭到缩减，成为"西区地铁"，以西木区为终点，距离太平洋海岸还有10多公里远。不过，长约26公里的博览线目前正如火如荼地施工，一旦完工，将可让市民从南加利福尼亚大学搭乘轻轨列车抵达距离圣莫尼卡码头几个街口的范围内。

成为仅载一名乘客的汽车的集合中心,原因是我们先前老是对那些反对者言听计从,只因为他们说'不',就不敢兴建新的公共交通运输系统。现在,我们把注意力集中在正向的态度上。我们赞成兴建通往海边的地铁。我们赞成建构一套公共交通运输系统,让我们不再是美国的'汽车之都'。"

我同意维拉莱戈沙的看法:公交车乘客联盟实在应该停止他们对于铁路运输的本能反对。20世纪90年代初期,洛杉矶市老旧的公交车都已将届15年的使用寿命,当时公交车乘客联盟的运动确实促成了实质性的改善,而他们至今也仍是公交车服务的有效监督者,使得政府不敢随意降低服务标准。不过,他们的论点已经过时了。洛杉矶既然是加州最大的城市,而且拥有国家规模的经济活动,自然不该受困于交通瘫痪中。这座城市真正需要的是公交车与地铁的结合,以舒适而且车次密集的接驳公交车——最好是行驶于专用道上——与庞大的地铁路网无缝接轨。

我在访问完维拉莱戈沙之后,搭乘电梯来到市政厅上方的露天观景台。这座白得令人目眩、屋顶呈金字塔形状的高塔,自1928年完工之后,近40年来一直都是全市最高的建筑物。这幢西岸大城市里的建筑,也是电视剧《超人的冒险》(Adventures of Superman)里的星球日报大楼。从27楼俯瞰,洛杉矶面临的挑战清晰可见。

除了市中心那群摩天大厦之外,举目所见皆是水平扩张的城市,大地上覆盖着无穷无尽的独栋别墅,夹杂着商业街、两层楼高的简陋公寓和商铺,这些全都笼罩在一团黄褐色的雾霾中。在圣加布里埃尔山脉与太平洋之间,是一个典型的密集城市扩张现象。不是亚特兰大或休斯敦那种占地宽广、草木茂密的住宅区,而是成千上万的房屋塞在面积狭小的土地上,只有峡谷、高尔夫球场和山丘的所在地除外。①此地尽管人口如此密集，却仍有大片的土地专供车辆行驶和停放之用。这些贫瘠荒凉、毫无生气的水泥路面对行人而言不仅单调乏味，甚至充满危险。许许多多的高速公路从市中心向外发散，其名称都让人不禁联想到自由与宽广的道路——圣安娜、加州、海港——然而，即便在下午3点，这些高速公路也还是挤满了车辆。

就目前而言，洛杉矶的公共交通运输网络实在落后。然而，这座城市若是愿意将每年用于维护高速公路的费用拨出一小部分给公共交通运输，即可建造出全美洲最完善的公共交通运输网络。

有些洛杉矶市民认为他们的市长是个充满野心的政治人物，善于运用自己在华盛顿的民主党人脉，企图打造一座轨道帝国，而此成果必能让他深受洛杉矶的选民欢迎，原因是这些选民绝大多数都属于工会成员，而且失业率也非常高。不过，我认为维拉莱戈沙的方向是对的——尽管这座城市的问题绝非短短十几公里的新地铁线能够解决。

展望未来，洛杉矶地区最大的希望是进一步提高而不是降低密度：更像市中心，而不要像橘县。要达到如此成果，这座城市得废弃作为立城基础的郊区观念——有些人称之为彻底改变洛杉矶的基因。

但要做到这一点，绝对得克服许许多多的反对声浪。

---

① 有一个事实鲜为人知，同时也完全违反大多数东岸居民的认知直觉，就是洛杉矶乃是全美人口最稠密的城市地区。纽约的5个区当然人口也很密集，但纽约大都会区的平均人口密度却比大洛杉矶地区低了25%——大洛杉矶地区的每个角落和峡谷都塞满了房屋，大多数皆位于狭小的土地上，因此正适合发展城市公共交通运输系统。

市中心的问题

尽管经过奋力复兴，洛杉矶市中心仍然显得相当荒凉，到处都是身穿马球衫的警卫，骑着史密斯威森越野自行车，徒劳无功地试图将乞丐赶回贫民区。不过，要是你知道往哪边看，还是能瞥见洛杉矶曾经想象的未来，看到坚固的建筑物和适宜行走的公共空间，由铁路而不是马路连接在一起。在南加州的复古科技中，我最喜欢的是"天使铁路"，这是一条缆车铁路，行驶其上的两节倾斜爬坡车厢至今仍可载运300名左右的乘客爬上邦克山——这片斜坡上布满摩天高楼、博物馆和音乐厅，正是传统的市中心。在百老汇大道上，布莱德布利大楼重新整修得极为富丽堂皇，内部采用天窗采光，到处都是闪着釉彩的精美装饰和外露的管线。一块大楼里的铭牌告诉访客，这幢建筑的灵感来自1888年的小说《回顾》（*Looking Backward*），作者想象美国未来的城市人口极为密集，因此城市里充满巨大的公共建筑物。在一个街区外的希尔街上，矗立着一幢已改装成高档公寓的旧商业大楼，前方的人行道上刻着"地铁车站建筑"的字样，现在备受谴责的好莱坞地铁，原本就是在这里通向地面。这条约1.6公里长的隧道在20世纪20年代完工，原本希望让电车行驶在地下，不再对汽车造成阻碍，就此解决塞车问题。

这条地铁线提醒我们，洛杉矶其实有可能发展出完全不同的面貌。就在工程师规划那套割裂这座大城市的高速公路系统的同时，也有充满抱负的铁道计划，企图重新扩张市中心的霸权。战争结束之后，数以百计的企业老板喊出这句口号："铁路地铁，现在就要！"要求市政府除了修建高速公路之外，也同时建造公共交通运输的专用道。1963年,德国的阿韦格单轨铁路公司甚至提议免费为洛杉矶建造一套约70公里长的单轨运输系统。运输史学家马丁·瓦克斯写道:"在1948年到1980年,至少有6种不同计划公布给市民,这些全都包含某种形式的轨道运输,结果全数未获落实。"

鉴于电车与汽车在市中心的抢道现象,显然必须采取若干新措施以解决问题。这项新措施就是"奇迹1英里":这是一片从市中心往外延伸的商业区,也是第一起受汽车直接影响的重要城市结构突变。百货公司经营者意识到西木区和比弗利山富有的汽车驾驶员不想再面对市中心的交通,于是纷纷在威尔希尔大道沿线的豆田上兴建分店。最早出现的建筑是布洛克-威尔榭大楼(1929年建成),这是一幢占地达一个街区大小的土色巨型建筑,位于邦克山以西约4公里的地点。这栋大楼至今依然屹立,创新之处也仍然明确可见:这家百货公司通过建造通往后方停车场的车辆通道,让开车的顾客也能和搭电车一样轻易地前来购物。由此带来的结果就是形成了美国的第一个条状闹市区:在这条大道的沿线建满了两层楼的商业街区,也就是现代街边商圈的始祖,间杂着15层楼高的建筑物,一路从费尔法克斯延伸到拉布瑞亚。

许多人都对这样的发展惊恐不已。市中心的路网鼓励步行,"奇迹1英里"却不是为行人而建。终生不开车的科幻作家雷·布拉德伯里因为在威尔希尔大道上步行而遭到一辆警车的拦截,后来他在1951年把这个令人讶异的经历写成短篇故事《行人》(The Pedestrian)。(尽管当时拦下他的警察没有给他开罚单,却建议他以后别再走在大马路上。)"奇迹1英里"顺利成为市中心及好莱坞的竞争对手,直到后来出现了汽车时代的决定性零售创新产物——受到高速公路支持的购物中心,"奇迹1英里"的竞争力才就此消失。

自此发展出来的大洛杉矶地区,就是城市规划专家所谓的"多核心"大城市,至少有8个不同的办公与商业中心。市政府曾不时试着将这些分散各处的核心联结起来。史学家格雷格·海斯在《魔力洛杉矶》(*Magnetic Los Angeles*)里，详述了洛杉矶在战后试图打造一连串小型工业郊区的做法，每个区域不但有各自的居住区，而且距离商业中心也都在步行可达的3公里内。20世纪80年代，充满远见的城市规划总监汉密尔顿想出了"多重中心策略"，企图将高密度的商业大楼和公寓大楼集中在市内的35个中心点，再由公共交通运输路线连接。然而，大洛杉矶地区一直抗拒明智的规划。举例而言，橘县的经济发展向来有如一场缓慢进行的庞氏骗局[①]，只是陆续将一片片广阔的农场土地转变为无穷无尽的郊区，构成一座没有中心的边缘城市，而且几乎没有文化或公共空间。在纽约或芝加哥这类城市，单靠乘车前往市中心商业区的居民就足以支撑公共交通运输系统的运营，但洛杉矶的高速公路系统却导致就业中心分散于各个匝道。

现代洛杉矶的地理现实虽是如此，但对市中心的信心却未曾消失。洛杉矶市中心一直都有潜力发展成适宜居住的环境：相较于美国东岸的城市，洛杉矶开发得较晚，因此中心商业区从来没有吵闹肮脏的工厂进驻过。每天至少有20万人到市中心工作，那里的居住人口也在近10年增长了1倍，达到4万人之多（尽管如此，仍然比面积仅占曼哈顿一小部分的东村的人口还少）。许多历史建筑在繁荣时期改建为华丽的公寓大楼，现在则充斥着半数无人居住的出租住宅。当地尽管有一家超市在2007年开张，目前却仍然没有公立学校，以致难以吸引育有子女的家庭居住在市中心。春天街上虽有一排时髦酒吧，夜里却看不到住宅区会有几盏灯亮起，而且周末也很难找到一家开门营业的咖啡厅。洛杉矶市中心的街道目前似乎主要是在好莱坞动作电影里充当东岸城市的替身。

许多人认为洛杉矶市中心以及整个南加州的真正问题，在于停

[①] 庞氏骗局是对金融领域投资诈骗的称呼，简言之就是利用新投资人的钱来向老投资者支付利息和短期回报，以制造赚钱的假象进而骗取更多的投资。——编注

车位过多。根据法律规定,洛杉矶市中心的新开发项目必须提供一定数量的露天停车位。建筑大师弗兰克·格里设计的迪士尼音乐厅是一幢银色外墙的高耸建筑物,大家都认为这件作品对于洛杉矶的城市风格是一项世界级的贡献。然而,音乐会听众可以把车停在音乐厅里附设的6层楼停车场,搭乘手扶梯抵达表演会场,从头到尾完全不踏上人行道一步。洛杉矶市中心停车空间的下限,是旧金山市中心停车空间上限的50倍。因此,大多数的旧金山居民都搭乘公共交通工具上下班,洛杉矶的土地却都被汽车占领,形成排斥行人的地带。

"洛杉矶市中心和其他城市最大的差异不在其扩张型分布,"加利福尼亚大学洛杉矶分校城市规划教授唐纳德·舒普写道,"也不在其人口密度,而在高密度的人口加上高密度的停车位。"只要简单计算一下,即可了解这种现象有多可怕:一名办公室员工平均需要约23平方米的空间,他开的汽车则需要约37平方米。因此,在一个大多数人都开车上下班的市中心地区,汽车占用的土地是人的1.6倍。如果把洛杉矶市中心所有的停车位转变成一片地面停车场,将占据中心商业区所有土地面积的81%(旧金山只有31%)——这大概是全球最高的停车空间比。舒普指出,免费停车"等于是汽车的繁殖剂"。他和他的追随者(他们自称为"舒普族")认为许多城市的塞车问题都源自市政府对停车空间下限的强制规定。一位具有魄力与远见的市长若想永久改变洛杉矶的市容,并促成公共交通工具的搭乘率大幅增长,就必须推行一项简单的改革政策:缩减甚至完全取消要求新开发项目提供道路外停车位的规定。

此举当然也是避免被赶下台的保证。开发商抱有的一个基本信念,同时也是自我应验的预言,就是一般美国人绝对不愿把车停在得走上200米以上的地方。

没有空屋

"公共交通导向发展"一词带有一种致命的鄙陋色彩。在太多人的心目中,紧邻公共交通运输设施的住宅区总不免让人联想到19世纪工业城里过度拥挤的贫民窟中那充斥卷心菜气味的廉价出租公寓。

这个由城市规划师、建筑师彼得·考尔索普推广的词语,指的是相对高密度的商住混杂社区,以多层楼的多户住宅为主。从理论上讲,公共交通导向的住宅距离轻轨月台、地铁站或班次频密的公交车线不能超过800米,也应该尽可能接近购物区和学校,以便居民能降低开车频率,甚至过着完全无私家车的生活。实际上,遵循公共交通导向发展原则的结果会有两种:一种是地铁站周围高耸入云的公寓大楼林立,形成有如《银翼杀手》(*Blade Runner*)中的城市景观;另一种则是密集分布的平房聚落,有如舞台剧《小镇》(*Our Town*)里的那种社区。

这两种公共交通导向发展的成果,在洛杉矶都见得到。我在联合车站搭上往北行驶的金线列车,这次是远离东洛杉矶,我在15分钟后下车,来到一个类似典型美国小镇的地区——南帕萨迪纳,这里距离邦克山只有约10公里,但两者给人的感觉却似乎至少相隔了半个大陆以及一整个世纪。在一条满是艺术结合手工艺风格的房屋的街道上[其中一栋房屋就是杰米·李·柯蒂斯在电影《月光光心慌慌》(*Halloween*)中遭到变态杀人魔追杀的取景地],两个男孩把自行车靠在路灯杆上,跑进一家贩卖太妃糖和橡皮糖的店。铁路平交道旁,看得到"巴斯特咖啡馆"的柜台前有一群人正排着队,砖墙上的壁画宣称这家店是"铁道旁的咖啡休息站",图案里绘有一只花边袖口的手端着一杯热气腾腾的咖啡。随着平交道的栅栏放下,叮当作响的警铃声让人不禁觉得这里仿佛是某座慵懒的中西部城镇的十字路口——只不过这里举目所见的尽是棕榈树和鹦鹉,而不是橡树和松鼠。

"这里感觉像是美国文化的最佳体现。"开发商迪登说。他同意带我参观密斯梅里迪安——这是一座由67栋公寓大楼构成的公共交通导向社区。"有一座优美的公共图书馆,从这里过去只需步行5分钟,昨晚还有一场农夫市集。夏天时,他们会在车站旁放映露天电影。"

密斯梅里迪安兴建在一片约6070平方米的长方形土地上,最接近金线的一端是一片两层楼建筑物的商业街区,建筑正面砌满了色调带有细微差异的砖块。二楼有天花板挑高的画家阁楼,一楼则可见一家餐厅、几家律师事务所、一家健身房,还有一块老式的霓虹灯招牌,指示地下停车场的入口(这是城市运输局补助设立的停车场,共有143个车位,供金线的乘客使用)。在这幢商业建筑旁边,可看到一排设有顶楼窗的双层公寓,分布在梅里迪安大道上,有如联排排屋。在最接近车站的地方,住宅密度为平均1英亩①40户;到了街区末端,随着公寓大楼转为小独栋,住宅密度也下滑到1英亩十几户。这座社区的住宅密度介于城市和郊区之间,混杂着隔壁街道上百年历史的平房,其密度为1英亩8户。

迪登告诉我,许多当地人都不喜欢住商混合的多户住宅大楼盖在单户住宅之间。南帕萨迪纳是个富裕而保守的地区;这里是尼克松的家乡,约翰·伯奇协会的全国总部也仍位于其中某条路上。

"我接到一名妇女的电话,她激动得很,声称这个开发项目一定会吸引各式各样的少数族群来到这里。她举不会说英语的韩国

---

① 1英亩约等于4046.8平方米。——编注

人为例，还说当地学校的考试成绩也会因此受影响。我告诉她，这里一套公寓的价格将从30万美元起跳，她停顿了一下，说：'噢，这样我也买不起。好吧，那我对你们的开发项目没有意见了。'从此之后，我就没再接过她的电话了。"

看着眼前这片优雅的建筑成屋，实在难以想象有人真的会对密斯梅里迪安有所争议。社区里的中庭都与街道隔开，遮掩在枫树绿荫下，所以听不到车声，只有鸟鸣与泉水的声响。除此之外，还有吉他的音乐声：一个女孩正坐在一间公寓的门廊上，练习着《日升之屋》（House of the Rising Sun）的和弦。我们看着3个高中生年纪的男孩在走向车站的途中停下脚步，在那个女孩身边坐下来，待了几分钟。

这整座社区在施工期间就已全数售出，面积较大的户型成交价达到85万美元。"值得注意的是，即使在经济衰退的情况下，这些房屋还是守住了价格。我们的房价其实已逐渐超越街对面的独栋住宅了；现在有一户开价将近100万美元。"

当然，关键的问题在于密斯梅里迪安的住户是否确实降低了开车的频率。一位《洛杉矶时报》记者计算从这座社区的停车场驶出的车辆，结果发现许多住户依然开车上班，并没搭乘金线。不过，一份针对住户进行的调查却显示，55%的住户之所以购买此地的公寓，就是因为这里临近金线，而且就算他们没有搭乘金线上下班，还是经常搭乘金线出游。

在我们走回车站的途中，迪登说："你知道吗？这种社区才是萨拉·佩林①应该代表的对象。"我没料到他会说出这种话。毕竟，他曾在20世纪80年代为自由主义代表人物汤姆·海登组织过参选加州

---

① 萨拉·佩林是美国共和党政治人物，阿拉斯加州历史上第一位女州长和最年轻州长。2008年共和党总统竞选人麦凯恩提名佩林作为副总统候选人共同参与竞选。——编注

议员的竞选活动。"我是说真的。保守主义运动的重点就在于建构社群,在我看来,铁路比汽车更能维系社区的团结。汽车只会让人分散、孤立。"

许多洛杉矶居民都反对公共交通导向的发展,原因是他们认为既然这样的开发项目会提高社区密度,一定只会导致交通堵塞变得更严重。然而,证据显示,适宜行走而且有公共交通运输服务的社区,能大幅减少汽车行驶里程,而这点正是缓解交通问题的关键要素。

"大部分的交通堵塞现象都不是因为居住密度造成的,而是因为扩张型的发展。"城市运输局的房地产开发部门主管莫里哀对我说。我们身处位于联合车站旁一栋办公大楼内的城市运输局总部。"在纽约或芝加哥那样的密集城市里,许多人下楼就搭上地铁或公交车。在这里,市民分散居住在库卡蒙格牧场及其他地方,于是来自各地的汽车越聚越多,结果像10号州际公路这样的高速公路就一路塞到市中心。"城市运输局采取渐进的策略,以求改变这种现象,而且策略范围不限于兴建新的公共交通运输设施,还包括兴建新的居住区。"塞车其实是我们的'友军'。这么一来,大家就会发现只要住在地铁或其他公共交通运输路线附近,就能避免开车浪费大量时间。"城市运输局是由几个不同的部门合并而成的,由于那些部门原本各自持有市内各种专用道路的土地,因此城市运输局现在也就握有许多极度珍贵的地产。城市运输局许多公共交通导向发展都是所谓的"填入式开发"——填补市区里缺乏利用的空间,其中许多都是占地宽广的地面停车场。莫里哀指出:"我们的目标是开创更便利的空间,吸引人不再开车,改乘公共交通工具。"

城市运输局利用公私合伙的方式在洛杉矶总计实施了12个重大的公共交通导向开发项目,而且目前还有20多个正在协商或审议的过程中。

这些开发项目并非全都有着像密斯梅里迪安这样的小镇风情。当天稍晚,我走出红线上的一座地铁车站,踏入一个城市色彩浓厚了许多的场景。我身处好莱坞大道与凡恩街的交叉路口，就在星光大道中央。我脚下踩着奥齐与哈丽雅特的星星，也就是电视上那对典型的郊区夫妇①；街对面是潘特吉斯剧院灯光闪耀的大荧幕。我穿越W饭店铺了红地毯的大厅来到中庭，看见一条电线蜿蜒通向一辆特斯拉双座敞篷车。

一个身着深灰色套装、系着金色领带、名叫尼尔森的帅气销售领着我参观凡恩街1600号，这是城市运输局最新完工的公共交通导向开发项目。我们参观了一间一房一厅的公寓，透过窗户俯瞰着饭店的中庭。相较于密斯梅里迪安，这里显得既新潮又带有城市气息，室内有外露的水泥墙、挑高的天花板，以及开放式阁楼风格的空间规划。

在走廊尽头有一间交谊厅，其中摆满了豹纹家具，看起来有如灵魂乐教父詹姆斯·布朗的娱乐室。在号称充满派对气氛的阶梯式屋顶上，尼尔森带我看了一座游泳池和一个大烤肉坑，以及两个直升机停机坪。尼尔森说，在这些租金达市价水平的公寓当中，还间杂着78户提供给低收入家庭租住的公寓，月租介于600至900美元之间。

"我们的市长最爱吹嘘这种事情。他这么做，等于是对城市里的劳动人民说：'你们也能住在这里，你们也是住户。'就和那些吃豪华大餐的有钱人一样。"市政府提供容积奖励，只要开发项目当中有15%的套数保留给低收入家庭租住，开发商就可在同一块土地上兴建更多房屋。

迄今为止，这些平价住宅并未惹恼其他住户。300套市价公寓中有62套在头两个月就租了出去。"按照这样的速度，这些公寓只要9个月就会全部被租光了，"尼尔森说，"在这个市场里，这样的表现

---

① 《欧吉与哈丽雅特家庭秀》（*The Adventures of Ozzie & Harriet*）是美国电视史上最长寿的真人演出情境喜剧，由尼尔森夫妇欧吉与哈丽雅特连同他们的两个儿子，一同演出家庭生活中的种种趣事。——译注

算很不错。"

"我一直告诉别人，"他接着指出，"来好莱坞大道和凡恩街交叉口吧，因为我们这栋大楼里有一家老乔超市（Trader Joe's）可以购买日用品，只要走两个街区——是步行哦——就能抵达弧光戏院这家提供留座服务的高档电影院。到了星期一，如果你要到市中心上班，只要搭红线就可以了。"这样的推销说词相当诱人。我能看出在五光十色的好莱坞中心走走路，会是多么有趣的事情。才几年前，凡恩街1600号原本只是一片转乘公共交通工具的地面停车场，如今这里已成为一座热闹的城市社区，为公共交通运输带来更多乘客，而不是为道路带来更多车辆。

正如城市运输局的莫里哀所认为的："公共交通导向发展具有一种催化效果。潘特吉斯剧院的经营者如今已打算开发整个街区。隔壁原本有一栋旧办公大楼，结果一家私人开发商把那栋大楼重新整修成高档公寓。"

不过，城市运输局在一个关键点上搞错了方向：他们在公共交通导向开发项目里安排了过多的免费停车空间。凡恩街1600号的公寓都按照其卧室数配有停车位。（就连这个开发项目的销售人员都对我说："这里可是洛杉矶呐，你一定要有车。"）如果连城市运输局的建筑都设有超额供给的停车位，那么要改变这座城市的基因绝对得花上很长一段时间。许许多多的研究都显示，只要停车免费，大家就不太会搭乘地铁，即便他们自家楼下就有班次频密的地铁。

城市运输局的公共交通导向开发项目不可能让所有人都喜爱。有些洛杉矶居民一定无法接受在公寓大楼里生养小孩——尽管纽约市满是在公寓住宅里建立家庭的居民，而且好莱坞大道和凡恩街交叉口附近就有步行可达的小学和中学。此外，也不是所有公共交通导向开发项目的质量都像密斯梅里迪安及凡恩街1600号这么好。在真正需要这种开发项目的低收入地区，例如南洛杉矶，又反倒兴建得太少；而且如同《洛杉矶周报》所报道的，兴建在这些区域内的少数开发项目,都因为太接近高速公路而对住户健康有害。另一方面,不是每个家庭都想住在有庭院的独栋住宅里,更不是每个家庭都负担得起这样的住宅——但在洛杉矶,这种住宅却严重地供过于求。目前唯一还能兴建新的市郊住宅区的空地,位于市中心以东约130公里远的地方,在圣加布里埃尔山脉的另一侧。既然洛杉矶不可能不断往外扩张,那么就只能向上发展了。

毕竟,和其他人隔墙而居、一起走在人行道上,绝不是人生中最糟的事情。

洛杉矶品牌

公共交通运输系统与高速公路的争论不过是一种古老斗争的现代化呈现方式而已。经济大萧条时期,俄克拉何马州的农民通过铁路拥入加州,曾因此与拥有果园的当地居民发生冲突;威尼斯海滩的冲浪客也曾因此和支持缓慢发展的住宅业主互相斗争;南中央区的简陋排屋与平缓山丘城或马里布海滩垦殖区的豪宅社区也因此相互对立。这项斗争的目的是争夺对这座北美城市定位的决定权,这终将决定这座城市究竟会成为一个具有繁荣发展和凝聚社群的能力的完整个体,还是沦为一块块住着自我隔离的屋主且各自为政的飞地。

"必须了解的是,洛杉矶不只是一座城市,"史学家莫罗·梅奥曾在20世纪30年代写道,"恰恰相反,洛杉矶自1888年以来,一直就是一件商品,一件通过广告推销给美国大众的商品,就像汽车、香烟和漱口水一样。"不只是美国——多亏了好莱坞,洛杉矶的生活形态已然成为全球性的品牌。从当年喜剧巨星巴斯特·基顿开着老爷车行驶在新建成的市郊住宅区,到最新一集的《明星伙伴》(*Entourage*),这种以独栋住宅与车道为主的城市景观就一再在世界各地传播,成为现代城市生活的典型。这座城市的主要开发商也大力推销这一品牌,将亚利桑那州与内华达州的许多地区都变成如同沙漠里的洛杉矶(说得更精确一点,是橘县)。而迪拜、北京和圣彼得堡的郊区之所以冒出农场式住宅,主要也是因为各种屏幕和卫星信号不断传播出这种美好生活的形象。

但可以确定的是,洛杉矶的确应该改头换面了。洛杉矶的城市化程度其实比自以为的还高。该市如今有60%的居民都是租客,而不是业主。25%的洛杉矶居民甚至连车都没有。而且,这座城市未来的面貌将以拉丁裔与亚裔人口为主——比起白人市民,这两个族群都不太有排斥公共交通运输的心结,也较愿意住在地铁站附近。此外,洛杉矶市内缙绅化速度最快的各区,如韩国城、西湖区及回音公园,皆具备了多元种族和邻近公共交通运输站点的特性。

要找出发展的最佳方向,可能得回顾过去。从这个观点来看,公共交通导向发展乃是回归洛杉矶最初想成为的那种城市。我们至今在洛杉矶仍可见到当初那种理想的蛛丝马迹。比如说,至今仍可看到知名开发商阿伯特·金尼在20世纪初兴建的"美国威尼斯",由人行道和行人拱桥将密集的房屋连接在一起,而且屋后皆是充满鸭子和小船的运河。战后兴建的鲍德文山庄将路面交通限制于外围,600栋联排排屋和公寓分布在一片平静且林木茂密的超大街区里,至今仍是一片生机盎然且不对外封闭的城市社区。在这座大城市的高架桥底下,隐藏着适合步行的市镇中心;铁路网一旦复兴,便有可能为这些市镇中心再度注入活力。

乐观的建筑评论家雷纳·班纳姆在40年前指出:"高速公路似乎将洛杉矶固定在一种神圣的巨大形态里,正如教宗齐斯特斯五世的宽敞街道为巴洛克时期的罗马确立了形象,或是奥斯曼的'大建设'奠定了美好年代的巴黎形象。"不过,也正是因为高速公路,我太太和我才会觉得难以想象我们住在洛杉矶。我们有些朋友在不久之前搬到洛杉矶，我们造访他们时一直玩得很开心。洛杉矶到处都有令人惊喜的事物——这一次，我参观了侏罗纪科技博物馆，到好莱坞大道上的"穆索与法兰克餐厅"吃了威尔士烤奶酪吐司，还走访了无人说英语且所有人都抽烟的韩国城，在那里的一家酒吧喝了烧酒——不过，生活体验与道路的比例却完全不对。每次艾琳和我回家之后总是说："洛杉矶真好玩，可是感觉好像整天都待在车上。"

至于洛杉矶中产阶级市民近来对公共交通运输的支持，我也认为并不如表面所见那么具有前瞻性。市民对于地铁的热衷，特别是在富裕的西区，反映的可能只是一种充满阶级色彩的心态，希望将劳动人口赶出马路，恢复以往那个高速公路通畅无阻的时代。在遍布扩张型城市的美国西岸，公共交通运输在许多人心目中是个理想的解决方案——前提是搭乘公共交通工具的是别人，而不是自己。

这点实在太可惜了，因为洛杉矶居民确实需要更多的连接。凡恩街1600号那位名叫尼尔森的房屋中介是土生土长的洛杉矶人，他对这一点说出一段充满哲理的话，让我深感意外。当时我们正站在那栋大楼的屋顶，望向雾霾中模模糊糊的"HOLLYWOOD"（好莱坞）字样的招牌。

他说："我有个来自英国的电影导演朋友，有一次，他告诉我：'我刚到洛杉矶时，注意到一件事，就是你们这里的人完完全全把彼此隔离开来。在芝加哥、纽约，甚至旧金山，所有人都在17点15分一起卸下领带，搭乘同一班地铁。可是在这里，每个人都自己开车，大家的黑莓手机老是黏在耳朵上，每个人都忙着听自己的iPod[①]。'接着，他说，'你们这里的人好像都互不相干。'"

[①] iPod是苹果公司设计和销售的便携式多功能数字多媒体播放器。——编注

我也这么认为。但我希望洛杉矶能有好的发展,我真心希望如此。就公共交通运输而言,洛杉矶的人口密度够高,也有城市铁路的传统;更重要的是,洛杉矶确实对公共交通运输有需求。洛杉矶人早已为自己想象出一套公共交通运输系统,只要他们能兴建其中的十分之一,就会发现在那许许多多的高速公路之间,其实自己拥有一座真正的城市。

这个国家出现了一种既矛盾又难以解释的状况：伟大的郊区。

——大卫·布鲁克斯，《亚特兰大月刊》，2002

我已经改变了我对郊区的观点。我在上一本书中相当支持城市与郊区的扩张发展，但现在，我对此存疑。我现在认为人和人之间的接触越多越好。

——大卫·布鲁克斯，《纽约杂志》，2010

3
通往地狱的公路

亚利桑那州·菲尼克斯

美国最伟大的建筑师所想象的未来，应当比现在这种景象好上许多。

来到21世纪的此刻，我们理应住在散布于乡间的平房，每栋房屋都附有自己的车库和4000多平方米的耕地。周日上午我们应搭乘自家的直升机飞到农村市集，购买农民多余的南瓜和梨子。至于平日的交通，则是驾驶鱼形的三轮车，以约240公里的时速在多层交叠的景观公路上奔驰,前往花园学校、工厂和免下车教堂。昔日那种肮脏拥挤的市中心将不复存在:未来的城市,一方面无所不在,另一方面也仿佛完全不存在,即便是居民多达1万人的大型城市的中心,也和谐地融入青翠的田野和森林之中。

亚利桑那州有一片山坡能让人一览当今的菲尼克斯样貌,见识建筑师弗兰克·劳埃德·赖特心目中的未来城市是什么样子。在索诺兰沙漠的干涸河床与条条鞭蛇之间,矗立着一座座乌托邦式的建筑物。这个区域原本要掀起一场改变美国人居住方式的革命。1937年,赖特在沙漠中创建了这座被称为西塔里埃森的社区,作为他的冬季别墅兼学校。直到今日,这里仍住着一群年事已高的忠实信徒,捍卫着这位建筑大师的粗石墙壁、夹板高背椅和循环式的空间设计,以免它们遭到沙漠气候和后代子孙的破坏。当初赖特就是住在这座社区的"大屋"里,在露台上午睡时想出了"广亩城市"①——希望借此矫正大城市人口过度集中而导致人行道上满是人潮的问题。这种新式的分散城市若想成功,关键就在于私家车的普及。

赖特在《消失的城市》(*The Disappearing City*)里写道:"广亩城市的新式空间标准乃是就汽车而言,不是指步行,也不是指骑马。"未来的美国人将开车前往汽车旅馆、带超市的加油站,以及设有免下车窗口的银行。至于广亩城市的经济与行政运作,赖特则语焉不详。不过,从赖特的追随者所构建的木制模型,能明确看出像西塔里埃森这样的社区占据了当地最高的位置,能居高临下地看见工人施工的区域。这不令人意外,这样的社区将是县建筑师的总部;美国民众的住宅应该有什么样的形状与外貌,都必须由这个

---

① 广亩城市是美国建筑师赖特在20世纪30年代提出的城市规划思想。他认为,随着汽车和电力工业的发展,已经没有把一切活动集中于城市的必要,分散(包括住所和就业岗位)将成为未来城市规划的原则。——编注

挥舞着丁字尺和自动铅笔的人物决定。1943年，赖特寄出一份请愿书，敦促罗斯福政府采纳广亩城市原则。这份请愿书共有64人签署支持，其中包括爱因斯坦、后来当上美国副总统的尼尔森·洛克菲勒，以及纽约的大建设家摩西。

不过，在赖特可以建造他理想中的城市之前，旧式城市首先绊住了他。沙漠里矗立着一棵棵长着弯曲手臂的巨型仙人掌，仿佛一个个垂头丧气的卫兵，要求来人表明身份的质问从来不曾有人理会；而在那些仙人掌后方，斯科茨代尔沿着南北方向扩张了约64公里，其中的独栋房屋住宅区不着痕迹地融入菲尼克斯的郊区。在六车道的谢亚大道两侧，无止境的农场与马厩的褐红色屋顶覆盖着红褐色的土地，这片单调色彩当中唯一的变化，就是淡蓝色的游泳池，以及随时都有自动喷洒器洒水、草坪绿得不太自然的高尔夫球场。西塔里埃森南侧边缘矗立起一座座巨大电塔时，曾让赖特气愤不已，威胁要拆掉整座社区。

在我造访当天，接待我的康妮——她是个移居此地的纽约人，每天负责带领访客参观西塔里埃森的草图画室与美国风①住宅——首先为自己的疲态向我道歉：她住在距离这里约150公里的马里科帕，上下班高峰期的交通实在让人精疲力竭。当天上午，我在前往西塔里埃森的途中，在一座加油站买了一份墨西哥卷饼当早餐，到一部免下车提款机取了钱，并在一家星巴克的免下车服务窗口打包了一杯玛奇朵。沙漠上的天空没有直升机，只有F16战机在卢克空军基地上空留下的凝结尾云，但水平分布的菲尼克斯地区却遭到快速道路的交错分割：这座以汽车为基础的21世纪城市没有所谓的市中心，它虽然无所不在地环绕在我们四周，却又似乎看不见究竟在哪里。尽管这座城市与赖特的想象相差极远，却仍可算是一种广亩城市，而且看起来和西塔里埃森周围的这片扩张型城市非常相似。

---

① 美国风（Usonian）是由赖特推出的一种住宅新体系。——编注

菲尼克斯是我的梦魇，与我理想中的城市完全相反。我的少年时期在卡尔加里度过，那是加拿大草原上一座同样郊区化的城市。我已经开车见识过许多美国大城市的郊区，深知扩张型城市中那些无穷无尽、一再重复出现的沃尔玛超市、壳牌加油站和家得宝商场，足以让人觉得被困在幻觉艺术之父埃舍尔设计的高速公路上，完全没有上下匝道，明摆着要折磨人。不过，即便是在亚特兰大、休斯敦和迈阿密这类典型的扩张型城市，郊区终究还是有尽头，接着你便进入了旧市中心。我之所以来到菲尼克斯，是因为这里是个特殊案例，这是一座没有中心的城市，几乎完全建于汽车出现之后。而且，在我开始寻求正面案例之前，我想我得先看看这座城市究竟是哪里出了问题。

就面积而言，低密度且依赖汽车的郊区已成为北美大陆的主要建筑环境。然而，一般人对郊区的认知几乎都是错的。郊区不单是开发商为适应消费者需求的产物，也不是千百万工人阶级和中产阶级家庭主动逃离城市所造成的结果，甚至也不再是当今大多数美国民众偏好的居住环境。然而，在大量的过度兴建之下，广亩城市（或者该说是横跨县界的城市）因此成了许多人唯一负担得起的居住区。这实在是一项不幸的发展，因为依赖汽车的郊区发展的不可持续性不但明显可见，也已面临走下坡路的命运，且衰颓的速度非常快。

扩张型城市的拥护者

有一群声势颇大的评论家，认为扩张型城市是人类聚落的自然形态，而且三车位独栋住宅的前景一片光明。

我决定拜访乔尔·克特金，他恐怕称得上是美国最著名的郊区辩护者。这位替《华尔街日报》和《华盛顿邮报》撰写社论的多产作家，认为美国的郊区将持续发展，而且认为像菲尼克斯这种以汽车为基础的城市是未来的模范。

克特金反对联邦政府将资金投在轨道公共交通运输上，因为这种运输建设"对郊区居民几无裨益"。他认为扩张型城市是自由市场运作的结果，他写道："郊区之所以扩张，是因为大众喜欢郊区。"在克特金的眼中，以栅栏围墙与外界隔离的社区绝不是对公共领域的威胁，而只是"反映众人的渴望，因为一般人都渴望住在有安全感且对人际互动有一定程度控制的社区"。他嘲笑英国人，说英国人的住宅平均只有80平方米，简直是"霍比特人住宅"。尽管他承认绝大部分的美国人口增长将来自拉丁裔和外来移民，却将爱达荷州博伊西、南达科他州苏福尔斯和北达科他州法戈等小城视为美国本土的增长原型（但他没有指出这些城市都有90%以上的白人）。克特金在他最新的著作《下个一亿》（*The Next Hundred Million*）里预测："大部分的城市发展不会遵循纽约或芝加哥那种较古老的模式，而会采取洛杉矶、休斯敦或菲尼克斯的方式。"

在出发前往菲尼克斯之前，我到克特金位于山谷村的家中拜访他。山谷村是一片单户住宅的社区，位于洛杉矶圣费尔南多谷南部。现年50岁的克特金身材矮胖，脖子很短，肩膀宽大，显出一副好斗的姿态。我见到他时，他穿着短裤和已褪色的运动衫，似笑非笑的神情显然对我颇具戒心。我们在他后院的一棵悬铃树下坐下，院子里满是他两个上小学的女儿的塑料玩具。他在那里向我说明了支持郊区发展的理由。

"渴望住在单户住宅里可以说是一种普遍的现象，"克特金指出，"美国在未来40年将增加1亿人口，而且外来移民只要有机会，绝大多数都想住在郊区。高密度居住区主要的吸引对象是有钱人、年轻人，以及没有小孩的人。我是说，精英阶级都想住在市中心，可是除了金字塔顶端的有钱人和故作高雅的人士之外，很少会有人带着小孩住在人口稠密的地方。"

身为能源乐观主义者,克特金在《下个一亿》里预言,一种目前尚未出现的科技将可避免"石油顶峰"这一"预测已久的能源灾难"。我问他能源价格上涨对扩张型城市会造成什么影响,他冷冷一笑:"我的年纪比你大一点,早就看过这出戏了。这种话已经说了35年,就像气候变迁一样。10年前,谁想得到我们会找到这么多天然气?我们拥有庞大的能源,而且能源效率也有很大的改进空间。"我几乎可以确定,汽车使用生物燃料和页岩油田生产的化石燃料,必然会导致二氧化碳排放量严重增加,他却威胁要就此结束我的访问:"听好,你要是早就有先入为主的立场,就不该来找我。别浪费我的时间。"

我不想和他针锋相对,于是问他对郊区的未来有什么看法,他显然也比较热衷谈及这个话题。他认为,最有希望的做法在于绿化郊区,造就他所谓的智能型城市扩张,从既有的市郊住宅区当中划出有如聚落般的中心。投资兴建更好的公共交通运输系统并无必要,因为未来的汽车会更节省燃料,远距离上班也会越来越普及。他反对政府干预,认为居民必须说服开发商在市郊建设更和谐的社区生活环境,坚持兴建公园、自行车道和人行道,"我认为远距离上班以及将郊区重新规划成较为自给自足的聚落,是我们应当追求的方向。"

换句话说,所有人都应当过着像克特金一样的生活。由于他在家工作,也就省却了每天上下班的舟车劳顿。然而,在《下个一亿》里,他指出美国若想维持竞争力,降低庞大的工业赤字,唯一的方法就是振兴制造业。但是,除非美国赖以振兴制造业的劳动力都在自家车库内组装小东西,否则他们还是得想办法前往工作地点,而且我猜还是要依赖交通工具,不论是自驾车还是搭乘公共交通工具。远距离工作对于"故作高雅的人士"也许可行,却无法让员工准时抵达工厂或办公大楼。况且,至今也无迹象显示,在家工作有成为主流的趋势：上下班的里程数在2000年增加了50公里，时间增加了51分钟，比1980年还多出8分钟。

克特金一再指出，美国如今有稍过半数的人口都居住在郊区。然而，根据皮尤研究中心在2009年的调查，只有四分之一的美国人认为郊区是他们心目中理想的社区形式，大多数人都表示自己宁可住在小镇或乡下，剩下的人则认为自己最想住在城市里。换句话说，郊区虽是大多数人居住的地区，却不一定是他们想住的地方。可惜的是，小镇如今已不再有多少工作机会，人口未达5万的地方，在过去数十年来居民人口也持续不断地流失。于是，城市也因此越来越成为备受欢迎且务实的选择。根据《华尔街日报》报道，人数已超越"婴儿潮世代"的"千禧世代"，竟有高达88%的人表示自己最想住在城市里。

就在克特金推出新书之际，新闻正报道一种新现象：贫穷人口的郊区化。经济衰退后，人口迁移美国南部各州的情形已然停滞，纽约州、新泽西州和马萨诸塞州的居民则是不再外流。现在，郊区的失业率比城市里高出1倍，而自然资源保护委员会针对芝加哥、杰克逊维尔和旧金山的4万笔房贷所做的研究发现，在最依赖汽车的社区当中，房贷断头①的比例也最高。

10年前，克特金曾是城市化的捍卫者：他在《新地理》（The New Geography）一书中记述了城市复兴的现象，把重新注入活力的美国城市比作文艺复兴时期的威尼斯以及17世纪的阿姆斯特丹。后来有什么变化？其中一项变化是，来自纽约的克特金如今住在美国西岸的单户住宅社区内，也就是门牌号码印在人行道路沿石上的那种地方。然而，山谷村可不是典型的美国郊区。

---

① 断头房贷即房子丧失抵押品赎回权。借款人将房产抵押给银行等贷款机构，但因欠的贷款额远高出目前房子的价值而无法赎回，导致银行积压大量房产又出售不出去。——编注

"我想我是住在城市里的单户住宅，"克特金送我出门时坦承，"我可以走到两个街区外的快速公交车站，我家距离地铁也只有5分钟的路程。我经常骑着自行车到处跑，甚至到市中心也一样。我们还可以走路到餐厅。"在克特金热情宣扬的那种扩张型郊区里，这些事情居民都没办法做到。克特金位于街角的住宅建于1937年，是一幢占地庞大的农场式平房。房子刚建好的时候，黄色列车仍然在附近的钱德勒大道上行驶，开发商也仍通过设置公园和人行道表示对社区生活的重视。实际上，山谷村原是一座典型的电车郊区，是当年的公共交通导向开发项目。我走出门之后，沿着克特金住宅边的人行道往前走，但人行道只持续到标示着他家地界的树篱为止。

在那个街区，战后兴建的典型的廉价房屋则完全没有人行道。克特金的住宅正位于新旧两种不同的社区形态的交界点，一边是昔日那种设有人行道与门廊、注重邻居互动的市区社区；另一边则是后来以车道与车库为主、人际互动冷漠的市郊住宅区。站在他家门前，我意识到有些人还是能保有以往的幻觉，认为美国式郊区仍是最美好的生活环境。

没落凋零

在10号州际公路上驾车朝东行驶，远在看见菲尼克斯之前，你就能听见那里的声音，广播里的主播喋喋不休，犹如消化不良的人不停埋怨诉苦。极右派名嘴格伦·贝克除了猛烈抨击奥巴马的医改计划之外，也鼓励听众购买金条，以预防"纸钞经济"即将来临的大崩盘。在《"差点出名的"巴里·杨秀》("*Barely Famous*" *Barry*

Young Show）这个节目里，一个首次连线的长期听众指出，美国不该再光说不练，而应当直接把伊朗夷为平地。拉什·林博在其脱口秀里喋喋不休地谈论一座清真寺，不但激动得嘴角冒泡，还因为气急败坏而口齿不清，看起来就像卡通片里的"傻大猫"①一样。

过了石英址与仙人掌城，你马上就能看到菲尼克斯已近的迹象：半挂车停放在铁丝网围篱对面，车身上漆着土地买卖广告，声称买家能以划算的价格在亚利桑那州购得约4.8平方公里的贫瘠土地。就在你纳闷有谁会笨到在这么偏远的地方购置土地时，第一个幽灵般的市郊住宅区便出现了——一片看不见人行道、街道交织的路网镶嵌在干涸的河床上，一栋栋米色的平房稀疏地散布在4000多平方米大小的土地上。大菲尼克斯地区始于北311大道与西麦金利街的交叉口，一路延伸到往东120公里处那座名称引人遐想的高山。在那里，不停扩张的郊区才被高高耸立的山峰挡住。

菲尼克斯在第二次世界大战前夕仅有6.5万人，是个火车在驶往加州的途中暂停加水的小镇而已，小之又小的市中心是周围农业社区的农产品交易中心和政府服务中心，居民甚至比伊利诺伊州典型的迷你小镇皮奥里亚还少。每逢冬天，美国东岸罹患肺病的居民就会来这座爵士乐时代的所谓"太阳谷"，在度假区或观光农场过冬。不过，由于这里夏季温度经常高达50摄氏度，因此即便是赖特与他的追随者，也知道只要一到5月，就该离开此地了。

菲尼克斯的发展消耗了大量的电力和石油。胡佛水坝1935年开始为美国西南部供应电力，时称"沼泽地冷风机"的原始冷气机也刚开始出现在窗台上。城市扩张的大爆发发生在20世纪50年代末期，当时菲尼克斯第一条由联邦政府出资兴建的高速公路开始动工，美国国税局也允许房东在房贷中纳入装设中央空调所需的费用。（现在一间三房住宅的夏日冷气费用经常可高达一个月500

---

① "傻大猫"是华纳兄弟公司的"乐一通"系列动画的明星角色。——编注

美元。) 1959年，菲尼克斯兴建的房屋比第二次世界大战结束前的30年兴建的房屋总数还多。1940年，菲尼克斯还是一座步行城市，面积仅有44平方公里，而且还有一套规模不大但备受喜爱的电车路网。经过半个世纪的高速公路建设以及城市的大发展，菲尼克斯已成为美国人口排名第六的城市，其中心区包括斯科茨代尔、坦佩和梅萨，人口达430万，面积为4.4万平方公里——比瑞士全境还大。

菲尼克斯是一种新式的大城市。纽约随着高架铁路和地铁的发展而扩张，洛杉矶随着市内电车和市际电车的发展而扩大，而菲尼克斯则是完全跟着高速公路和汽车而扩展。如果把健康的城市比作牛油果，内部有一颗由商业与文化构成的厚实果核，那么菲尼克斯就像是洋葱：剥掉一层层的郊区外皮之后，你会发现中央一无所有——只有一座造价过高的体育场、几家汽车展售中心，以及几栋空荡荡的办公大楼。菲尼克斯只有"郊"，没有"市"。

"典型的扩张型城市必须有个大家都会开车前往的中心商业区，"亚利桑那州立大学房地产研究系主任巴特勒告诉我，"菲尼克斯市中心虽然位于中央，却从来就不是所有活动的聚集地。摩托罗拉在20世纪50年代挑选东谷地区设立据点。美国数一数二的雇主企业英特尔位于钱德勒。另一大就业中心则是在斯科茨代尔航空园区。这个地区的购物商场分散各处，政府机构也一样。"上班路程的起点可以是区内190万户住宅的任何一户，终点则可能是数千座办公园区和购物中心的任何一处。这倒不是说这里的工作机会多：由于菲尼克斯缺乏健全的本地经济，因此大部分都是组装厂或电话客服中心的低薪工作。"菲尼克斯基本上是一座生产城镇，"巴特勒说，"各公司在这里都设有办公点，但没有企业总部。"

如同美国南部许多城市，菲尼克斯的经济也只有在市郊住宅区持续扩张的情况下才能保证繁荣。来自南加州为主的开发商兴建了许多预先规划的开发项目，诸如麦考密克牧场、太阳城和湖区。只要新迁入的居民继续将他们在寒冷地区攒聚的积蓄投入这片沙漠，菲尼克斯的经济看上去就"还不错"。2002年至2006年，全美私人企业的发展有20%都来自房地产与建筑业。菲尼克斯的"房市过热"现象在这段时期正值高峰，该市的发展更有36%源自房地产与建筑业。2008年经济衰退以来，建筑业的员工已然减半，现在菲尼克斯的商业地产有四分之一是一片荒芜。太阳谷的居住供给严重超出需求，人口增长直到本世纪中叶才有可能赶得上现有的单户住宅数。

当然，前提是人口必须持续增长。"房贷断头的案件每个月有四五千件，"巴特勒告诉我，"在受冲击最严重的地方，例如马里维尔和埃尔默拉日，大约10%的住宅陷入房贷断头。"我造访当地的时间是在2010年春季，当时巴特勒估计菲尼克斯地区至少有5万间住宅是空房（一年后，这个数字又增加了1倍）。"第一波房贷断头潮是因为投资新手买房买得太贵，而且房子又租不出去；第二波是那些陷入次级房贷的人。现在，则是典型的房贷断头案：人们因为失业或者客户流失，再也负担不起高档住宅的房贷。现在最新的热门词语是'策略性违约'，即便是负担得起每月房贷支出的人，看到自己住处周围的房价崩跌，空屋率直线上升，干脆不再偿还房贷。"菲尼克斯是首座房价从巅峰跌落、拦腰斩半的大城市。巴特勒说，在巴克艾这类偏远的郊区，面积约158平方米的新建住宅不到4万美元就能买到。

在这样一座以汽车为基础的大城市当中，一旦有三分之二的房贷断头，结果会如何？整座城市会陷入一种诡谲的状态，而且速度极快。我驾车行驶在菲尼克斯的高速公路上，广播中的新闻一再报道发生在出口匝道与车道尽头的各种事故。警方在钱德勒逮捕了一名房东，因为他在房贷断头后，趁银行还没接收房屋，在天花板上挖了一个洞，以便将冷气、花岗岩桌面和灯具搬走。菲尼克斯一名男子自杀失败后，在房贷断头的家里，和倒在厨房地板上的妻子尸体住了4天。调频电台AM-550报道，一家打着口号"绿死人不偿命的草坪！"的草皮染色公司，为房贷断头住宅提供染绿草坪的服务，以防空房遭人闯入。吉尔伯特市因为房地产税短缺，宣布将裁减67名警员，而许多空置的农场式住宅则被当成安非他命制造厂。在马里科帕，又有一家银行遭抢；向来被称为美国"绑票之都"的菲尼克斯，现在已迅速成为"邋遢抢匪安妮"与"烂发型大盗"等银行抢匪连续犯案的首选。

我开车穿越另一座荒芜的市郊住宅区，里面满是遭人弃置的假豪宅。我在这里的路上唯一见到的一辆车是囚车，车上载满身穿黑白条纹囚衣的罪犯。广播里，播音员口气严肃地呼吁大家切勿闯入弃置住宅，若是发现可疑活动，要立刻报警。

在我听来，这俨然是郊区美梦化为梦魇的声音。

从花园城市沦为市郊贫民窟

这些依赖汽车、抗拒公共交通运输的郊区究竟从何而来？请容我简要介绍一下城市扩张的发展史。

自美国开国元勋的时代以来，新大陆上的美妙生活应当采取何种地理形态就一直备受争论。在托马斯·杰斐逊眼中，大城市"对人的道德、健康与自由都非常有害"。对农业怀有浪漫想象的他，希望建构一座由公民、农民组成的"田园共和国"——尽管他自己居住在仿巴黎市中心住宅的华丽宅邸里。美国第一任财政部部长汉密尔顿比较务实，他想象中的美国充满"数目渐增的繁荣市镇"，里面满是勤奋的商人与工匠。历史虽然显示城市是推动商业、艺术与文明的发动机，但美国既然在格兰德河与北方边界之间拥有约20.2万平方公里的可耕地，足以供每位公民圈下一大片土地，建造一座小型城堡，又何必让大家都挤在沿岸地区，呆呆地跟着欧洲的城市化道路走呢？

从一开始，美国式的郊区就企图融合两种不同环境的优点。在欧洲，上层社会一边在奢华宅邸中享受城市的繁华热闹，另一边又在别墅、乡间住宅与避暑山庄享受乡下的恬然平静。前工业化城市的郊区通常位于石墙外，一般都聚集了屠宰场、制革厂、砖窑、妓院，以及其他各种不受市区欢迎的机构。肯尼思·杰克逊的《马唐草边疆》（Crabgrass Frontier）是探讨美国郊区化发展的重要著作，他写道："就连'郊区'一词，也带有品行低劣、视野狭窄，以及邋遢脏乱的含义。"郊区后来得以去污名，是因为新的运输科技让人能住在昔日的城市步行范围之外，又能到市中心的地点工作。英裔美国人建立的郊区，其起源可追溯到伦敦以南约8公里处的克拉彭。18世纪90年代，福音派基督徒一心想摆脱邪恶堕落的伦敦市，迁至他们先前作为周末别墅的房屋，靠私人马车往返市区。杰克逊认为，美国的郊区发展可追溯至1815年，当时开往曼哈顿的定时蒸汽渡轮使布鲁克林高地成为美国第一座货真价实的公共交通运输型郊区。

"美国郊区1.0版"源自精英人士的构想——早期的进步分子、改革家，以及其他理想主义者都为自己的同胞梦想着更好的未来。新泽西的卢埃林公园是一座绿意盎然、道路迂回的住宅区，大家都认为这里是第一座美丽如画的郊区。而打造这座住宅区的正是至善论者，这个教派提倡远离罪恶生活，以促使基督的千禧年王国降临世间。位于芝加哥大循环区以西的河畔区，同样采取弯曲式的街道规划，出自纽约中央公园设计者奥姆斯特德与沃克斯之手，这是他们规划的16座郊区的其中一座。这些首次出现的郊区，从市中心搭乘列车只需一小段距离即可抵达，不但由富人所建，也为富人而建：第一次世界大战之前，几乎还没有房贷这种东西，也就是说，只有富裕的家庭才买得起房子。爱迪生实验室所在的卢埃林公园，正是典型的栅栏社区，其中的豪宅矗立在1.2万平方米的土地上，搭乘马车行驶约3.2公里即可抵达火车站。直到今天,西奥兰治周围那些死胡同的人员出入,仍受一座石砌警卫室内的警卫管制。

就全球而言,影响战前郊区发展最大的人物,就是通晓世界语的改革家埃比尼泽·霍华德。霍华德是伦敦一个商店老板的儿子,21岁初抵美国,打算在农耕上闯出一番事业。后来,他在南北战争后生气蓬勃的芝加哥担任法院书记——在摩天大楼出现之前,芝加哥原本有"花园城市"之称——想出一种规划,可让"城镇与乡下互相结合,在这种美好的融合下产生出新希望、新生命、新文明"。他在1902年出版了《明日的田园城市》(Garden Cities of To-morrow),书中提出的乌托邦规划将工人阶级家庭移出工业中心外,方法是建立自给自足的3.2万人口城市,周围环绕着社区共有的绿化带,并由快速铁路将其与姐妹城市相连。一年后,伦敦外围的莱奇沃斯花园城市诞生,紧接着又冒出韦林与汉普斯特花园郊区。在美国,皇后区的森林小丘、波士顿的伍德伯恩、匹兹堡的查塔姆村以及其他数十座城市的住宅区,都是受霍华德的原则所启发。

尽管阿根廷、澳大利亚、德国与日本也都兴建了各自的花园城市,但开发商却几乎搞错重点。霍华德是个民主社会主义者,希望将平民大众从拥挤的廉价公寓迁移到较有绿意但依然相对密集的城市,让工人能住在步行即可抵达工厂与工作室的地方。然而,实际上出现的却是花园郊区——住宅区内有纷乱交错的街道与圆形的公园,但附近毫无就业处所。在蒙特利尔,离我家不远的皇家山就是一个典型的例子:那座市镇用树篱和铁丝网栅栏将隔壁的低收入社区隔开,其中的街道通往一座未被充分使用的列车站,列车连接市中心的办公大楼,也就是就业机会的所在。如同大多数版本的花园城市,皇家山也是低密度的中上层阶级居住的市郊飞地,几乎所有人都开车上班。此外,如同我在英国乃至日本所见到的所有花园郊区,那里也是一副死气沉沉的模样,街头缺乏热闹人潮。

这类预先规划的社区不是常态,而是例外。在高速公路出现之前建造的郊区，经常由兴建在棋盘式路网上的小房屋构成，而且紧邻市中心。近年来，这些地区已经成为非常热门的城市住宅区。克利夫兰的谢克海茨、伯克利的阿什比车站，以及波士顿的罗克斯伯利，都是典型的有轨电车郊区，混杂了各式建筑，包括联排排屋、前有门廊的密集平房，以及小商店，这些全都位于有电车来往而步行即可抵达的主要活动范围内。

"美国郊区2.0版"则完全是另一回事。第二次世界大战后，住宅稀缺迫使600万户美国家庭共享住处，所有吹嘘能提升平民生活水平的借口就此打破。美国民众需要新的住宅，而且速度要快。当时强调的是利用装配线，尽快在城市边缘兴建大批廉价住宅。美国海军工兵部队的前工程兵们利用他们的战时专业，在长岛上的莱维敦大量建造科德角式房屋①，有着石板墙、柏油地板与夹板墙角，15分钟即可盖好一栋。（这种房屋的平均面积为70平方米，比克特金鄙夷为"霍比特人住宅"的英国房屋还小。）在洛杉矶以南的莱克伍德，开发商靠类似方法，一天即可造出50栋预先组装的轻型木质结构房屋。这些以汽车为基础的新式住宅区，密度只有旧式电车郊区的一半，而且完全不顾当地原有的建筑风格——埃德蒙顿的外围冒出改进式殖民风格建筑，查尔斯顿的边缘则散布着错层式房屋。拥向这些新住宅区的人口规模极为惊人，到1954年，美国已有900万人迁居到城市边缘，郊区发展速度是市中心的10倍。

在一般人的认知里，美国整个厌战的一代主动逃离了昔日的城市中心，前往新建高速公路尽头的普莱森特维尔，追求整理草坪、在庭院里吃烤肉、喝马提尼酒的惬意生活。肯尼思·杰克逊写道："人们误认为，战后大量出现的郊区，是消费者依其偏好在开放环境中自由选择的结果。事实上……大多数的战后家庭在居住上根本

---

① 科德角式房屋源自17世纪新英格兰的一种房屋，通常为一层半楼高，有尖屋顶，中央矗立着一根烟囱。——译注

没有选择余地。由于公共政策偏向郊区,在经济上也就只有这种选项可行。"

美国联邦政府为了确保郊区能成功发展,不但拿出"胡萝卜",也祭出"棍子"。向家庭提供购房补助的"胡萝卜",确实有着无可抗拒的吸引力。政府允许房贷利息扣抵所得税,让民众产生了强烈的购房动机。美国民众的储蓄率在战时比战前及战后皆高出3倍:这些积蓄加上先前受到抑制的购房需求,促成了史无前例的购房率飙升。1949年,莱维敦一栋附有壁炉和洗衣机的科德角式两房屋子只要7990美元即可买到。在《美国军人权利法案》的规定下,退伍军人甚至可享有零头款购房的福利。杰克逊指出:"如此一来,便造成了租不如买的现象。"

华盛顿祭出的"棍子"则是以城市为威吓对象。在郊区兴起的同时,低收入的市中心居住区也逐渐沦为银行的拒绝往来户。研究发现,联邦住宅管理局于1934年绘制的地图,以红笔圈出非裔、亚裔与犹太裔人口聚居的社区,表示这些区域的房贷不会受到保障。就在数以百万计的乡下黑人拥入底特律、芝加哥、洛杉矶及其他大城市的同时,一项简单的措施剥夺了他们的购房机会:银行拒绝贷款给他们。由于遭到银行拒绝的地区没有钱改善房产,城市居民只能眼睁睁看着自己原本稳固的社区逐渐陷入"荒芜",这进一步促使他们迁往莱维敦这类全是白人居民的市郊住宅区。

城市遭到遗弃的现象绝非不可避免。在欧洲,政府解决战后住宅紧缺的方法是兴建公共住宅,大多距离市中心不远,只需搭乘短途公共交通工具即可抵达。公共住宅在战后30年已占法国房市逾三分之一,在英国更是将近一半。在美国,这个比例只有1%,而且公共住宅经常极为鄙陋,包括圣路易犯罪猖獗的普鲁特伊戈以及芝加哥臭名昭著的卡布里尼格林这两个住宅区,以致短短几十年后就被拆除。

土地使用分区是破坏传统城市发展的另一大工具,民众得从住宅区驾车很长一段距离才能抵达商业区。俄亥俄州的欧几里得村为了避免自己的传统住宅区遭到附近的克利夫兰工业区入侵，制定了分区规范，结果最高法院在1926年判定该规范并不违宪。日后被称为"欧几里得分区"的这种分区管制，将用作居住、商业及工业用途的土地各自划分开来。杰克逊指出："土地使用分区的目的，在于将穷人和令人嫌恶的工业排除在富人住宅区之外。不久之后，郊区也利用这个手段打击市中心。"这类法令确保新设立的郊区不会有多户公寓及小商店；在美国南方，这类法令则是用在落实种族隔离上。由于欧几里得分区让住宅区、办公区及购物中心相距遥远，因此也让车辆成为郊区生活的必要条件。

到了20世纪90年代，"美国郊区3.0版"这种新现象已开始明显出现。乔尔·加罗在1991年写道："我们已将我们创造财富的手段、城市化的本质，也就是我们的工作，迁移到过去两个世代以来大多数人居住及购物的地方。这样的发展造成边缘城市兴起。"他在《边缘城市》（*Edge City*）里列出美国200座边缘城市，包括弗吉尼亚州的泰森角、加州的硅谷、新泽西州的城市公园，以及橘县这座典型的无中心城市。他发现，要辨识这些典型的扩张型城市，唯一确定的方法就是找出面积约46万平方公里以上的出租办公空间，而这类空间通常以高速公路路段或附近的购物商场命名。这类空间常见于新的城市远郊，亦即税金低廉的半乡间地区。到了20世纪80年代中期，市郊的制造业就业人口已是市中心的两倍。由于边缘城市出现，典型的上下班路线不再是从市郊前往市中心的摩天大楼，而是前往位于两条高速公路交会处、不久之前还是农地的办公园区。加罗发现，若要预测办公园区坐落的地点，最重要的参考因素通常是企业首席执行官的乡村俱乐部所在地。

《边缘城市》充斥着20世纪90年代崇尚科技的文字，在今天看来显得颇为滑稽。"所有的石油化学分析师都认为，在这个世代里，除了战争之外，没有任何供需原因会将石油价格推升到每桶30美元以上。"加罗一度如此宣称。他花费了许多时间走访亚特兰大的办公园区和休斯敦的购物商场,寻找像样的贝果面包与卡布奇诺咖啡,或是其他精神或文化的现象;他坦承:"不论我多努力想保持公平,但在走遍全美的过程中,我不止一次陷入深深的绝望,发现我所见的这些边缘城市永远不可能有美好的环境。"接着,他告诉自己该深吸一口气:边缘城市是一种全新的产物,随后文化会慢慢出现。威尼斯的发展不也花了500年?

当然,在不到一代人的时间里,一桶石油的价格已飙涨为原先的4倍,而边缘城市不但没有发展出恒久的文化,而且陷入衰颓,反倒是市中心出现了大规模的复兴。加罗认为边缘城市纯粹是白手起家的企业家在自由市场里勤奋努力的结果,却未提及他所记述的许多大企业家经营的都是与国防相关的企业,因此也就遮蔽了这些边缘城市得到联邦政府大量资助的事实。

加罗概括地描述了那些居住在亚特兰大外围的富裕非裔美国人家庭,宣称新型的边缘城市已克服了当初的种族歧视。他没有看到,这些市郊飞地仍然按阶级自我隔离。史学家发现加州当前的预算危机可追溯到1978年的《第13号提案》(*Proposition 13*),该提案早期的最大支持正来自圣费尔南多谷的市郊地区。这项"公民倡议法案"把房地产税大砍三分之二,同时引起一场全国性的抗税运动,进而为里根经济政策与茶党的重新出现铺出一条路。一代富裕的郊区居民背弃了城市,基本上等于宣告他们对自己同胞的福祉无须负起责任。这种自我隔离导致的最终结果,就是5400万名美国人都住在共有权益的房产里,完全由民间团体遂行"治理"。居民必须支付私有道路、下水道与垃圾清运的费用,以致他们不肯再为能裨益社区的服务缴纳税金。在亚利桑那州,富人可以靠乡村俱乐部的会员资格以及就读私立学校来减税,这导致州政府因为税收短缺而被迫解雇1.5万名员工。在这种情况下,也就难怪会像城市规划专家富尔顿指出的那样,"在这些对外界封闭如茧的郊区,居民也纷纷变成一群自我封闭的人,将公众福祉定义为只对自己小团体范围内的成员有益的事物"。

联邦政府为什么支持郊区化发展,而放任市中心衰颓没落?这项决定最初是基于军事上的考虑。1948年,《原子科学家公报》刊登了《以分散城市作为防卫措施》一文,提出为了降低核子战争的损害而分散人口的论点。(赖特经常声称,他的广亩城市能让美国在遭遇敌人攻击时存活下来。)时任总统艾森豪威尔在签署了《联邦高速公路法案》之后指出,兴建高速公路网可让美国在遭遇核武器攻击时迅速疏散人口。人类直到1954年在比基尼环礁进行氢弹试爆,导致太平洋诸岛笼罩在一片致命的辐射尘之下时才明白,不论是多偏远的社区,都逃不过被风吹散到各处的放射性尘埃。

不过,到了那时,郊区化发展已势不可当。美国前总统约翰逊的"伟大社会"计划虽然企图靠扩大支出对抗城市贫穷,20世纪60年代晚期的暴动却加速了人口逃往市郊的趋势。由于保守派获得的支持有越来越多来自佛罗里达、得克萨斯、亚利桑那与内华达等郊区化的低税率州,共和党发现推行有益郊区发展的政策对他们自己有利。里根因此成为首位"郊区总统",削减城市和公共交通运输的预算,明确支持将资源投入快速道路以及南部的扩张型城市。小布什在第一任总统任期内宣布:"我们要让全国每个人都拥有自己的房子。"结果,房利美①与房地美②大幅降低房贷审核标准。在信用宽松的情形下,住宅自有率攀升至史上最高点,在2004年达到69%。

就目前看来,"美国郊区4.0版"将会是最黯淡无光的一个版本。在过去富裕的市郊住宅区,老年人口、外来移民,以及少数族群,如今已然成为主要居民。内华达与佛罗里达是郊区化程度最高

---

① 房利美,即联邦国民抵押贷款协会,成立于1938年。——编注
② 房地美,即联邦住宅贷款抵押公司,1970年由美国国会批准成立。——编注

的两个州，其暴力犯罪率如今在全国排名前列；亚利桑那的犯罪率则位居全国第一。虽然花了一段时间，但市中心住宅区，至少是一般人对于市中心住宅区的陈腐印象，还是外迁至郊区。婴儿潮一代对住宅怀有的梦想——包括房价只涨不跌，能不断以小屋换大屋，搬往更高档的区域——就此破灭。随着购物中心逐渐被当铺与刺青店占领、沃尔玛收购了全世界众多的闲置大楼、帮派在遭人遗弃的死胡同里盘踞空屋寻欢作乐，"市郊贫民窟"成了美国住宅区的常见特色。

"我认为郊区已成了失败者的选择。"肯尼思·杰克逊告诉我。在来到菲尼克斯之前，我在曼哈顿中城的一家咖啡厅和这位研究美国郊区发展史的著名史学家会面。杰克逊身穿粗花呢西装外套，沙哑的嗓音仍带有田纳西人特有的腔调。他谈起郊区的未来时非常直率，措辞也颇为优雅。

"你要是志向远大、容忍度高又充满活力，而且想和顶尖人物一起竞争，那么城市在各方面都提供了机会。我们现在看到的状况是，许多能搬到郊区的人口都选择待在城市里。以前的人争相要从布朗克斯区或芝加哥搬往郊区，现在则只有负担不起的人才会搬出市区。"

杰克逊虽以批评郊区化发展著称，却也承认拥有一栋独立式住宅的渴望确实具有深刻的文化根源。不过，这种渴望并不像一般人认为的那么普遍，而且他也不相信郊区是养育子女的最佳环境。他说："人类是群居动物。我认为有史以来最大的谎言就是声称孩子喜欢也需要大庭院。孩子喜欢的是同龄人，他们要是能有宽广的空间，当然没什么不好，但他们最想要的是和其他孩子相处。我认为我们把孩子迁移到郊区是为了管制他们，而不是给孩子们他们想要的东西。孩子在城市里可能会看到别人在大庭广众下公然小便，但在郊区面临的风险却更大，许多孩子都不幸死在车里。"

杰克逊坚信土地使用分区是促成城市扩张的重要因素。"我们在初期就决定学校在这里，购物中心在那里，办公园区在这里，住宅在那里。这么一来，就注定不论你想去哪里，都得依赖汽车。不过，现在已有越来越多的人认为密集的环境比低密度的环境更具持续性。在我成长期间，洛杉矶看起来像是未来的城市。现在，我认为没有良好的公共交通运输，尤其是地铁，就不能算是国际城市。即便是像洛杉矶这样的城市，也开始意识到这一点。"

杰克逊的研究揭穿了郊区化发展神话的真相，也就是声称郊区化发展纯粹是自由市场为满足千百万为追求绿地而逃离城市的先驱民众的需求而产生的结果，其实是一种图谋利己的谎言。他在《马唐草边疆》里明确指出："美国住宅区的分散化有两个必要条件以及两个基本诱因：种族歧视与廉价住宅。"市郊住宅纯粹是靠政府的大幅支持才得以维持低廉的价格。郊区的发展一开始就是以城市的没落为代价。

当然，最浪费公款的，正是郊区居民最习以为常，而且一旦没了郊区就不免萎缩死亡的、联邦政府资助兴建的高速公路系统。高速公路不但大量瓜分掉铁路与一般公共交通运输的经费，更是世界史上私人房地产所得到金额最庞大的政府补助。

不过，这是另一章的故事了。

赖特的错误

就建筑而言，赖特算是一位大师；就为人而言，他却臭名昭著。他自恋又高傲，习惯亏待员工，对自己的同胞缺乏同情的程度更是近乎极致。得知这位广亩城市的规划者也热爱跑车，我并不意外。

1908年，赖特买了一辆四缸的斯托达特·戴顿汽车，时速可达

96公里。他的邻居称之为"黄色恶魔",赖特也以最高限速两倍的速度驾车奔驰于橡树园的平静街道上而闻名。他后来又买了一辆科德L-29旅行车,那是当时速度最快的车型。在许多家庭连肚子都填不饱的经济大萧条时期,这名长发建筑师却经常开着这辆高价轿车,驰骋在威斯康星州的乡间。

1933年某天夜里,这位建筑师超速驾车赶赴麦迪逊大楼一场露天的演讲,结果与一辆花店的货车发生剐蹭,导致货车翻滚了4圈。赖特和他太太没有受伤,但货车司机却因为割伤和背部受伤而立刻送医。赖特没有保险,后来也拒绝支付货车司机的医药费。8年后,赖特与一辆卡车对撞之后幸存,事后对一名朋友埋怨道:"现在的公路太商业化了,不再适合开高档车的绅士。"

如同他那个时代的许多人一样,赖特也深受汽车迷人风采的吸引,因为这项科技让他得以鹤立鸡群,并让自己和平民大众区分开来。广亩城市若真的实现,必然会促使汽车(更别提私人直升机了)成为新文明的基石。尽管赖特对城市形态的影响远不如摩西那么大,但他的声望却为汽车城市的倡议者提供了重要支持。

研究赖特的学者通常把广亩城市视为不良主张,不然就是刻意贬低其重要性,说它仅是赖特业余闲暇的嗜好。不过,就我所知,赖特看待广亩城市的态度相当认真。我造访了亚利桑那州立大学的建筑系,那里有一座广亩城市模型的全尺寸仿造品,就挂在一群埋头于计算机屏幕前的学生面前的墙上:那是一件非常扎实的作品,是个边长约3.6米的正方形,表面上了土色的亮光漆。我在西塔里埃森的档案室里,花了一上午的时间浏览档案,里面满是赖特为广亩城市所做的各项规划,包括地下高速公路交汇道,乃至路灯的详细形状。他花了20年致力于这项设计,力求完美,其中不仅展现出他的性格,也显露出长久以来美国城市规划师与政治人物对于分散式城市的热爱。赖特自命为杰弗逊式的民主主义者,也与这位第三任美国总统一样,对于空间修补怀有一股天真的信仰,认为只要将人口重新分布于美好的田园环境里,即可化解所有社会问题——仿佛所有最棘手的种族与阶级问题,都能在乡下的新鲜空气与农村的自给自足中得到解决。

分散式发展的捍卫者陷入了一种误区,他们认为个人偏好的生活方式,不论是洛杉矶的市郊住宅区,还是坐落在1英亩土地上的美国式住宅,才是美好生活唯一合理的样板。这种错误不难理解,我自己可能也多少怀有这种想法。居住选择权对人而言确实利益攸关。毕竟,买房其实是一大冒险,不仅是对房地产的投资,更是对社区的投资。我和越多人交谈,就越发现每个人挑选的居住地点其实深切反映出他们对于城市、小镇和郊区的优缺点所持有的态度。肯尼思·杰克逊有两个住处,一处是曼哈顿的公寓,另一处是一栋位于韦斯切斯特的独栋房屋,附近有火车站。在我看来,他的态度特别复杂。他把《马唐草边疆》题献给他16岁的儿子——他的儿子在这本书即将完成时死于一场车祸。一个人在不同的人生阶段,例如寻求另一半、成家立业,以及年老之际,可能会想住在小镇、农场、郊区、城市等不同地方。我在成年之后一直住在城市里,不论顺境还是逆境都在城市里度过,因此我对城市居住的未来有信心,但我也知道并不是所有人都适合住在城市里。

问题是,美国的政策导致独栋单户住宅过度兴建,进而剥夺了其他各种环境出现的机会。尽管如此,想住在郊区里的人却不多,婴儿潮一代已经过了生养子女的年纪,而三十多岁的人,即现阶段最需要买房的群体,在当前所占的比例又是历史新低。

住在郊区的必然结果是彻底依赖汽车。尽管我们为自己兴建的郊区需要汽车才能运作,但城市扩张与汽车其实还有另一种更细微的共生关系。在洛杉矶和菲尼克斯开车,恐怕是我过去10年中连续驾车时间最久的两次,这让我对自己没有车辆心怀感激。只要开车上路就不免会和其他车辆相互争逐,开车会把旅行变成一种竞争。两个星期后,我一心想找个借口摆脱车辆,到公园里走走,偷听一下别人的谈话，或是单纯享受一下脚踩人行道的感觉。

每次开车，都等于选择退出公共空间，从而也对公共空间造成些微的削减。这就是郊区与高速公路真正的问题所在。为了得到方便出行的虚假自由，数以百万的人就此背弃了礼仪——不只是礼貌，而是废弃了整个文明建构的过程，因为城市在此过程中扮演着关键角色。死胡同与房贷断头也许是城市扩张的终点，但你每次关上车门，把世界隔离在外，也就等于再次召唤城市的扩张。

这就是为什么美国绝对不该采纳赖特所提出的未来城市愿景。赖特不仅酷爱拉风的汽车，也以贵族姿态鄙视平民大众，将敦亲睦邻与人际的互赖排除在他对美好生活的愿景之外。可悲的是，广亩城市，或者该说是某种与广亩城市相当近似的东西，终究还是实现了。

密集度是否注定了城市的命运？

这么说来，我们究竟该如何看待菲尼克斯呢？

这座城市最近对于城市化做出最后一搏，以14亿美元的资金为自己购入一套先进的公共交通运输系统。2008年以来，"城市铁路"即采用全新的日本制轻轨列车，在梅萨和驼峰路之间约32公里的轨道上行驶。我花了1天的时间，搭乘这种平稳舒适的空调列车。车内一尘不染，但乘客少得出奇。列车的设计乘载量为170人，但除了在亚利桑那州立大学站上了一群大学生外，我极少看到车上超过10人。也难怪，菲尼克斯的轻轨穿越华盛顿大道沿线无穷尽的低矮建筑，行经市中心满是空房的公寓大楼，再掠过北中央大道路旁延续数里的停车场，其实根本到不了什么地方。这条轻轨在运营的头两年里，每日搭乘人次极少超过4万，在该区域的载运量当中只占极小部分。在经济衰退的情况下，菲尼克斯竟然能维持住这套系统的运营，实在令人讶异，同时也显示出这里的居民多么渴望摆脱城市的扩张。然而，在我看来，这座特大的边缘城市既然连办公室和工厂也与住宅区一样分散各地，那么单独一条轻轨路线注定会沦为代价高昂的失败。

然而，有些交通研究者却比较乐观。在《市郊运输》(Transport for Suburbia)里，墨尔本的运输规划师保罗·米斯指出，规划完善的公共交通运输系统具备汽车和高速公路四通八达的灵活性，即便在以城市扩张为主的地区也同样。他写道："人口密度不是公共交通运输替代汽车的主要障碍，而是不作为的借口。"米斯认为，我们若是等待城市提高人口密度，得等上很长一段时间。菲尼克斯的人口密度显然永远不可能像巴黎一样，但米斯认为，先进的规划可让公共交通运输在边缘城市和城市远郊同样发挥效果。"补建公共交通运输设施不容易，"他坦承，"但比起重建整座城市，将人口密度提高到目前的数倍以上却简单得多。"

米斯曾针对几座城市进行个案研究，但其中无一位于美国。他认为多伦多有北美洲最佳的市郊公共交通运输系统：当地的郊区扩张现象并不亚于其他北美洲城市，地铁系统也仅处于初步发展阶段，但却能靠科学安排班次极为频密的接驳公交车，将公共交通运输的触角深延至市郊。不过，米斯心目中的公共交通运输模范是苏黎世，乍看之下，这个模式应用在北美洲的空间似乎相当有限。不过，如同米斯指出的那样，苏黎世除市中心之外，周遭乡下地区的人口密度比大多数美国郊区还低。然而，当地只要是300人以上的聚集区，就拥有基本的公共交通运输服务，而且苏黎世的公交车甚至在国家公园也设有站点——正如米斯所说，国家公园内的人口密度可几乎是零呢！频密的车次、涵盖范围完整的路线规划，以及绝佳的班次安排，确保了公交车、电车和火车都能密切配合，让乘客转车

3　通往地狱的公路

丝毫不觉得痛苦。如此一来，苏黎世地区的公交车与电车一年载运的乘客数可多达难以置信的5亿人次——比波士顿所有公共交通工具的乘客总数还多，尽管波士顿市区的人口甚至是苏黎世的10倍。

在米斯看来，公共交通运输的班次频密度与服务可靠度比炫目的科技更加重要。他指出，苏黎世使用的是20世纪50年代的电车，却可承载数量如此可观的乘客。他说："要让居民不开车，就必须为他们提供一套完整的交通方案，其中包含各种选择，而且不要对他们使用哪种交通工具做出太多解读。"

成功的关键在于促成米斯所谓的网络效应。交通部门必须将不同交通工具的运输路线结合起来，构成一套多重运输形态的单一网络，让不同路线之间的转乘能衔接顺畅。由于旅程的起点与终点越来越分散，公共交通运输必须提供郊区与郊区之间的连接，而不只是连接市郊与市中心。要促成网络效应，让公共交通运输真正具备汽车的灵活性，班次就必须频密，即便有些车次空载也在所不惜。

米斯也驳斥了交通规划当中一种常见的说法，即居民密度必须达到一定程度，设置公共交通站点才合理。20世纪50年代，深具影响力的研究将公共交通运输的经济门槛设定在每平方公里近1万人。米斯认为许多人不假思索就随便引用此数据，并往往以此为由，废除乘客人数较少的路线。然而，将门槛设得这么高，却忽略了网络效应的主要效益：乘客多的主要路线可补贴乘客稀少的路线，让人口密度最低的市郊地区也得以享有公共交通运输服务。

让公共交通运输在菲尼克斯这类地方取代汽车，我对此不像米斯那么乐观。我认为重点不在人口密度，而是边缘城市与扩张型大城市的物理环境现实。大部分郊区对于公共交通运输不免有排斥感：在典型的战后美国市郊住宅区那种弯弯曲曲的街道上，公交车实在很难实现有效的运营；在栅栏社区当中，公交车更几乎不可能运作。

就目前而言，公交车与轻轨运输也没有延伸到美国市郊住宅区的迹象。在菲尼克斯，只有极少数居民能在步行距离内抵达轻轨车站，而且这座城市也没有足够的接驳公交车能扩大电车的服务范围。即便是最舒适的现代公共交通运输服务，恐怕也不足以拯救一座完全依照汽车的需求建立的城市。不过，我们总得抱有希望，而且我也欣赏米斯那种乐观积极的态度。

米斯说："美国目前有一场争论，争论的内容不但是伪议题，对社会也一点好处都没有。争论的一方认定自己是社会中坚，另一方则势利又以精英自居。不论你有多讨厌郊区，总不能期望占了城市80%面积的区域就这么消失。我不奢望改变人性，不期待大众会出于道德考虑而少开车，我愿意看到众人之所以少开车，只因为少开车反倒比较方便出行。"

我打电话到米斯位于澳大利亚的家中访问他。澳大利亚近来的一大新闻是悉尼与墨尔本市中心的大幅复兴，其居民人数不到10年已然倍增。米斯住在菲茨罗伊，那是墨尔本一片老旧的电车社区，至今仍有电车服务。

他笑着坦承："我就像墨尔本大部分在郊区成长的中产阶级居民一样，后来也逃离郊区，现在住在市中心昂贵的地段，到哪里都能走路抵达。"

溪谷热

我在菲尼克斯很快就放弃了搭乘公共交通工具。你若想真正了解这座城市，就得开车。这座城市过度兴建高速公路，情况严重，高大的挡土墙上颇为幽默地装饰着壁虎、走鹃与郊狼的浮雕。我猜想，这些图案指的是亚利桑那州公路上常见的各种被过往车辆辗死的动物。只有下了高速公路之后，才看得到次贷风暴如何像龙卷风扫过停车场一样摧残这座城市的痕迹。"3个月免租金"，无数的低矮公寓楼房都挂着这样的牌子。名为"大城市中心"的商场曾是亚利桑那州最大的购物中心，如今已沦为犯罪活动猖獗的空壳，里面满是空荡荡的店面，而且因为说唱歌手DMX在此被捕而出名；近来，当地人将此处称为"贫民窟中心"。不过，情况最糟的是郊区外的住宅区，也就是房地产专家所谓的"死亡环带"。巴克艾、托勒森与瑟普赖斯等住宅区似乎完全空无一人。租售招牌上的标注怵目惊心："银行回收屋""短售""屋主房贷断头，降价求购"。

位于菲尼克斯市中心东南方约48公里的皇后溪，是个典型的例子。那里是工人阶级郊区，房屋占地面积不大，1英亩的土地上就塞进了8栋房子；此处虽然看不到警卫室，却沿用了高档栅栏社区的方式：自我隔离于城市的一隅。每幢建筑周围都矗立着一道2.1米高的围墙，而且通常只有一个入口和一个出口。一旦离开主要大道，就会进入一片令人眼花缭乱的迷宫，满是巷道与车道，各自都以山峰和溪流命名；这里犹如中世纪西班牙的山顶小镇，其中的居民都紧密聚居在一起，以防摩尔人入侵。皇后溪在3年前还是一片长有灌木丛的沙漠地，如今却盖满褐色屋顶的平房，面对街道的不是门廊，而是毫无特色的车库。这里没有树木，只有灌木与仙人掌，也没有草坪，只有一片片铺满褐色碎石的长方形庭院。除了偶尔可见的保安巡逻车之外，我在路上没见到任何人和车；尽管当天是垃圾收运日，却只有少数几户人家将米黄色塑料垃圾桶摆在门前的人行道上。在空无一人的游乐场中，秃鹰栖息在秋千上。过了一会儿，我不禁开始想象，木焦油灌木后方也许会有僵尸潜伏。

驾车四处行驶半小时之后，我终于看到了一个人，是位女士，名叫帕姆·巴尔德拉斯，身穿黑色田径服，脚蹬慢跑鞋，倚靠着一辆破旧福特小型车的发动机盖，对着手机输短信。她停车处的那栋房屋前插着一面求售招牌，上有"银行回收屋"的字样。我问她知不知道这栋房子开价多少。

"以前好像是16万美元左右吧，"她说，"可是现在没有人在这里买房子了。大家都租房。我和我儿子一起住，他一个月的房租是700美元。"她指着对面，一个年近三十的年轻人打着赤膊，正将一张沙发搬上停在车道上的卡车。

"我来帮他搬家，我们被赶出来了，"她说，"房东只提前两天告诉我们。不过这里空房很多，要找个新家并不难。我们在5栋房子里挑选了其中一栋，就离这儿几条街而已。"

巴尔德拉斯说，自己15年前从芝加哥来到菲尼克斯。由于经济衰退，和先生到得克萨斯谋出路，最后在一家咖啡厅里找到工作。不过，他们不久前分居了，因此她回到菲尼克斯帮她失业的儿子照顾3个小孩。她在这条路上的杂货店找到一份全职工作，于是利用自己的薪水帮忙支付一部分房租。她说，光是汽油钱就吃掉她薪水的一大部分：皇后溪距离菲尼克斯市中心要一个小时的车程。

"我很喜欢这里的气候，"她说，"讨厌伊利诺伊州的冬天，可在这里谋生很不容易。而且，住在皇后溪感觉有点孤单，这里每个地方都隔得很远。"

我在菲尼克斯听到许多人的故事，巴尔德拉斯女士的经历是相当典型的。由于经济衰退，许多人都开始和亲人同住，抛弃房贷，不再拥有房产，改为租房。然而，克特金当初却声称这座城市将会因其"低密度的生活形态、明亮的阳光与缺少社会束缚"而成为新式美国城市的原型。我个人绝对连一毛钱都不会押在菲尼克斯的未来上。菲尼克斯10万户住宅和四分之一的商店都处于空置的状态，大有可能成为美国西部的下一座鬼城。我虽然不是未来学家，但我敢打赌，再过几年，看到菲尼克斯以及其他扩张型城市的俯拍图，人们会认为那许许多多的停车场、商业街与高架道路是廉价化石燃料上瘾症的病征，并且纳闷为何会有那么多人在这么长的时间里一直如此短视。

肯尼思·杰克逊在30年前就认识到这点。"美国不但是世界上第一个'郊区国家',也会是最后一个。"他在《马唐草边疆》里写道:"到了2025年,美国那套浪费能源而且依赖汽车的郊区体系,必定要由高能效的人类活动及居住建筑取代。美国人口的大规模分散,是一组特殊条件造成的结果,不可能复制到他处。"

2008年,一个中国代表团来到美国实地研究市郊住宅区,走访了戴尔·韦伯开发公司在菲尼克斯市郊的巴克艾的开发项目。当地的媒体完全没有报道那些中国官员的反应,但我想他们对那里的印象不会太好。在亚洲、非洲和拉丁美洲那些发展中国家的大城市中,只要有一小部分人口打算追求独栋住宅和每户一车的郊区梦想,人类的麻烦就大了。地球上绝对没有空间容纳更多的菲尼克斯。

在那个10月1日,在香榭丽舍大道上,我帮忙唤起了一种现象的复苏。这种曾在夏季的3个月间稍微沉寂下来的现象,就是来自四面八方的车辆以各种速度行驶而过。我目瞪口呆,心中满是热切的狂喜。令我狂喜的不是明亮灯光下那些晶莹闪耀的车辆,而是那股力量……

那股力量就像是受到风暴激荡的洪流,有如一股狂暴的毁灭力量。这座城市正在崩解,已然不可能持续太久。这座城市的时代已经过去了,已经太老旧了。

——柯布西耶描写他在1924年的顿悟

4
巴黎的救赎

法国·巴黎

在一个晚春的星期五夜里,圣马丁运河的河岸仿佛被一场临时举办的园游会给占据了。每隔一段距离,就有气球绑在长凳上——这不是社区节庆活动的标示,而是让附近一家柬埔寨餐厅的送餐小弟知道该把游客订购的越式米粉和春卷送到何处。准备比较充分的游客在人行道上铺了野餐布,吃着法棍面包、腊肠与饼干。在美人仓闸门前的人行拱桥上,一对情侣游客停下脚步接吻;在诺德饭店外面,一位穿着高跟鞋与红色紧身裙的妇女在银色的自行车架边停妥租来的自行车之后,漫不经心地点燃一根高卢烟。这大概是最恬静的城市景象了——各种不同阶级、年龄与种族的人聚在一起,在吉他、美食与廉价葡萄酒的陪伴下共享巴黎夜晚的温暖空气。

蜿蜒曲折的圣马丁运河向来具有某种魔力,这条城市水道为塞纳-马恩省河以北的右岸街道注入了一股咸水与海草的气味。白天,身穿白色汗衫的老年人坐在庭院椅上钓着鲷鱼、鲶鱼和鳗鱼,满载砂石的平底船则缓缓穿越一连串的闸门——这是一种低科技、低成本、低排放的货船,看起来极为赏心悦目。

如果20世纪的技术专家和官员遂其所愿,那么那些市场摊贩、露天咖啡座,以及四处可见一家人野餐和老人玩着法式滚球的水滨公园,将彻底在巴黎街道上消失。巴黎的市议员曾在20世纪60年代末期拟订计划,打算以一条八车道的双层快速道路将运河覆盖。为了兴建这条快速道路的入口匝道和高架桥,必须拆除1万栋住宅;那些外表高雅、阳台面对运河的19世纪公寓大楼,绝大多数都不能幸免。这条名为"南北向轴心"的快速道路若是真的建成,将连同其他道路构成一个环绕法国首都的高速路网,宏大的雄心丝毫不逊于摩西为纽约市规划的交通系统。

巴黎能够留存至今,本身就堪称奇迹。第二次世界大战期间,纳粹侵略军曾经有过一个臭名昭著的计划,打算摧毁这座城市。另一个比较鲜为人知的巴黎终结计划,则出自建筑师勒·柯布西耶的构想。他挑中圣马丁运河以西的玛莱区——那里是巴黎历史上的犹太人居住区——企图实现自己理想中的"光辉城市",在玛莱区建造一座初期的原型。柯布西耶在一家法国汽车制造商的资助下,于1925年发表了"邻里计划",规划了20栋适度间隔、高80层的摩天大楼,建于一套由笔直的街道交错而成的路网上。这座新城市的关键将是私家车的普及。柯布西耶认为,只要在部分夷为平地的城里兴建高架的快速道路,即可解决巴黎当时刚开始出现的交通问题。他将保留卢浮宫与孚日广场,以及其他"历史纪念碑、拱廊、门道"。不过,塞纳-马恩省河与蒙马尔特之间数百英亩的土地将臣服于推土机之下。"城市的中心必须接受手术,"柯布西耶宣称,"我们必须动刀。"(赖特构思的广亩城市是对柯布西耶的直接响应,以分散的规划区别于光辉城市的高密度设计,但两者都是以居民普遍拥有私家车为本。)

在纳粹的炸药与高架快速道路兴建计划的包夹下,巴黎的街道差点就在20世纪毁于意识形态和进步的名义下。这些街道之所以能够保存下来,巴黎能在历经大萧条、敌国占领和郊区化发展等数十年的风风雨雨后仍然运作如初,乃是因为街道底下的地铁:在区域快速铁路的搭配下,巴黎的地铁是世界上最巧妙也最具效率的城市交通网络。

近年来,这套系统的负荷已达极限,更加证明其有用的程度。所幸,法国人正准备投注大笔资金,兴建可供下一代人使用的公共交通运输系统,其雄心远胜于目前在西半球规划的所有公共交通运输建设。

巴黎的地铁系统虽然仍由政府运营——至少目前如此——但鲜为人知的是,法国企业正积极推销他们的公共交通运输技术,强力拓展国外市场,从孟买到新奥尔良都可看见他们的身影。在不久的将来,许多人都可搭乘法国输出的电车、火车和公交车。这一发展虽然优于柯布西耶那种破坏性的城市建设,但只要关心城市未来,就应当注意法国这一出人意料的最新输出品:公共交通运输的民营化。

一个霸王车乘客的告白

巴黎是一座让我爱上城市的城市。

当时我23岁,大学毕业后决定四处旅行,见见世面,于是在欧洲到处流浪。我在巴黎时正好把钱花光了。巴黎的街道深深启发了我:不像我所生长的北美洲城市那样纷杂紊乱,巴黎全城仿佛由一位不朽的审美家以一项跨时代的庞大计划为基础设计而成。杜伊勒里花园那一排排的雕像与香榭丽舍大道的栗树连成一线,又正对凯旋门以及约5公里外的拉德芳斯。每隔几个街口,即可见到拱顶有4根铸铁女像柱矗立的华莱士喷泉①,守护着恒久流泻的饮用水;就连大道上的卖报亭看起来也有如巴洛克风格的海滩小屋。我爱上一位法国女子,找到了一份教英语的工作,在巴黎住了4年。

我花了许多时间在街上漫步,但真正让我得以认识这座城市的关键之物却是地铁。一开始,巴黎地铁显得颇为吓人,犹如一座阴暗的迷宫,到处都是别人投来的锐利目光,不时会听到一句不甚友善的"借过"在身边响起,空气中充斥着许许多多的污浊气味,其中掺杂了清洁剂、刹车屑和积水的气味,再加上偶尔的香奈儿香水和陈年烟味。不过,巴黎地铁很快就吸引了我。如同卡夫卡指出的,这套系统的美妙之处在于买票或搭车都不必开口与人对话,正适合还不熟悉当地语言的外来客。

卡夫卡在1911年的旅行日志里写道:"由于巴黎地铁极易理解,

---

① 华莱士喷泉是19世纪伦敦慈善家理查德·华莱士在巴黎出资设置的公共设施,为路人免费供应洁净的饮用水。——译注

因此能让既脆弱又满怀希望的陌生人觉得自己一眼就正确看穿了巴黎的本质。"

我当时授课的对象包括医生、会计师与高中生，因此每天都得搭乘地铁前往市中心的公寓和市郊的别墅，于是不久后我就熟知这座地下帝国的各种现象。在共和广场站，令人生畏的吉卜赛人乞丐带着杂种狗和塑料袋，成群占据月台，为路过的乘客表演酒醉的即兴歌剧。在圣奥古斯丁站，我总会注意聆听从铁轨底下传来的蟋蟀叫声——那些住在铁轨底下的蟋蟀，在冬季靠着列车经过所产生的热度而存活。每当我没钱买票，我就会跨过验票闸门——和那些搭霸王车的恶劣乘客一样——整趟车程紧张地注意有没有查票员出现。身为一个穷困的家庭教师，我有好几百个小时都在地铁列车上望着窗外，偶尔瞥见尚未开通的隧道与空无一人的月台，想象着车窗外的奥秘。

这就是为什么在我初次学会搭乘巴黎地铁的20年之后，我对结识马克·奥文登和朱利安·佩平斯特如此开心。这两人都已年近四十，并且同样将自己儿时对火车的热爱转变为职业。出生于英国的公共交通运输纪实作家奥文登著有《地下巴黎》（*Paris Underground*），这本插图精美的著作介绍了巴黎地铁的历史与设计。在巴黎出生长大的佩平斯特，正撰写一本讲述巴黎地铁历史的著作，他还在巴黎公共交通运输公司的安全部门担任工程师。由于这家公司是巴黎地区大部分公共交通运输业务的运营者，因此他也就得以窥见巴黎地铁的许多隐秘角落。

奥文登提议和我在夏特雷站外会面，在圣奥波尔坦广场上那个蜻蜓翅膀造型的地铁入口。"这是巴黎第一条地铁路线的站点之一，"他指出，"在20世纪初启用，车站入口由建筑师赫克特·吉玛德建造。他采用了线条优美的铸铁，金属像植物一样从地面上长了出来，整个构造看起来很像生物，这在当时的确是相当先进的设计。"

佩平斯特在斯特拉斯堡-圣德尼站加入我们。他体型纤瘦，个性热情，说起英语时用字遣词相当精确，而且带有英国腔。我们走了几百米，来到圣马丁门旁的人行道上毫不起眼的一口楼梯井边。圣马丁门是巴黎的几座凯旋拱门之一，在18世纪曾是市界的标志。佩平斯特取出一串钥匙，打开了沉重的铁门。

"这里是一座废弃地铁站的入口，"他在门口停下脚步，加强语气，"这座车站在第二次世界大战之前就关闭了。"奥文登和我跟着他走进灯光明亮的隧道。"技术人员有时会来这里维护隧道的基本设施，所以电灯才会亮着。"佩平斯特在一段隧道壁前驻足，墙上满是色彩异常鲜艳的广告。不同于现代车站里张贴的电影和百货商场的宣传海报，这些广告是由珐琅瓷砖拼成，能保存多年。其中一个是漂白水广告，画面上一个苗条的北非妇女在晒衣绳上晾一条白色床单；黑色的手指抓着床单上方，但她的身体颜色较浅，仿佛漂白水将她的皮肤也漂白了。

"这个广告在今天看来还真是政治不正确。"佩平斯特说。

如今称为圣马丁站的这座车站，在附近路线的其他车站启用之后便遭到淘汰，在1939年正式关闭。我们走到一个较为阴暗的地段，才发现在我们之前也曾有人闯入这个禁止外人进入的地下世界。此处的隧道墙面喷满了喷漆，从地面到天花板都不例外。这种亵渎行为惹得两位地铁史学家气愤不已。"这些涂鸦客就像比赛尿尿的无聊家伙一样，每个都想证明自己能比别人尿得更远。"佩平斯特喃喃说道。这里还有很多瓷砖广告，宣传毛皮大衣与早已消失于市场的消毒剂品牌，却都遭到了那些毫无美感的涂鸦污损。涂鸦一路延伸到月台的圆弧墙面上，这座月台在20世纪80年代加了隔间，充当流浪汉的栖身处。其中一个隔间里摆着一张废弃的轮椅。

"最奇特的是，"奥文登说，"一旦你环顾四周，就会发现自己身处一座正常的巴黎地铁的月台上。这面墙是在这座车站关闭之后才建的，墙的对面就有列车行驶。你要是搭乘从共和广场站行驶到斯特拉斯堡-圣德尼站的地铁，望着窗外就可以看到自己穿越了一座老车站。"

佩平斯特领着我们走下另一条阶梯。阶梯底下的走廊由一道栏杆划分成两边，以便上车与下车的旅客分道而行。佩平斯特指出，当初验票员就把守在月台的入口处。我们在一个转角处探头张望，看见这里是月台上一个阴暗的段落，这时刚好有一班地铁列车咔嗒咔嗒地驶过。我瞥见车上一个坐在窗边的年轻男子瞪大了眼看着这座"幽灵车站"。那个人很有可能是20年前的我，一个工资低的家教老师，梦想着窥见埋藏在地下的宝藏。

后来，我们一同前往佩平斯特位于圣哲曼德佩区的公寓。3个人边喝葡萄酒边聊天。奥文登提到完善的公共交通运输服务是他搬到巴黎的原因之一。"这里的公共交通运输规划非常了不起，所有的设施全整合在一起。你可以用地铁票租自行车骑到车站，地铁站旁就有公交车站。所有的运输设施都能连接到城际列车。他们接下来会投资几百亿欧元①建造全新的地铁，增添8条新路线。实在太棒了。"

我年轻时在巴黎也曾有过这样的感悟。在一座公共交通运输设施完善的城市里，私家车就不再必要。巴黎在世界城市当中之所以独特，就在于其公共交通运输网络的密集度。伦敦与纽约的公共交通运输系统虽然涵盖范围较广，但巴黎市中心的地铁轨道里程却更长，也就是说，不论你在市中心何处，距离地铁站都不会超过500米。票价低廉，车次的间隔时间只有短短几分钟，而且搭车时间很少超过半个小时。

巴黎地铁那些弯曲迂回的新艺术风格车站巧妙融入了巴黎的市容，不禁让人产生错觉，以为地铁系统与这座城市是同时发展的。其实，这座古老城市的公共交通运输系统是后来花费大量心力、克服许多困难才建成的。而且，这套系统能持续运营并且不断

---

① 2012年，1欧元约等于人民币8.3元。——编注

改进,更是长期不断维护与投资的结果。

巴黎之所以一直是全世界游客量最大的城市之一,而且其广场、运河和拱廊也备受居民的喜爱,不单是因为这座城市原本就美,更因为巴黎从不允许历史埋没于水泥与沥青之下。良好的公共交通运输让这座城市得以持续运作,也避免了街道遭受汽车占据。

简而言之,巴黎得到了地铁的救赎。

巴黎朝圣之旅

你如果想知道巴黎为什么会发展成今天的样貌,就必须在这座城市里走一走。

有个很好的起点,就是"零公里点"的圆形金属标示牌。这里是法国所有道路距离的起算点,位于巴黎圣母院前面,在巴黎地理中心的西堤岛上。(这座岛的西部属于第一区,巴黎各区从城市的中心点顺时针向外螺旋排列,共划分为20个区。)这里今天经常可见游客聚集,当初有一群称为"巴黎西人"(Parisii)的高卢人分支部族在一座堡垒周围定居下来,后来被恺撒大帝的军队征服。热爱秩序的罗马人规划出棋盘式的街道,并且沿着一条旧高卢道路铺设出"重要枢纽",也就是罗马殖民区典型的南北向大道。巴黎历史上的这条"重要枢纽"至今仍然存在,就是圣雅克路,始于名为"小桥"的桥梁南端,不远处即是莎士比亚书店,店门口永远都有许多爱书人浏览着一箱箱的书籍。千百年来,天主教徒总是沿着这条街道南行,由此展开艰苦的朝圣之旅,前往西班牙西部的圣迭戈。在头几个街区,除了争夺游客的贝果铺与可丽饼小贩之外,还可见到圣雅克路绕过索邦和圣日内维耶山——这里曾是古罗马城镇广场的所在地,如今则矗立着万神殿。

若是在350年前漫步于圣雅克路上,你也许会看见这样一幕不寻常的景象:一部由马匹拉行的车辆,由身穿巴黎市政府红蓝色制服的马车夫驾驶,载着付费搭车的乘客前往卢森堡公园前方的站台。每隔一段时间,即可看到衣着光鲜的绅士将5苏[①]的车费递给车夫,爬进车里。这种"五苏马车"意味着公共交通运输在现代城市里诞生。这是哲学家帕斯卡尔想出的方案,他利用自己在宫廷里的人脉取得皇家许可,让马车行驶于5条固定路线。他声称这些马车将"极为便利,按照规定的时间发车,就算无人搭乘也仍然照常行驶"。这种马车在1662年推出(正是帕斯卡尔去世那年),从一开始就备受喜爱,显然是一项超前的实验;这项仅限绅士阶级使用的服务在15年后便告终止。

19世纪初,圣雅克路再次目睹了法国在公共交通运输方面的另一创举——马拉公交车,也就是现代市区公交车的始祖。不同于帕斯卡尔的五苏马车,马拉公交车允许平民百姓搭乘。1823年,一个名叫博德里的退伍军官在南特外围开设了一家蒸汽浴场,为了吸引顾客,他提供行驶于固定路线的马车服务。博德里的蒸汽浴场后来虽然倒闭了,但南特的居民仍然继续搭乘他那超大的马车。由于蒸汽浴场附近有一家叫作"翁尼斯"(Omnes)的帽子店,其宣传口号就叫"Omnes Omnibus"(这句拉丁文的意思是"所有人的翁尼斯"),结果蒸汽浴场的那种马车就此被称为"omnibus"(公交车)。5年后,博德里将这项服务带到巴黎,设置了一套公共马车网络,以两到三匹马拉行的宽敞车辆按照固定时间行驶。但这位倒霉的企业家没有成功——由于车夫私吞车资导致破产,他在圣马丁运河投河自尽,但他的构想却留存了下来。在巴黎出现公共马车1年之后,伦敦就出现了有20个座位的公交车,从帕丁顿行驶到英格兰银

[①] 苏,旧时法国辅币。——译注

行。3年后，公交车也开始在曼哈顿的百老汇出现。巴黎的公交车公司经过一段时间的激烈争抢乘客之后，终于在1855年合并为通用公交车公司，据说该公司当时拥有全世界最大的马车队。不过，这种双层公交车基本上只是一种城市公共马车，平均时速只有8公里，所以很快就被另一种比较平稳且速度更快的运输工具取代。

有轨电车彻底改变了城市的样貌。在城市发展初期的一两千年间，城市的大小皆受限于步行或骑马容易抵达的距离；罗马的人口在共和时期末期虽已达到100万，但城市的宽度仍然只略多于5公里而已。让马匹拉行的公交车于铁轨上行驶，有减少摩擦力的效果，因此可以用较少的马匹拉动较大的重量，而且速度还能更快。阿方斯·卢巴是一位住在纽约的法国工程师，最早铺设了与道路表面齐平的轨道。他在1853年返回巴黎之后，为他的"美国铁路"举行了一场试运营——这是欧洲首次出现这种铁路。由德国率先采用，并在美国经弗兰克·斯普拉格改良的电力驱动有轨电车，则在20世纪初开始取代马匹拉行的公交车。有轨电车增加了城市居民在合理时间内的行驶距离，从而迫使古典的欧洲步行城市扩张发展，打破昔日的限制。巴黎最外围的第12区至20区，全都出现在19世纪60年代以后，也就是在电力有轨电车普及之后。

在距离圣母院约2.4公里的地方，圣雅克路穿过了大众农家墙——这是一道关税围墙，其收费站后来在法国大革命期间成为愤怒民众的攻击对象。巴黎的发展过程不像年轮般一圈圈缓慢扩增，而比较像螃蟹，每隔一阵子就冲破旧壳，长出一个更大、更宽敞的新壳。（这类围墙两侧都需要大片空地，因此自然而然地形成了道路，适应了欧洲城市现代化发展过程中的运输需求；布鲁塞尔与维也纳在以往的城墙所在地兴建了"环形街道"，即当地版本的林荫大道。）备受厌恶的关税围墙一直持续到1860年，才被负责现代巴黎城市面貌改革的奥斯曼男爵拆除。

奥斯曼男爵像是19世纪巴黎的摩西。身为塞纳-马恩省省长的他拥有史无前例的征收权，能以宽广的大道划过拉丁区与美丽城的迂回街道，让拿破仑三世的部队得以深入易生叛乱的区域。他的宏大建筑计划在巴黎市中心建出许多规格一致的"奥斯曼式"公寓大楼，一楼是店面，上面有四五层楼的中产阶级公寓住宅，还有天花板低矮的阁楼供仆人居住。奥斯曼男爵以对称与几何造型的名义，夷平了整片住宅区，好让视线能不受阻隔地眺望巴黎歌剧院、凯旋门及其他美丽的建筑。他甚至变更了巴黎历史上的"重要枢纽"，将位于圣雅克路以西约200米处的圣米榭尔大道北侧路段规划为通往巴黎的新通道。

奥斯曼男爵的举措造成了极大的社会动乱；他在修建过程中强制35万巴黎居民迁离。[1]不过，巴黎人大致都默许了城市的这些转变：在改建工程正值高峰之际，全城有五分之一的人口受雇于工程建造，而且许多人也都认为拥挤、疾病猖獗的巴黎确实需要现代化。奥斯曼男爵若是在汽车时代掌权，那么巴黎难免将成为如华沙、伯明翰或莫斯科一样的城市，被高速公路与汽车淹没。好在他是在蒸汽时代进行这些建设工作的，确保了北站与蒙帕纳斯站等火车站真正成为通往法国首都的门户。虽然他所铺设的那些宽达30米的大道是为了方便公交车、私人马车与部队调动，却也提供了人行道、摆放咖啡座的露台，以及各阶层人士的会面场所。

不同于摩西对纽约市的开膛破肚，奥斯曼男爵对巴黎的重新构想并没有造成中产阶级大量逃往郊区。巴黎的城市发展与美国的版本形成强烈对比，工业及其工人，连同房屋遭到征收的贫穷人口，在公交车与有轨电车的协助下迁往城市边缘，中产阶级与富裕人士则聚居在中心各区。史学家罗伯特·菲什曼在《中产阶级的乌托邦》

---

[1] 摩西相当崇仰奥斯曼男爵，在1942年的《建筑文摘》里撰写了一篇文章称许他。不过，摩西堪称纽约的大屠夫，大刀阔斧地砍除纽约城市里的障碍；奥斯曼男爵却自喻为面包师傅，认为"切割内馅比切开饼皮容易得多"。

（*Bourgeois Utopias*）一书中写道，中产阶级逃往郊区是"美国白人特有的现象，对北欧与中欧的城市稍有影响，但在以巴黎为模范的欧洲与拉丁美洲城市则看不到这样的情形"。

充满资产阶级公寓大楼且街道上生机盎然的奥斯曼式城市形态，向东传播到了维也纳，并被布达佩斯、布加勒斯特及中欧与东欧的其他城市模仿；向南传播到了巴塞罗那，并传遍了拉丁美洲直至布宜诺斯艾利斯；最后，更传播至十几座号称"东方巴黎"的城市，包括卡萨布兰卡、贝鲁特、河内和上海等。

在圣雅克路与奥斯曼男爵的皇家港口大道的交叉口，可以看见一座由红色与暗黄色砖块砌成的小售票厅，其"入口"与"出口"的标示牌都采用新艺术风格那种蜿蜒曲折的字体。这里是地铁6号线的一个入口，启用于1906年。要是你透过栅栏往底下的露天平台看，也许会看见列车驶入车站的身影。

地铁是巴黎交通建设的下一个重大革命。巴黎地铁和纽约地铁一样，在动工之前也经历过数十年的争论。巴黎的主要铁路线需要庞大的调车场与终点站，因此都远离市中心，以免破坏古老的历史区域。当年铁路公司在法国政府的支持下，早就想将距离遥远的各个终点站连接起来；然而，巴黎市政府却希望在市区内建造一套由密集的车站构成的路网。所幸，后来市政府取得了规划及兴建地铁的主导权。所以巴黎地铁才会被称为"都市铁路"，而且市区内的车站才会那么密集；从一开始，巴黎地铁的目的就是要服务市区内的居民，而不是要促使市区居民外迁到郊区。不过，法国政府拒绝由市政府负责地铁的运营。因此，市政府虽握有规划与督导权，却另外挑选了一位比利时企业家负责地铁的兴建与运营。于是，巴黎都市铁路公司便在1898年成立。

6条路线只花了10年就建设完成。1900年的世界博览会加快了第一条铁路的兴建速度。负责监工的是一位来自布列塔尼的独臂工程师，名叫菲尔让斯·比安弗尼，大意为"闪电迎接"，相当切合率先将电力带入地铁的他。这场工程动用了3500名工人,而且施工期间一度导致巴黎陷入混乱。如同纽约地铁,巴黎地铁大多数的路线也是采用随挖随填的做法,因此里沃利街及其他大道的铺路石板都免不了被挖掉。工程人员在塞纳-马恩省河里沉入弹药箱,地下铁轨穿越一条17世纪的运河;而且,为了确保院士的沉思不受干扰,1号线还特别变更路线,绕过法兰西学院。早期的巴黎地铁也遭遇不少挫折。皇冠车站的一场列车火灾造成77人丧生,原因是旅客为了退票而在月台上逗留太久,导致窒息死亡。塞纳-马恩省河的河水一度溢出河岸(当时标示着"1910"的高水位线至今仍可见于拉丁区建筑物墙面上用油漆画出的线条),以致工程人员必须划着木筏往来于被水淹没的车站之间。

不过,巴黎居民很快就热情接纳了这套新系统。伦敦的地铁启用于1863年,是世界上的首条地铁,当时列车仍然喷着煤烟驶入地底隧道;而巴黎的地铁采取电力驱动,因此从一开始就没有黑烟。第一次世界大战前夕,巴黎地铁每年的乘客量达5亿人次,其车站数量比柏林或纽约的地铁站数量都要多,是全世界最现代化也最高雅的地铁,月台上的椭圆形圆拱与车站入口有如生物般的设计,与奥斯曼式城市那种严谨几何形式的景观恰成令人欣喜的对比。

纽约地铁造就了中城区的摩天高楼,促使人口扩散到曼哈顿下城,乃至外围各区;巴黎地铁却是添加在一座实际上早已建成的城市之上。如同所有规划完善的城市地铁系统,巴黎地铁也成为一副骨架,支持着地面那些有如软组织的街道,让巴黎在危机时刻依然得以保持完整。第二次世界大战期间,尽管私家车几乎完全消失于街道上,地铁却仍然持续运营,甚至有几条路线还得以施工延长。①

---

① 在纳粹占领期间,犹太人被迫戴上黄色星形徽章,而且只能搭乘最后一节车厢,地铁于是成为反抗阵营的聚会地点,并且让德国士兵颇感害怕,尤其是一名军官在1941年于巴贝斯车站被击毙之后。

法国虽以罢工活动频繁著称，但在巴黎地铁运营的110年历史当中，其每日20小时、全年无休的状态却极少中断。（1995年，一场全国罢工导致地铁服务中断了3周之后，法国随即通过法律，规定地铁员工即便在工人抗争活动期间，也必须提供基本服务。）新式的运输工具，尤其是汽车与高速公路，导致美国市中心区域人口外移，但为了服务市区而兴建的巴黎地铁却维持了巴黎市中心的完整。

不过，巴黎地铁有一大缺陷：这套运输系统对于市郊的上班族毫无帮助。即便到了今天，延伸至旧城门外的地铁线也只有少数几条而已。

若想目睹巴黎公共交通运输的下一项重大创新，就必须驶离圣雅克路，稍微绕个道。沿着一条林荫大道步行200米，来到往昔的"重要枢纽"，即可见到丹费尔-罗什洛车站的石砌圆弧立面，这里是区域快铁（RER）的入口。在这座车站搭乘B线的双层列车即可抵达北面的戴高乐机场；若是转乘C线，则可以抵达凡尔赛宫；或是转乘A线，则可到西面的巴黎迪士尼乐园。整体而言，5条列车路线分别从巴黎市中心的各主要中转站通往最偏远的郊区区域。法国在20世纪60年代初期开始兴建区域快铁之时，就已经有明确的发展目标：当时，受到斯德哥尔摩郊区公共交通运输系统启发的"指导计划"，要求新设立的区域快铁车站将人口聚集在塞吉-蓬图瓦兹、埃夫里和马恩河谷等卫星城镇。巴黎的郊区虽仍持续发展，但承载交通重担的主要是铁路，而不是高速公路。这些铁路载运乘客往来于市郊的大学校园、机场以及拉德芳斯高楼聚集的新就业中心。

区域快铁的目的在于限制城市扩张，结果也确实奏效。郊区化的发展虽然没有中断（在A线于1969年通车之后的6年内，巴黎市中心就流失了40万居民），但巴黎也没有像伦敦或莫斯科那样大幅扩张至周遭地区。区域快铁鼓励郊区居民住在车站的步行距离内，于是那些居民极少驾驶汽车上下班，而郊区也就没有出现低密度的发展现象。远郊地区的卫星城镇不但密集得引人注目，巴黎市郊内环三圈的人口密度更是比旧金山市中心还高。这主要归功于区域快铁，容纳1020万居民的巴黎市区所占用的土地面积，并不比佛罗里达州的杰克逊维尔大，但杰克逊维尔这座因为高速公路而诞生的城市却只有不到80万居民。

沿着巴黎古老的"重要枢纽"走入第14区，汽车越来越多，对步行者的耐心可谓是一大考验。巴黎虽是世界上最适宜步行的城市之一，却有一个非常严重的缺点：巴黎的驾驶员。巴黎的驾驶员可能是全世界最容易激动的一群人，高卢人对汽车的热爱开始得很早。在20世纪初，法国的道路原本被视为世界最佳的道路，米其林轮胎公司①出版了第一本专供自驾游旅客使用的旅游指南，巴黎市郊边缘也是全球新兴汽车产业的"首都"。在第一次世界大战期间的马恩河会战中，巴黎的出租车载运了支援部队赶赴前线；在20世纪20年代，埃菲尔铁塔上曾经亮着"雪铁龙"字样的灯光。不过，纳粹占领期间的汽油短缺促使巴黎街道上出现了出租自行车和马车；而且，20世纪50年代之前，汽车一直都只是上层阶级的玩物。相当于法国版大众汽车的雷诺4CV在1949年推出时，全巴黎只有8万辆。30年后，这个数字已增加10倍，导致巴黎的街道沦为致命陷阱。到了20世纪70年代末，巴黎每年平均有200人命丧轮下。

巴黎的历史城区有一大部分为了驾驶员的便利而惨遭牺牲。为了改善交通的顺畅度，主要大街的人行道都在20世纪30年代遭到缩减，行道树与街头小贩都遭到排斥。为了避免行人任意穿越比较繁忙的交通动脉，有关当局以齐腰的栅栏引导行人走人行天桥；在凯旋门周围，行人则只能穿行在阴暗的地下通行道，以免对路面交通造成阻碍。由于室内集市被指责是造成市中心塞满货车的罪魁祸首，当地那片由钢铁与玻璃建成的传奇食品市集（巴黎人都喜欢在清晨到那里喝碗洋葱汤）便在20世纪60年代遭到拆除，迁到了市郊。

---

① 米其林轮胎公司1889年创建于法国克莱蒙费朗。——编注

情形原本还有可能更糟。蓬皮杜曾经设想出一项野心庞大的建设计划,其中包括了之前提过的那条打算覆盖在圣马丁运河上的快速道路。蓬皮杜在1969年当选总统,出门皆搭乘一辆采用V6发动机的雪铁龙超大敞篷车。他曾说过一句名言:"巴黎必须迎合汽车的需求,我们必须废弃过时的美学观念。"他在一座旧车站上方兴建的59层楼高的蒙帕纳斯大楼,一度是全法国最高的摩天大厦。他核准兴建的河滨快速道路,至今仍然将巴黎人与塞纳-马恩省河右岸的浪漫步行道阻隔开来。此外,他还积极鼓励城市扩张,补助一项自有房屋普及方案,促使城市边缘冒出7万栋成本低廉的独栋住宅。蓬皮杜要是没有在1974年去世,巴黎恐怕无法避免出现一套城市快速路网,连玛德莲教堂都会在90米内见到八车道公路的快速车流,而奥斯曼男爵的林荫大道也将被改造成市区快速道路。

不过,蓬皮杜的技术官僚还是实现了他们最宏大的建设计划——环城公路。这条环形道路长约35公里,有些路段宽达46米,将巴黎围绕在一圈持续不断的繁忙交通当中。环城公路在1973年通车之后,平均每天每公里就有一场车祸发生,对降低交通堵塞也毫无帮助,而且还在巴黎与其郊区之间矗立起一堵实体与心理上的屏障。抵抗的情绪在当时已经出现:在1968年5月的街头暴动中,学生纷纷纵火焚烧消费者最渴望的对象——汽车。蓬皮杜的继任者撤销了几条计划中的城市快速道路之后,接着表态将改善"巴黎各区的景观";而石油输出国家组织的禁运措施与20世纪70年代的能源危机,也限制了汽车的销售量。

我在20世纪90年代初住在巴黎,当时这座城市仍然对汽车深深迷恋,道路上满是高速奔驰的车辆,以致我就算横穿最狭窄的街道,也得随时保持警觉。不过,在我离开巴黎之后的几年,一场革命便开始了。1995年公共交通运输行业罢工所导致的大塞车带来了一项启示:许多巴黎人意识到靠自行车在这座人口密集的城市里移动的速度有多么快之后,就纷纷开始购置这种两轮交通工具。左岸的一条市集街道穆夫塔尔街与圣马丁运河的河岸在星期日都禁行汽车，巴黎市也开始铺设一套自行车道路网，目前总长约440公里。真正的系统性变革出现于2001年，贝特朗·德拉诺埃这位社会主义者当选巴黎市长之后，即对"汽车霸权"公开宣战。他做出了一项震惊驾驶员的决定，在夏季关闭蓬皮杜兴建的河岸快速道路，并在柏油路面铺上沙子，把塞纳-马恩省河右岸变成一片沙滩，半裸的日光浴游客也一应登场——毕竟，这里可是法国。2007年，德拉诺埃推出自行车自助租用服务，这是全世界规模最大的自行车共享计划，任何人只要持有信用卡（现在还可使用地铁卡）即可在市区的1450个取车站租用一辆坚固耐用的灰色自行车。在德拉诺埃的执政下，由于公交车专用道占用了里沃利街及其他主要干道的车道，在巴黎开车开始变得困难重重。

昔日的"重要枢纽"在抵达环城公路之前，会先与元帅大道交叉，这是环绕巴黎的最后一条环形大道。你要是时机抓得好，也许能够瞥见一缕幽魂芳踪——每隔几分钟，一辆流线造型、电力驱动、滑行于钢轮上的翡翠绿有轨电车就会沿着草地上的轨道行驶而过。这是在2006年开始通行的电车3号线，大巴黎地区共有4条电车线，行驶着空间宽敞而且上下车迅速的有轨电车。这些电车线标志了"美国铁路"的复兴——上次在巴黎见到这种铁路，已是1937年的事情了。

美国昔日的电车网络之所以消失，经常被认为是因为出现了更先进的科技，而所谓更先进的科技就是汽车。但在当今的巴黎，消退的却是汽车。有些电车线单日的载客量就已达10万人次。近来，甚至有禁止汽车进入巴黎中心四区的观点出现。不久之后，圣雅克路可望恢复其原本的用途：一条供朝圣者与行人使用的人行道，而不是让缺乏耐心的驾驶员开车行驶的道路。

今天，若有朝圣者沿着昔日的"重要枢纽"走到圣母院以南4公里处，将会遇到环城公路上十二车道的繁忙交通——在巴黎漫长的城墙建造史中，这绝对是最难跨越的一道障碍。不过，环城公路倒是有一个正面效应：让巴黎人深感惊恐，以致巴黎市区在这条道路通车之后就不再有新的快速道路。不过，除非在这条公路上方架设一条适合步行的外环步道——近年来这项计划确实得到认真考虑——否则这条粗暴的环形道路恐将是史上最坚硬的一副甲壳，即便是巴黎也难破壳而出。

巴黎市中心并没有像纽约或洛杉矶那样由公共交通引导其城市结构，这两座美国城市皆随着地铁及电车路线一同成长发展，而巴黎地铁却是精心设计以融入这座古老的步行城市的。覆盖范围宽广的区域快铁系统在现代巴黎的转变中扮演了重要角色，让郊区居民得以住在车站的步行距离内，从而造就了人口密集的郊区，同时也限制了城市的扩张。

相对而言，巴黎地铁维持了古城区的完整。毕竟，地下既然有一套可靠、高效又舒适的交通工具，又何必兴建地面快速道路呢？

地铁就这样拯救了巴黎。

超级地铁

我接到的指示很明确：上午11点40分以前到共和广场站的月台。一名身材高大的男子，身穿滚石乐队经典专辑《颓废大街》（*Exile on Main Street*）的T恤，外罩巴黎公共交通运输公司的蓝色羊毛衫，从驾驶舱里走了出来。和我握手之后，他露出一抹心照不宣的微笑，邀请我搭上他的地铁列车。

这位名叫弗朗索瓦的列车司机剃了个光头，身高近两米，脚穿运动鞋，外形看起来相当令人难忘。我和他是在蒙马尔特一家酒吧里由我的巴黎老友纪尧姆和亚历山德拉介绍认识的。我们一同喝啤酒、闲聊，弗朗索瓦提到自己是地铁8号线的列车司机，并且说如果我想搭车，别忘了打电话给他。

弗朗索瓦坐上驾驶座，膝盖顶着仪表板。他借着月台上的一面凸面镜观察列车侧边的状况，按下一个按钮，启动警示音，告知乘客列车即将开动，然后转动一把钥匙，关上车门。"叮"一声后，传来电力马达运转的声响，我们开始加速驶进隧道。我注意到时速表上的最高限速是120公里，于是问他列车会不会开到极速。

"从来不会！我在郊区有时候会开到时速70公里，可是要很小心。几年前发生过一场很严重的车祸，一班列车以60公里的时速开进一座弧形车站，可那里的时速应该只能20公里，结果列车出轨，所幸没有人丧生。真是奇迹。"

我们开动之后才过了45秒，列车就开始减速（在巴黎市中心，车站之间的距离通常不超过300米），在受难修女站的月台旁停了下来。

我称赞他将列车开得相当平稳。"车不是我开的！"他答道，"几乎所有路线的列车都是自动驾驶。我关上车门之后，只要按下这个绿色按钮，列车就会自己行驶了。"

为了示范给我看，他松手放开节流阀，结果列车还是继续加速。"我只要记得每30秒踩一次脚踏板，让列车知道我还活着就好了。"在我们面前的轨道中间可看到一条塑料条，里面包裹着两条电缆，能将信息传递给列车底下的接收器，以便列车在轨道上的每一个段落中做出最合适的加速及减速操作。整套系统都由中央控制站监控，那里的值班人员监控着每一条路线上各班列车的实时位置。这套极其耐用的自动驾驶系统启用于20世纪70年代，目前已使用于绝大多数的地铁路线上，从来不曾造成事故。

就目前而言，像弗朗索瓦这样的司机还是免不了有些工作要做。在道梅尼文车站，他指向月台尽头的两面标示牌："PSV"

意指轨道上有工人，也就是说，弗朗索瓦必须将操作模式转换为"CM"，即手动驾驶。关掉自动驾驶之后，他缓慢加速驶入隧道，并且鸣了两下笛，警示两名正在检查隔壁轨道的工人，然后才加速到40公里每小时。不过，这是例外，在大部分路程上，弗朗索瓦扮演的都是监督者的角色，是列车前方一个令人安心的身影，而不是实际上的驾驶员。

最后一站是克雷泰伊省站，位于环城公路东南方8公里处。我们在这里到站之后，弗朗索瓦下车伸展了一番，然后从自动贩卖机买了一罐咖啡。此时是12点40分，他这一天的工作已经结束了。他在当天清晨5点30分打卡上班，到这时已完成了3趟长达45公里的来回行程，一天的工作时长为6.5小时。我问他驾驶地铁列车是不是他从小的梦想。"才不是！"他答道，"这只是我谋生的工作而已。"他主动对我透露，由于这项工作年薪4.1万欧元，工作时长又相对较短，因此让他得以追求自己真正的爱好——摄影。他下班回家的路程也很简单：他的公寓就位于这条地铁线的西端终点站巴拉尔站附近，步行只需10分钟。

我们搭乘另一名司机操作的列车返回巴黎。这位司机名叫米歇尔，年纪很轻，左耳垂挂着一个塞尔特十字耳环，一绺蓝色发丝垂在前额。司机工会已宣布将发动一场24小时的罢工活动，弗朗索瓦打算参加，但米歇尔还没有决定。（几个月后，退休金改革议题在法国引发全国性的罢工，以致有些公共交通运输路线不得不缩短服务。）不过，真正让他们担心的其实是发生在1号线的事情。在投入大笔资金，而且服务没有中断的情况下，巴黎地铁的这条路线已逐步改为全自动运作。自动化比自动驾驶更先进：新式的列车将不再需要司机，整条线只需6名员工即可操控。

"显而易见，我们非常厌恶这样的发展，"弗朗索瓦说，"我想我们的职业生涯大概再过不久就要结束了。"

这套新系统必须装设预防自杀的月台门，这不但可减少事故发生,而且由于车次之间的间隔缩短,整条路线的载运量将可增加15%。随着世界各地的城市轨道系统都朝自动化发展,像弗朗索瓦与米歇尔这样的司机有可能步电梯操作员的后尘。我同情他们的处境,但也目睹了自动化改善服务质量的效果。巴黎地铁已全面自动化的14号线,称为"东西快速地铁",1998年就已通车,给人带来的搭乘体验非常愉悦。车厢之间没有隔开,可以走到列车最前端,看着位于塞纳-马恩省河底下的隧道内的灯光飞掠而过,没有司机在前面阻挡视野。在财务吃紧的北美洲城市里,员工的薪资是发展公共交通运输系统的一大阻碍,采取自动化科技是更合理的选择。

弗朗索瓦坦承当前的情形得有所改变。巴黎地铁有许多路线的载客量都已到达极限。8号线的班车在高峰期虽然拥挤,但比起13号线那臭名昭著的列车却已宽敞得多。弗朗索瓦曾在13号线担任过两年的司机。

"那条线从南边的郊区通到北边的圣德尼,两处都是巴黎最贫穷的区域。13号线有很多主要车站,也有很大的中转站,例如克利希广场站和香榭丽舍大道站。那是乘客最多的一条线,驾驶列车让人很头痛。"那里的月台极为拥挤,他老是害怕哪天会有小孩子跌落轨道;而且,他也对乘客因为班车延误向他大吼大叫厌烦不已,因此列车靠站时他都躲在驾驶舱里。"你要是开过13号线的列车,"弗朗索瓦,"那你开什么地方的列车都没问题了。"

我在共和广场站与弗朗索瓦挥手道别,这里的月台在下午2点就已开始涌现人潮。下车后,我思考着搭乘地铁的环境有了多大的改变。20年前我住在巴黎时,即便在高峰期,通常也还能找得到空位。如今每次我造访巴黎,搭乘地铁经常只能站着,而且车厢里不仅没有空位,和我一样站着的乘客也非常多。2000年以来,巴黎地铁的乘客人数每年都增加3%到5%——相当于每年在这套系统上增添一座15万人的城镇。南北向的13号线是少数延伸至环城公路以外,并深入郊区的公共交通运输设施,现今载运量已达到116%,尽管车次间距只有100秒而已。

所幸,这座发明了五苏马车的城市已准备发动公共交通运输的下一场革命:一套完全以郊区为中心的高速自动地铁系统。事实上,也的确是时候了。大多数游客所造访的巴黎其实不是绝大多数巴黎人居住的地方;巴黎地区有82%的人口住在环城公路以外的高密度郊区。不同于许多美国城市,巴黎没有高楼大厦密布的市中心商业区,就业中心也分散在旧城区外的许多密集节点。即便是专为郊区而规划的列车,也不再承载得了这样的重担。长期以来缺乏平价住宅,已经迫使许多巴黎人搬到东边位于迪士尼乐园附近的公寓大楼,但他们的工作地点仍在拉德芳斯及位于西边的办公园区,以致每天都得搭乘拥挤得令人难受的区域快铁横穿全城。这是许多现代大城市共有的问题:往返于不同郊区总要穿越拥挤的市中心。

巴黎提出的解决方案是"超级地铁"——经过长达数月的公共咨询以及左翼地方官员与右翼中央政府的争辩之后,其路线终于在2011年夏季正式公布。成本210亿欧元的大巴黎快铁将设立57座车站,大致上排列成两个"8"字形的环形路线。内环将以1.6到4.8公里的距离围绕着环城公路,列车主要行驶于地下,其中有些24小时运营,而且将采取全自动运作(也就是说,像弗朗索瓦这样的司机在那里找不到工作)。资金将来自地方与中央政府、贷款以及新设立的不动产税收。大巴黎快铁的车站预计在2025年完工,届时车站的分布将相当密集,市郊最内圈的大多数住宅都会位于车站的步行距离内。不过,由于列车的时速达64公里,因此不到一个小时即可抵达大巴黎地区的任何一个地点。

巴黎这种以市郊为服务对象的超级地铁,是公共交通运输下一步的合理发展,也正是洛杉矶、费城、芝加哥、多伦多与波士顿以及许多发展中国家的城市所需的药方。以环形路线联结原本从市中心放射出的路线,可让居民往返于不同郊区,让公共交通运输具有汽车的灵活性,并大幅降低市区的交通压力。

如同奥文登所说的，"不论在法国、西班牙、荷兰还是德国，一般民众完全不认为投资公共交通运输有什么不对。他们都知道，既然有城市，就必须有让人在城市内移动的方法。这是合情合理的事情"。

巴黎地区每年47亿欧元的预算，整整有四分之一都用于道路建设与公共交通运输发展；针对员工为9人以上的公司所征收的、专用于公共交通运输的薪资税，则提供了一项长久稳定的收入来源，让公共交通运输的质量得以不断改善。

你如果想有一座可持续发展的城市，现在就得先兴建智能型公共交通运输系统。巴黎显然思考过这个问题。

双城忌

我对巴黎地铁的喜爱程度胜过对世界上其他任何地铁系统，而且不只因为走出巴黎地铁就能看见巴黎的街道，更因为巴黎的公共交通运输系统是高雅与高效的模范，成就相当难超越。

这不是说我认为全世界所有的城市公共交通运输系统都应当交给打造巴黎地铁的人士经营，但这正是部分法国运输公司追求的目标。在足以让主张自由放任主义的经济学家米尔顿·弗里德曼兴味盎然的逆转现象当中，原本主张国家集权的欧洲，现在竟引领了追求公共交通运输民营化的全球趋势，甚至也将脑筋动到美国那些由市政府经营的公共交通运输系统上。

我注意到这种推动民营化的现象，缘于过去这几年的旅程中无意间的发现。我在瑞典第三大城市马尔默的火车站外等车时，注意到当地的公交车是由威立雅这家法国私人企业经营的。在亚利桑那州梅萨搭公交车时,我又惊讶地发现当地公交车的经营者是一家当初由拿破仑三世创立的法国企业集团。在我的家乡蒙特利尔,近来我也注意到市际公交车上有运输公司的商标,又是一家法国企业。

公共交通运输的民营化是近几年发展起来的,但根源却可追溯到19世纪。纽约早期的高架铁路与地铁,虽然和洛杉矶的电车线一样都是由私人出资兴建,但英国与多数欧陆国家的政府,尽管经常将自由放任主义挂在嘴边,对于公共交通运输系统规划的监督却达到了美国无法想象的程度。在有轨电车时代,巴黎及其他欧洲城市提供私人街道铁轨50年的特许权,期满之后所有的轨道和隧道就必须无偿交还给政府,而且政府还可自行选择是否买下列车。在英吉利海峡对岸,6家私人公司分别兴建并经营伦敦地铁初期的几条路线,这种现象导致乘客转乘不同路线的时候,通常得爬上地面,走到另一座车站,再重买一张票,直到20世纪30年代才整合成单一系统,并且在1948年由英国工党收归国有。巴黎地铁虽由一位比利时企业家兴建运营,另有两条路线由一家独立公司兴建经营,但规划权仍然掌握在巴黎市政府手中。私人运营并没有像在纽约那样引起大众反感,也许是因为巴黎地铁的列车从不曾太过拥挤。尽管如此,巴黎的地铁与公交车还是在1948年收归国有;2005年以来,策略监督权掌握在法兰西岛运输联合会手中,巴黎公共交通运输公司则依然负责运营。

事实上,第二次世界大战以来,世界上多数大城市的公共交通运输都由国家机构运营。支持公共交通运输国营的论点有两个。第一,公共交通运输系统与铁路都属于自然独占的事业;如同电力或下水道系统,公共交通运输系统若是由单一机构管理,则可降低支出,提高效率。第二,由于设计良好的运输系统具有提高地价、减少交通堵塞和污染等外部效益,这种系统的运营目的最好不要追求经营者利润最大化,而应该是追求公众利益。纽约、巴黎与伦敦的地铁初期发展史显示，私人企业确实能以极高的效率兴建及经营有利可图的路线。不过，个别私营的路线一旦合并成一套网络，形成私人独占之后，难免会发生问题。历史上，这种现象曾导致经营者缩减利润不高的路线服务，结果造成列车过度拥挤，大众不免对贪婪的经营者将自己的利益建立在乘客的痛苦上深感厌恶，从而要求将公共交通运输收归国有。

值得注意的是，一股受意识形态推动的民营化风潮正席卷欧洲的运输业。原因是一项鲜为人知的欧盟指令，即规定铁道机动车辆（即行驶于轨道上的列车）与轨道设施（包括隧道与铁轨）的所有权与经营管理权必须各自独立——"轮铁分离"，以剥夺国家的铁路独占权。此举在法国造成的结果，就是最近刚民营化的法国国家铁路公司（SNCF）必须为其子弹头列车能行驶于法国铁路网这个国家机构的轨道上而支付使用费。（为了应付成本，法国铁路网提高了轨道使用费，于是，原本比其他欧洲国家低廉的法国火车票价也随之上涨。）这种做法的理论依据是，欧洲的铁路网应该和航空产业一样，开放自由市场竞争：举例而言，像瑞安（RyanTrain）或易捷（EasyRail）这样的廉价高铁，未来可在布鲁塞尔至柏林或是里斯本至马赛的铁路上和其他列车竞争。意大利已经民营化的意大利国铁，早已开始争取在法国的城市之间提供运输服务。

令人讶异的是，这股民营化风潮有一天可能也会涵盖城市公共交通运输系统，包括巴黎地铁。巴黎公共交通运输公司虽然仍是国企，却已经将许多部门民营化，所以能经营佛罗伦萨的电车线、约翰内斯堡的机场列车，以及东伦敦的部分市公交车。当然，从另一方面来说，巴黎日后的地铁、公交车或电车路线也可能由丹麦、葡萄牙或德国公司经营。巴黎公共交通运输公司对于能否获得兴建郊区超级地铁的合约甚至没有十足的把握。法兰西岛运输联合会身为地方政府的公共交通运输主管机构，对于巴黎公共交通运输公司打算成立分公司，以监管轨道设施并运营列车的做法颇为懊恼。批评人士认为，轮铁分离乃是萨科齐的右翼政府追求公共交通运输彻底民营化的另一步[1]。

伦敦地铁近来民营化的尝试并未成功。布莱尔的工党政府拒绝打破前任保守党政府不再增加开支的承诺，设法寻求企业参与——主要是让政府不必负担地铁的翻修费用。英国政府在由此带来的公私合伙关系当中，将地铁租给了3家基础设施公司，每一家都得到为期30年的租约，维护不同路线的轨道、标识与列车。至于列车的运营，则交由伦敦交通局掌控的一家新公司负责，这家公司名为"伦敦地下铁"。这种合伙关系从一开始就是一场灾难。由于轨道的维护与列车的运营分属不同机构，因此产生了奇特的冲突：基础设施公司企图压低维修轨道与手扶梯的成本，于是对伦敦地下铁公司施压，要求列车在周末不得运营。这项合伙关系始于2003年，但基础设施公司在5年后就以成本飙升为由退出。支持民营化的论点通常是这种做法能促进创新与发展，但在私人公司的主导下，伦敦的地铁路网却未见丝毫发展，最后，得利的只有律师与仲裁者：单是拟定那些合约就要5亿英镑。伦敦的地铁票价原本就不便宜，近来更是贵得夸张。现在，搭乘最短路程的最低票价是4英镑（是巴黎地铁票价的2.5倍）。重新收归国有的伦敦地铁如今已回到原点：维修工作仍由内部的单一公共机构负责，也就是伦敦交通局。

"英国这些公私合营公司都已失败，权利回归政府，"英国交通问题的首席评论家克里斯琴·沃尔马告诉我，"将基础设施的所有权和运营权区分开来的做法，造成了完全不必要的接口，只会导

---

[1] 有些评论家认为，这种民营化其实是"行政法人化"。公共交通运输系统与国家铁路公司为了表示遵循欧盟规范，都自行分割成不同的公司，再互做彼此的生意。他们只是表面上假装与外国企业竞争，但仍然能够取得合约。巴黎地铁的运营看起来和以往没有什么差别，是因为巴黎公共交通运输公司通过精明的手腕与欧盟达成协议，将彻底民营化推迟到2030年。

致无止境、难以理解的冲突,而我们真正需要的是这两者之间的密切配合。依我所见,要是没有将铁路网民营化,应该可以省下数十亿英镑。"

民营化显然合乎欧洲企业的短期利益,因为这些企业在运输产业里早已是世界领袖。除了巴黎公共交通运输公司之外,现在还有两家庞大的法国企业正积极朝全球公共交通运输市场扩张。凯欧利公司目前拥有4万名员工,经营对象包括弗吉尼亚州的地铁和墨尔本的电车系统。威立雅运输集团与对手运输公司在2009年合并之后,形成全世界最大的私人城市运输公司:一家资本达480亿美元的跨国企业,共有11.9万名员工,分布于28个国家,每年客运量达33亿人次(相当于巴黎地铁与纽约地铁乘客数的总和)。法国企业近来的并购对象包括新奥尔良的公交车与电车、拉斯维加斯的快速公交车系统(即BRT)、波士顿的马萨诸塞州湾通勤铁路,以及圣迭戈的飞毛腿轻轨系统(Sprinter)。自由市场专家可以宣称这是私人企业的胜利——如果这些企业真是私人企业的话。然而,凯欧利是法国国家铁路公司的子公司,威立雅运输集团的母公司是拿破仑三世在1853年成立的水务公司。威立雅的新伙伴运输集团,则是路易十八成立的一项庞大退休基金下的子公司。这类公司所受的国家保障,是私人企业的竞争者得不到的。

澳大利亚公共交通运输学者米斯指出,法国的私营公共交通运输产业已经"受到三家大公司的垄断,以致共谋的行为比竞争更常见"。我问米斯对于他的家乡墨尔本的状况有什么看法,因为当地的电车线早在1999年就已民营化。"两家法国公司投标争取电车和火车的经营合约,"他告诉我,"他们以低价抢标的方式得标,根本不在乎获利预测是否真实,因为他们知道,只要自己以退出来威胁,政府就会对他们提供帮助。他们在自己的祖国学到诀窍之后,现在已成了操弄公共交通运输合约的专家。这基本上是个投机产业。"米斯指出,墨尔本的公共交通运输在民营化之后不但服务质量下滑，政府每年还得增加对那些私人企业的补助，现在金额已逼近一年10亿澳元①。

如同沃尔马所说的，"当前这种民营化概念的关键缺陷，就在于这是一种伪资本主义。他们在19世纪兴建最早的铁路线时，是一种赤裸裸的资本主义：你投入资金，要是误判了市场，就可能血本无归。现在，这却是一种伪装的资本主义，因为私人企业知道政府绝对不可能任公共交通运输服务暂停"。

这种伪资本主义最具腐蚀性的方面，都隐藏在企业效率的论点背后。真正由国家经营的运输企业，其员工经过数十年来的工人运动之后，已经争取到了像样的薪资与福利；但扮演私营公司角色的伪私营运输公司之所以能在投标开价上胜过竞争对手，正是因为他们员工薪资与福利都比较低。

我搭乘过凯欧利和威立雅所运营的公交车和火车，其服务都可以说相当不错，坐起来也颇舒适。但有一点难免让人感到奇怪：在削减成本的大旗下，亚利桑那州、弗吉尼亚州和路易斯安那州的政客竟然任由本地民众的车费落入跨国经营的法国企业手中，而不愿将这些钱拿来为当地人民提供像样的工资与福利。经济衰退之后，随着利润消失，公共交通运输系统更不免陷入遭到舍弃的危险，以致纳税人只能自掏腰包补贴。美国的国营公共交通运输机构虽以缺乏效率著称，但这种情形更可能是历史而非意识形态造成的结果。美国政府部门的接管基本在20世纪60年代以后，许多城市都接手了破产的私营系统，却不曾有机会发展出高效的运营文化。（多伦多及加拿大其他城市的公共交通运输机构在20世纪收归市营的时间比美国早了许多，因此有较好的口碑。）危险的是，美国在促进民营化的名义下，可能会允许法国企业（或者说法国那些国家支持的伪私营运输企业）投标经营美国少数真正具有公共精神的

---

① 2012年，1澳元约等于人民币6.5元。——编注

机构，也就是大城市的公共交通运输。2009年，新奥尔良成为第一座将公共交通运输管理权完全交给私人公司的美国大城市。威立雅运输集团接手之后的服务质量众说纷纭，但载客量仍然远低于卡特里娜飓风之前的水平；而且，一家法国公司竟可获得数千万美元的公共振兴资金，这不得不让人觉得奇怪。

老实说，我有点担心自己在圣查尔斯大道搭乘过的那些老电车。要是利润持续下滑，政府补助私营企业的意愿一旦消失，那些电车就可能和有轨电车一样一去不复返。

我承认，若能看到经营巴黎地铁的公司如何重塑芝加哥地铁，应该会是很有趣的事情；一些新艺术风格的铸铁设计应该能为芝加哥市中心增添不少迷人风采。不过，我更愿意享有可靠的服务。毕竟，身为公共交通运输乘客的乐趣之一，就是搭乘具有当地特色的交通工具——最好其员工还能领到像样的工资。

巴黎浩劫

这几年来，每当我造访巴黎，总会和我的朋友亚历山德拉与纪尧姆相处几天，这一次也不例外。身为小学老师的纪尧姆来自诺曼底，担任图书馆馆员的亚历山德拉则是在巴黎长大的。他们在第十八区买了一间单间公寓，家中除了他们两人之外，还有宠物猫皮塞克与他们刚出生不久的儿子艾提安。

他们的公寓位于5楼，所在的大楼没有电梯，而且已有90年的历史。公寓虽小，但他们却相当善于利用空间。计算机摆在卧室内的桌上，旁边有一扇俯瞰大楼院子的窗户。洗衣机摆在浴缸边，厨房、餐厅与客厅则全位于同一个空间里。我记得住在洛杉矶的克特金曾讽称这类旧大陆住宅是"霍比特人住宅"。但许多人不理解,欧洲的城市居民为何愿意以居住空间换取市区内的便利设施。毕竟,若是卢浮宫与塞纳-马恩省河左岸的电影院就位于你家后院,你又何必拥有华丽的门厅与家庭剧院?亚历山德拉与纪尧姆的公寓外面是一座露天市集,蒙马尔特的葡萄园和布满长凳的广场也只要步行10分钟即可抵达。他们家附近有露天咖啡座可以歇息,有书店可以看书,有绿意盎然的公园可以让他们带艾提安去散步,还有数以百计的小餐馆,供应各式各样的平价餐点。

更重要的是,红堡地铁站的入口距离他们的公寓大楼前门只有200米。对纪尧姆和亚历山德拉而言,地铁就是通往巴黎各地甚至欧洲各地的钥匙。他们一搭上4号线,很快就可抵达巴黎各大火车站,从而搭乘高铁前往伦敦与阿姆斯特丹、马赛与柏林。如同我认识的大多数巴黎居民,纪尧姆与亚历山德拉从来没拥有过汽车。汽车的油钱与保险费都非常高,在狭窄的街道里停车更令人头痛。"买车?"纪尧姆曾以不可置信的语气这么对我说,"买车有什么用?"

我刚认识亚历山德拉的时候,她总是习惯骑着一辆小小的荷兰自行车,而我也在她的推介下体会到在巴黎骑行的乐趣。现在,每当造访巴黎,我总喜欢利用市区里随处可见的廉价租借自行车,兴味盎然地观察这里的自行车道如何遍及市内各地,甚至连过去一向由汽车占据的里沃利街也不例外。

这次来到巴黎,我骑着自行车驰骋在右岸的干道上,却在莫里斯饭店前方被一个为一辆宾利轿车开门的门童短暂挡住去路。我压下表露不悦神情的冲动,接着才突然想起,这里正是德军占领期间被纳粹征用为总部的那家饭店。

1944年8月7日盟军进军巴黎之际,此处正准备执行一项彻底摧毁巴黎的计划,破坏程度比起柯布西耶的邻里计划有过之而无不及。纳粹在各处都安装了炸药,包括埃菲尔铁塔,乃至塞纳-马恩省河上的桥梁。军事总督冯·肖尔铁茨等着柏林下令之时，向巴黎市长坦言这座城市已被指定为摧毁对象。传说，巴黎市长意识到自己只有一次机会可说服冯·肖尔铁茨改变主意。那名患有哮喘的德国将军这时剧烈地咳嗽起来，巴黎市长于是带他到阳台上呼吸点新鲜空气。

他决定跟冯·肖尔铁茨打感情牌，指着巴黎荣军院的金色拱顶与埃菲尔铁塔有如蛛网般交错的铁架，这时，一个相貌甜美的女孩骑着自行车突然出现在里沃利街。市长对将军说：你怎么忍心摧毁一座这么美丽的城市呢？

冯·肖尔铁茨深受感动。他瞒骗上司，发出电报向柏林谎称摧毁巴黎的行动已经展开。几天后，他向盟军投降，把完好无缺的巴黎市交给戴高乐的部队。

这是一个值得纪念的奇迹。巴黎在20世纪虽然备受推土机与汽车的威胁，但在纳粹占领期间差点就真正灰飞烟灭。结果，拯救这座城市的，是一个骑着自行车的女孩。

乌托邦将会有许许多多的自行车道。

——赫伯特·乔治·威尔斯,《现代乌托邦》(*A Modern Utopia*),1905

5
哥本哈根综合征

丹麦 · 哥本哈根

　　走访欧洲让我心生自卑。我的自卑感与宏伟的建筑、画廊以及制作精巧的奶酪都没有关系,纯粹只是因为在欧洲大陆上搭乘高速铁路列车的体验。我满心希望自己是欧洲人,因为欧洲人享用的交通运输如此舒适、平价、快速。

　　现在,西班牙有一种运输效率比飞机更高的列车。车头犹如鸭嘴兽的高速列车(AVE),从巴塞罗那行驶到将近640公里外的马德里只需2.5小时。同样的旅程要是搭乘喷气式飞机,连同机场转车与安检通关的时间在内,至少要3个小时。(我搭过西班牙高铁,这种列车行驶起来极为平稳,即便在时速接近346公里之际,我放在折叠桌上的那杯里奥哈红酒还是几乎没有波纹。)在欧洲,只要是飞机3小时以内能抵达的短程市际运输,都已是高铁的天下。西班牙在过去几年已经铺设了2000公里的高速轨道,而且这个数字预计在

2020年前将增长5倍，届时90%的人口都将住在距高速铁路车站50公里的范围内。在德国，子弹头列车的平均时速达240公里，在柏林与汉堡、法兰克福与斯图加特，以及不来梅与科隆等大城市之间更是几乎完全取代了飞机。相比之下，北美洲最快的列车时速也只能勉强达到140公里。在运输方面，新大陆与旧大陆之间已产生巨大的落差。看看我们那些老旧的高速公路和经常误点的柴油火车，我们简直还活在马车时代。

我从巴黎前往哥本哈根，在这趟长达1600公里的旅程中，我再次感受到陆地旅行是多么愉快的事情。一天中午，我从左岸的旅馆退房，拉着行李绕过街角来到地铁站，搭车至东站，买了一张法国高铁（TGV）车票。我有许多车次可选：当天开往斯特拉斯堡的列车共有19班，下一班车在10分钟内就会发车。我在餐车里排队买了个羊角面包，接着就在二等车厢的斜躺座椅上进入梦乡。发车之后2小时20分，我们就驶入了斯特拉斯堡车站，只晚点了1分钟，也就是说列车平均时速达170公里。（下一代的法国子弹头列车目前已开始生产，极速将达360公里每小时。）我把行李塞进投币储物柜之后，便外出探索大岛，即这座城市的中世纪核心区域，它是个卵形的岛屿，岛上满是尖屋顶、木质建筑正面和教堂尖塔，环绕在莱茵河一条支流的两条河道之间。

斯特拉斯堡是欧洲议会的所在地，也是横跨德法边界的一个活动中心，区内的人口将近90万。在那个星期六下午，似乎所有人都决定一起拥入市中心。在禁止汽车通行的克雷贝广场上，工人正忙着架设看台，准备当晚一支摇摆爵士乐队的演出，以庆祝斯特拉斯堡迎来盟军解放的纪念日。斯特拉斯堡的居民在晚秋的寒风中裹着毛衣与围巾，排队购买烤栗子和沙威玛，或仅仅坐在喷泉边，享受最基本的乐趣——观看其他人。有些人显然是开车来的——在少数几条街道上，汽车在行人之间缓缓穿行，但大多数人都从车头尖尖、样子令人难忘的电车里拥出。每条大街上似乎都可见到这种电车的身影。

20年前,斯特拉斯堡的市中心污染相当严重,而且挤满汽车;平均每天有5万辆汽车穿越克雷贝广场,导致这座城市的主要广场沦为极少有人愿意逗留的地方。市议会担心市中心没落,人口外移至郊区,于是投票决定重启1960年废止的电车路线。(商人与保守派议员偏好地铁,但地铁每英里①的兴建成本是重启电车的4倍。)将若干街道划为步行街之后,他们开始铺设自行车道,但也对商店有所让步,在市中心边缘兴建地下停车场。这项策略产生了效果,现在,进入市中心的汽车比1990年少了30%,6条电车线的轨道总长约56公里,每天载运的乘客达30万人次,市中心也因此显得欣欣向荣。

我在和平大道搭上E线电车,经过欧洲议会大楼,那是一幢罗马竞技场形状的建筑,由玻璃与钢筋构成。电车靠上方的电线取得动力,沿着街道中央滑行,接着驶上植满青草的安全岛上的专用道。整班列车犹如一条步履谨慎、沉重的蜈蚣。电车行驶起来相当平顺,由阿尔斯通和庞巴迪生产的车厢不但有宽敞的空间和大车窗,低底盘的设计又让电车地板与人行道高度几乎相同,因此父母可将挂着购物袋的婴儿车轻易推上电车。这班车的行驶速度快得出奇,证明电车的确可以是一种快速又高效的城市运输工具。20世纪20年代以前的美国城市其实很清楚这一点——当然,前提必须是轨道没有被汽车占用。最重要的是,电车的存在表明了一种立场。这种气势慑人的车辆行驶在狭窄的街道上,宣告了它在市中心的支配地位。斯特拉斯堡虽然没有明令禁止汽车,却把开车进入市中心变成一件不方便又代价高昂的事情。一张不限搭乘次数的电车一日票,价钱比在市中心停车两小时还便宜。现在,市郊居民都把车停在出示电车票即可免费停车的泊车换车站,再搭乘电车进城。斯特

---

① 1英里约等于1.61公里。——编注

拉斯堡的电车革命也吸引了游客，成为使极为迷人的市中心得以振兴的主要功臣。

当然，没有多少城市能像斯特拉斯堡这样3000年来都持续有人居住，也没有多少城市拥有那么密集、结实的中世纪市中心。（美国的萨克拉门托、夏洛特、丹佛及其他十几座中型城市都构筑了现代轻轨路线，并且有更多城市拥有适宜步行的市中心，大可获益于复兴电车的做法。但这些城市都未能像斯特拉斯堡那样，将铺设轨道与限制汽车的政策结合起来。）不过，我听说此处往南数百公里，在德国境内的莱茵河畔，还有另一项野心更大、堪称更具普遍适用性的城市变革：弗赖堡的居民宣称打造出了世界上第一个无车郊区。

我搭上一辆两节车厢的接驳列车，来到奥芬堡，接着到另一月台转搭城际快车，在黑森林中穿梭半小时之后，便在弗莱堡的火车站下了车。1944年的一个夜里，英军的兰开斯特式轰炸机在这里投下了2000吨炸弹，将弗莱堡市中心夷为平地，唯独哥特式尖塔构成的大教堂幸存下来。不过，这个市中心很快就得到重建，并且是以德国人那种一丝不苟的方式，按照中世纪的街道蓝图重建而成。我把行李放在旅馆之后，就在凯萨约瑟夫大街上搭乘3号电车，前往那个颠覆城市交通定义的郊区。

即便就德国而言，沃邦也实在"绿"得太引人注目了，甚至绿得有点滑稽。环保界的朝圣人士都到这里造访向阳屋——这是一栋圆柱形的房屋，有如向日葵一样旋转以捕捉阳光。我穿越曾经标志弗莱堡市界的13世纪收费站之后，第一眼看见的是"太阳船"，那是一片长达一个街区的商业建筑群，一楼的店面当中有一家药店兼有机杂货店，屋顶上铺有太阳能电池板。在附近一座长满松树的山丘顶上，十几架风车正慢慢地转动着，它们的转动速度受到限制，为免伤及黑森林的蝙蝠。

不过，我并不是来此膜拜沃邦的另类能源的。我之所以被这里吸引,是因为这里的居民宣称他们彻底改革了郊区。我漫步在建筑物之间,沿着满是落叶的小径走过手工打造的游乐场。这里有很多4层楼高的建筑,有些像是联排排屋,有些则像小型公寓大楼,隔着青草遍地的庭院相望。这时学校刚放学,父母骑着自行车回家,小孩坐在盖着涤纶布帘的自行车拖车里。我见到一辆汽车缓慢行驶在两辆自行车后面:这里的居民只要愿意把车开得比步行还慢,即可把汽车开到自家门前装卸物品。

20世纪90年代初,东西德统一之前,沃邦是法国的军事基地,因此许多大型建筑都是由军营改造而成的。在一家原为军营食堂、现在名为"南方"的餐厅里,身为社区创始者之一的安德烈亚斯·德勒斯克给我介绍了沃邦的生活。

"严格来说这里不算无车区。我们还是欢迎有车人士,只是他们如果想搬进来住,就得购买停车位。"9座太阳能停车场散布于沃邦各地,大多数距离公寓不到300米。不过,车位的售价高达1.75万欧元。大部分新居民都选择把车子卖掉。"我们促成汽车使用率下降了70%。现在,超过三分之二的出行都靠自行车。"

我问德勒斯克:"无车生活有哪些优点?"

"最主要的一点是节省开支。没有汽车,我一个月就能省下400欧元。孩子可以在路中间玩耍,不必担心被车撞倒。还有一个很实际的优点,就是大家都能在道路上行走,所以不需要人行道。毕竟,人行道的维护也需要花钱。"德勒斯克指出,当地居民因为自行从事这个地区的开发营造工作,所以又省下许多钱,"我们成立了建设机构,雇用建筑师,兴建公寓大楼。建立沃邦的不是开发商,而是这里的家庭,我们因此降低了20%的房价"。

乍看之下,沃邦比较像大学校园里的教授宿舍村,而不像我见过的其他市郊住宅区。(德勒斯克指出,弗莱堡的就业人口有10%都受雇于当地的大学和医院。)不过,沃邦绝对是郊区,这里离弗莱堡市中心有3.2公里,公园和游乐场的数目远比北美洲大部分以家庭为中心的郊区还要多。我又花了一天的时间好好认识这个地方，开始懂得欣赏这里的低调魅力。这里没有汽车的噪声，因此听得到鸟鸣，听得到有人正练习钢琴音阶，也听得到父母在爬满常春藤的阳台上呼唤孩子的声音。在社区里的公共面包砖窑旁，一名身穿紧身田径服的年轻女子摇摇晃晃地骑着单轮自行车；在庭院里，儿童在成堆黄色与红色的落叶中玩耍。这里的人口密度为1英亩40人，和布鲁克林或波士顿那些老旧的联排排屋社区差不多。不过，由于沃邦满是绿地，看起来比较像费城的栗子山或芝加哥的河畔区那种绿意盎然的花园郊区。我意识到，只要将市郊那些占据土地的车道、车库、巷道和死胡同统统除掉，就能做到沃邦这样。此外，对于那些宣称有了小孩之后就得拥有车辆的人，沃邦也足以证明这种论点毫无根据。沃邦的人口有三分之一都未满18岁，而这里的环境也正是郊区在遭到汽车淹没之前的理想样貌：一个可让儿童不必在父母照看之下就能自由玩耍的天堂。

德勒斯克坦言，要是没有弗莱堡遍及全市的电车路网，在沃邦过无车生活将会是一大挑战。弗莱堡是德国境内公共交通运输乘客最多的城市，而那些结实的小电车多数已使用了30年之久，在市区内几乎无处不达。此外，城里有三分之二的住宅距离车站只有3分钟的步行路程。不仅如此，电车也可将居民及游客轻易接驳至城际铁路，让没有汽车的人也能前往欧洲各地。3号电车把我载回旅馆，5号电车让我在火车站前下车。不到15分钟，我就搭上了一班城际子弹头列车，才6个小时就横跨800公里的距离抵达柏林。在朋友家借住一晚之后，我又搭上了另一班快速列车，朝北前往哥本哈根。

比起汽车和飞机，火车旅行具备的优越性，特别就中距离的城际旅行而言，在高速科技时代绝对是有增无减。由于欧洲的火车积极满足商务旅客的需求，因此你在车上能通过Skype视频软件与家人通话，或回复电子邮件，或纯粹到餐车吃顿美味的餐点、喝罐啤酒。对于想欣赏风景的游客，子弹头列车有时候可能会让人觉得太快了一点：在高速行驶的情况下，即便是中距离的景色也会糊成一片，晚秋时节那些缠绕着槲寄生的橡树枯枝闪掠而过，仿佛无穷无尽的跑马灯，在窗外上演舞动骷髅的戏码。

列车在电力的驱动下沿着轨道继续奔驰前进，经过德国北部无数的发电风车，我内心不禁冒出一股负面的比较心态。我纳闷着，欧洲人为什么能将城市与城际交通处理得那么好？为什么北美洲的铁路客运，除了美国东北的阿西乐快线、加州的首府走廊列车，以及太平洋西北岸的卡斯卡德线以外，都那么不舒适、不可靠，说得直接一点，那么令人难堪？

雪上加霜的是，我手上的书正是《在火车上等待》（*Waiting on a Train*），这部著作以时而令人沮丧，时而充满希望的语气描述美国铁路客运的现状。作者詹姆斯·麦康芒斯花了1年的时间在美国搭乘国铁四处旅行，结果遭遇的尽是破败的车站与不断发生的故障，还有令人咋舌的恐怖现象：连接新奥尔良与洛杉矶的日落号列车，竟然经常晚点达20个小时。除了少数旅客人数众多的铁路线，大部分美国国铁城际火车一天都只发一趟车。我在北美洲搭乘过的长途火车，不论是加拿大维亚铁路公司连接蒙特利尔与哈利法克斯海洋会合点的路线，还是美国国铁连接西雅图与洛杉矶的海岸星光列车（西岸居民称之为"星光晚点列车"），都不仅服务质量差，而且经常毫无理由地晚点。

根据麦康芒斯的说法，北美洲的铁路服务质量如此低下的原因其实很简单。欧洲绝大多数的货物都由卡车载运，北美洲的铁路基础设施则分别掌握在七大货运公司手中，而这些公司都把美国国铁和维亚铁路公司的客运列车视为十足的麻烦。下次你搭乘的火车要在广袤无垠的玉米田里暂停一两个小时，等待宾夕法尼亚州的运煤车、长达80节车厢的运油列车，或是铁路从业人员所谓的便宜货列车优先通过，别忘了将这种情形归咎于联合太平洋铁路公司、加拿大国家铁路公司和伯林顿北方铁路公司,因为这些公司都认为货物的准时送达比旅客的旅行需求更重要。

在德国陆地尽头的普特加登,我搭乘的城际快车减缓了速度,慢慢驶过一座特别改装过的码头,没有停顿就直接开上一艘斯堪德兰渡轮。我没有预料到这一点,但我接下来这段旅程搭乘的是火车渡轮——这种特别改装过的船只在欧洲北部仍然相当常见,能载运火车和汽车。我们在一辆奔驰半拖车旁停了下来,车厢里随即响起一段多语种的广播,告知我们在45分钟的水上航行期间可到上层甲板的餐厅和免税商店活动一下。穿越波罗的海一座海峡之后,我们沿着西兰岛东岸继续行驶,在下午4点43分抵达哥本哈根。排除中途停留的时间,从巴黎到哥本哈根这段长达1600公里的火车旅程只花了17个小时,票价也只要193欧元。

作为德国国家铁路运营机构的德国铁路公司的网站指出,同样这段旅程,若是开车,不但得多花1小时25分钟,油钱与通行费的开支(还没有计入租车和保险费用)也将是火车票价的两倍。搭飞机当然速度会比较快,但即便是搭乘廉价航空,花费也比搭火车高出25%。

这趟旅程,我要是搭乘采用煤油燃料的喷气机,产生的二氧化碳排放量将达254千克;若是驾驶柴油车,排放量更将高达290千克,即往大气中排入近三分之一吨的二氧化碳。而搭乘电力火车,我制造的二氧化碳排放量只有73千克。由此可见,铁路绝对是最具持续性的长途旅行方式。即便是速度最快的子弹头列车,二氧化碳排放量也不及喷气机的四分之一。

而且,我也不必被迫排队接受安检和全身扫描,旅途中更不会因为遇到气流而担惊受怕。此外,我也没有迷路,或因为超速或闯红灯而被开罚单。我拉着行李踏进哥本哈根宏伟的中央车站时,不但吃饱喝足,休息充分,看了我想看的书,而且还比预计时间提早了3分钟。

自行车天堂

原本我认定自己会心不甘情不愿地去欣赏哥本哈根,就像遇到一位信奉路德教且为人强势的阿姨,看着她为自己直言不讳、爱穿朴素鞋子的个性沾沾自喜。没想到,我竟然深深迷上了这个地方,对定居在这里的居民欣羡不已,甚至因此开始鼓动我太太移居北欧,惹得她一脸厌烦。

哥本哈根不是我见过的最令人惊艳的城市,这里仿佛汇集了各美丽景点的特色,包括阿姆斯特丹的运河、佛罗伦萨式的广场,以及维也纳的巴洛克建筑,甚至还有一栋纽约式的现代摩天大厦(北欧航空集团大楼,高20层);哥本哈根也不是我见过的最令人兴奋的城市,这里最吸引人的景点是蒂沃利公园,一座摩天轮和旋转木马一应俱全的19世纪游乐园,随后是乐高专卖店和博登家居屋,可让人尽情采购塑料积木和多功能咖啡壶;哥本哈根也绝非我见过的最宜人的城市:这里风大又多雨,而且纬度与阿拉斯加的科奇坎相同,冬季午后3点左右太阳就下山了——前提是当天看得到太阳。然而,这个地方的规模却是恰到好处:哥本哈根不太小,足以让人感觉多彩多姿;也不太大,所以生活其中让人深感舒适。不过,我之所以如此热爱哥本哈根,可能是因为我认识这座城市的方式。

在我造访哥本哈根的头几天,除了步行之外,就是搭乘共有两条线的地铁。这套刚完工的新系统在其位于地下深处的车站里设有最先进的月台门,意大利产的自动化列车闪亮耀眼,可让儿童坐在车头,看着隧道里的灯光掠过。由于这里是北欧,所以车站里没有收票闸门,乘客搭车都采取荣誉制度。(我第一天因为搞不清楚状况而误搭了霸王车，结果月台上的一名服务人员宽容地一笑，陪我搭乘手扶梯回到地面，教我如何正确使用售票机。）丹麦国铁经营的11条地铁路线从中央车站向外延伸至郊区深处，大多数主要街道上都可见到颜色鲜亮的橘色公交车，采用低底盘设计，以方便婴儿车和轮椅上下。实际上，在我造访过的城市当中，只有哥本哈根的居民埋怨公共交通运输路线太密集。规划中的环城地铁路线一旦在2018年完工，将在市区内添加15座新车站，届时哥本哈根除了少数偏远地区外，所有居民的住处距离地铁站都不会超过600米。

"我之所以反对环城地铁线，"哥本哈根一名年长居民对我说，"是因为这座城市面积不大，交通也不拥挤，而且早就拥有很不错的公共交通运输系统，大部分地方都能在20分钟内轻易抵达，既然现状已经很好，我实在不觉得有必要投资那么多钱，还得忍受长达10年的施工混乱。"

环城地铁线可能确实到了供过于求的地步。哥本哈根的中世纪市中心紧密围绕在城堡岛上的国会大厦和证券交易所周围，面积小巧，从一端步行到另一端只需不到1小时。更重要的是，哥本哈根已经扭转了市内的街道格局，因此现在街道上最常见的乃是人类交通史上最分散、平价而又高效的交通工具：自行车。

哥本哈根的自行车到处可见。满头灰发的高级业务员身穿三件式西装，骑着黑色的"飞行荷兰人"自行车前往市中心的办公室，宽松的长裤用夹子别紧夹在小腿侧面，公文包绑在背上。中年妇女骑着粉彩色的维洛比斯自行车外出购物，车篮里塞满了面包和蔬果。生活中的各种活动似乎都可在自行车上进行：哥本哈根的居民已精通一边骑车，一边发短信、喝啤酒、抽烟或打情骂俏。在工作日上午，免费报纸《城市日报》的发送人员站在路边，将一份份报纸卷成圆筒状握在手上，供自行车骑士拿取；资源回收桶也专为自行车道设计，开口的高度正适合自行车骑士抛掷饮料罐。就连流浪汉也拥有自行车，而且还是很不错的自行车。在一家汉堡王餐厅门外，我看见一个面色红润的"绅士"向人乞讨零钱,他的巴塔弗斯经典款自行车手把上挂着装满了瓶瓶罐罐的购物袋。我终于看到港口的小美人鱼雕像时,不禁对她倚坐在一块石头上而不是一辆莱礼自行车上感到有些意外。

在这里,自行车的数量甚至比人还多。在2012年左右的一次统计当中,哥本哈根市中心共有56万辆自行车,人口却只有51.9万。在大哥本哈根地区,37%的居民都骑自行车上班或上学,这一比例在市中心更跃增至55%,而且这个百分比每年还持续增长。这个百分比究竟有多惊人呢?我们可以这么比较:大哥本哈根地区的人口为180万,美国全国人口则是3.1亿,但哥本哈根骑自行车出行的人数却比全美国的还多。几天来,看着那些身材健美又时尚的丹麦人奋力踩着自行车,地铁对我失去了吸引力。我一定要找辆自行车,加入他们的行列。

所幸,我住的饭店有十几辆自行车可供客人借用。市政府自行车主管拉塞·林霍尔姆主动提议带我参观哥本哈根的自行车基础建设,于是在一个工作日的上午,我骑上一辆结实的黑色三速自行车,跟着他上了自行车道。

"在哥本哈根,身为自行车骑士不是一种鲜明的身份认同表征,"林霍尔姆一边说,一边和我一同融入清晨的出行车流,"你要是向你遇到的前100个哥本哈根居民搭讪,请他们自我介绍,我保证没有一个人会说:'我是自行车骑士。'在这里,骑自行车就像是刷牙或系鞋带一样自然,我们根本不会去想这件事情。"

这里的人都穿着上班的服装骑车,男士穿着擦得油光锃亮的皮鞋,女士通常穿高跟鞋。哥本哈根的自行车车把一般都相当高,可让骑者舒适地挺直上身,还可在车头挂个篮子,传动链上装有挡泥板,后轮挡泥板上还设有置物架。这种自行车价格非常低廉,丢了也不心疼;唯一的例外是载货自行车,这种三轮车已成为地位的象征。载货自行车相当坚固耐用,前面有两个可以转向的前轮,中间夹着圆形的货舱,令人联想起鹈鹕的大嘴,看起来犹如冰激凌小贩所骑的那种车子,只是造型更优雅,也更容易操控。这种自行车已经成了哥本哈根的SUV。林霍尔姆说,市内育有两个孩子以上的家庭,其中四分之一都拥有一部载货自行车。尼霍拉是最热门的品牌,其新车价格可高达4000美元。就连丹麦王储弗雷德里克也经常被人拍到骑着尼霍拉自行车载着他的小儿子外出。

"载货自行车可以轻易搭载3个小孩和一周所需的食品和杂货。"林霍尔姆说。这时,我们在韦斯特伯一条小巷的人行道旁停了下来。韦斯特伯原是个工人阶级住宅区,目前正在建快速的缙绅化系统。在一栋6层的公寓大楼外,一座汽车形状的粉红色玻璃纤维遮雨亭占用了一个停车位,这是市政府自行车方案的一项试行计划,看起来有如一辆棉花糖形状的斯蒂庞克汽车,边盖掀开之后,里面的空间足够停放4部载货自行车,而且边盖还可以关闭上锁,以防自行车遭窃。"我们很高兴载货自行车能爆红,可是这种车很难停放在一般的自行车架上。这么做虽然剥夺了汽车的路边停车位,可是我们也证明,停放一辆小型汽车的空间能够停放4辆大自行车。"

越过一座回旋桥(这是市政府为横越港口的自行车骑士和行人所建造的捷径)之后,林霍尔姆为我指示了市政厅外可停放自行车的地方。市政厅是一幢宏伟的建筑,上有雉堞,还有龙的雕像守护在外。他带我到地下室的一间宽敞的仓库,里面摆放着数百辆整齐停放在架上的自行车。他说,1905年以来,市政府官员就都把自行车停放在这里。不过,真正的奇观出现于几分钟之后,我们停在诺波街(一条通往市中心的主要大道)沿途的一座桥梁上之时。当时是8点45分,一长串自行车骑士不断滑行而过,通常有四五个人并排前进,朝着市中心的办公室而去。有些人讲着手机,有些人听着MP3随身听,只有极少数人戴着安全帽。这群自行车骑士遇到红灯停下之后,一名领子上别着候选人徽章的年轻女子便穿梭在他们之间散发传单。

那名女子在交通标志转为绿灯之后退回人行道,在我的询问下她回答说:"我是社会自由党的候选人,我们的交通政策其实颇具争议,希望在这类桥梁上为自行车增添更多车道,把汽车完全排除于市区外。"

在桥梁的另一侧,巨石般的计数器在明亮的LED显示屏上计算着经过的自行车。截至此时,这一年已有180万辆自行车经过此处。林霍尔姆说,夏季一天的统计数字通常可达到3.5万,可见诺波街是欧洲最繁忙的自行车道。尽管是11月一个阴雨霏霏的上午,温度将近零摄氏度,等待红灯转绿的自行车还是挤满了半座桥:这时我才意识到自己目睹的乃是高峰期的自行车堵塞现象。不过,不同于汽车的交通堵塞,这些自行车骑士看起来并不特别沮丧。

"下雪的时候也有许多人骑车,"林霍尔姆说,"我们会派出铲雪机,先铲除自行车道上的积雪,然后再清理马路。"

林霍尔姆和我虽然行经不少繁忙的街道,我却从来不曾受到横冲直撞的汽车威胁。宽广的自行车道比马路高出几厘米,但比人行道低,而且以一道低矮的路沿石与马路隔开。北美洲的城市若是设有自行车道,通常只有一条双向的两车道路,位于街道的一侧,因此朝相反方向前进的骑士会擦身而过,彼此之间只有几厘米的距离。在哥本哈根,主要街道的两侧各有一条单向的自行车道,自行车骑士尽可放心骑(也许这就是为什么许多人都一手握着把手,一手拿着手机打电话)。在少数几条提供路边停车位的道路上,自行车道则位于停车位外侧,与汽车相距更远。自行车道若是横越繁忙的道路,交叉路口上会用一大条蓝色线条标示出自行车道。

林霍尔姆指出,尽管此时已是11月,哥本哈根这一年却完全没有自行车骑士死亡的车祸发生(相较之下,纽约每年都有20名左右的自行车骑士命丧途中)。我注意到这里的汽车驾驶员谨慎得近乎夸张,在右转之前都会先彻底刹停,伸长脖子张望,直到自行车道清空之后才驶过转角。荷兰和比利时与丹麦一样,汽车驾驶员担负的责任特别重:在车祸当中,司法首先推定汽车驾驶员有罪,因为他们操控的乃是一种可以致命的重型机械。开车门撞到自行车骑士是一项重罪,而且除了极端案例,例如自行车骑士撞上静止不动的汽车;所有损失都必须由汽车驾驶员的保险公司理赔。(丹麦政府也教育汽车驾驶员以右手开车门,迫使他们在开门之前转身观察有没有自行车接近。)如果说有什么不同,那就是我觉得这里的汽车驾驶员比自行车骑士还不具威胁性。在哥本哈根,在交通繁忙的自行车道上停车是颇为棘手的一件事情:为了避免后方自行车追撞,你最好先举起右手示意自己要停车,再逐渐靠向人行道。

林霍尔姆在水滨社区的一个活动中心向我引荐哥本哈根自行车方案负责人罗尔,接着就先行离开了。罗尔一边喝着咖啡,一边向我说明市政府的技术与环保单位如何致力于将哥本哈根打造成自行车骑士的天堂。"我把自行车视为公共交通工具,"罗尔说,"重点在于什么样的交通工具能让城市变得更美好。自行车速度快,没有噪声,对城市而言又成本低廉。经营这套系统不需要花太多钱——只要为民众兴建基础设施,他们就会自己使用了。对于哥本哈根这样一座城市,以我们的气候和城市规划而言,自行车在运输大量人口方面绝对是最有效率的形式。"

罗尔认为自行车在哥本哈根之所以能打败汽车,主要归功于一套典型的激励与抑制系统。主要干道的交通标志采用"绿波"调节方式,自行车骑士只要维持约20公里的平均时速,就不会遇到红灯阻碍。在100多个十字路口,自行车的停车位比汽车超前约4.6米,绿灯时可提早6秒起步。罗尔称这项措施已大幅减少右转车祸事故。在某些区域,自行车道的路面甚至嵌入了绿色的闪烁灯光,而且,自行车骑士在单行道逆向行驶也不必担心接到罚单。哥本哈根的市政机关虽然制定了高昂的停车价格,但最有效的汽车抑制措施却来自丹麦中央政府。丹麦油价极高,在我造访期间,1加仑汽油要价相当于7.5美元,而且买新车还必须支付180%的登记税。对于许多人而言，拥有汽车实在一点都不划算。

哥本哈根拥有354公里的自行车道，整套路网已接近发展极限。罗尔表示："增建自行车道很容易，难的是把自行车道铺设在居民想去的地方。"他指出，其他城市的自行车道通常只铺设在公园或河畔；在哥本哈根，自行车道却是以最短的路径直通市中心，汽车驾驶员则必须绕路单行道行驶。

罗尔对自行车越来越受喜爱的现象其实有点担心。"我们现在已经出现了高峰期的堵塞现象，这种情形对于行车速度或安全都不利。我们的目标是要在未来5年内把大哥本哈根地区骑自行车出行的人口比例提升到五成。到时候骑自行车上班或上学的人数会增加5.5万。"他说，下一步计划拓宽既有的自行车道，进一步减少汽车的道路空间。

罗尔坦承，自行车对于每一座城市不一定是一年四季完全适用的解决方案。"但别忘了，哥本哈根也是多雨又寒冷，而且会下雪，市区面积也相当大，可还是有不少人每天固定骑20公里的距离上下班。在菲尼克斯或休斯敦那类专为汽车打造的城市，要促使多数人骑自行车可能很不容易，但你得从简单的地方着手，像曼哈顿或芝加哥这种平缓而且人口密集的城市。只要有合适的基础设施，骑自行车很有可能在美国成为公共交通运输的一大形态。"

骑自行车无疑对公众健康很有益。我必须承认，当罗尔引述相关研究，指出自行车出行者的意外死亡率比汽车驾驶员低了30%时，我心里其实有点存疑。不过，我骑车徜徉于港口周围，看着各个年龄层的丹麦自行车骑士，每个人都双颊红润、四肢健壮，不禁觉得罗尔引述的数据可能有其真实性。每天为了带小孩去幼儿园、外出购物或上班而固定骑上20多公里的自行车，的确足以让你的身体得到所需的运动量。如同林霍尔姆指出的那样，如果出行本身就能让你更加健康，又何必花一个半小时上健身房？

骑自行车甚至可能让你更快乐，这一点我自己知道。我只不过在全世界最棒的自行车城市里骑了一天自行车,脸上就挂满了微笑,犹如一个一早醒来发现圣诞树旁摆着一辆施文自行车的7岁孩子。

对汽车的无声反抗

对城市居民而言,骑自行车是一种明智的出行选择;对游客来说,更足以让人有所启发。哥本哈根的地铁虽然很有效率,却也和所有地铁系统一样,不免让人对城市的印象流于零碎,因为你在不同区域之间的移动都身处地下,看不到这座城市如何联为一体。步行虽然很棒,但一天下来能走访的区域却相当有限。在安全且涵盖范围宽广的自行车道上骑自行车,我觉得自己很快就摸熟了哥本哈根的城市规划,这是我在纽约、伦敦或巴黎都未曾有过的体验。

当看到沿路公寓大楼通常洁净无瑕的砖砌面开始出现喷漆图样,接着又出现精心绘制的壁画时,我就知道已经接近哥本哈根市内的传奇区域——克里斯钦尼亚自由城。如同弗莱堡的沃邦,完全无车的克里斯钦尼亚也是建造在前军事基地上的(说来很合理,因为密集分布的军营通常具有排除道路障碍的效果),但这个社区起源于20世纪70年代初期,当时无政府主义者初次占据这片百英亩的区域。克里斯钦尼亚虽然满是仓库、破败的木头小屋和古怪的房子(百叶窗特别大,犹如小精灵搭建的一样),还有些吸毒吸得骨瘦如柴的流浪汉,却坐落在市区内的优越地段,因此长久以来备受右翼政治人物痛恨。我漫步走下"毒贩街",看着来自尼泊尔和摩洛哥的大麻砖整整齐齐地堆砌在铺了桌布的桌子上,然后走进克里斯钦尼亚自行车铺。1984年,一个名叫拉斯·恩斯特伦的铁匠为他太太安妮打造了一辆前载式的载货自行车,以便让她带着小孩外出。

后来，他的设计被丹麦邮局采用，更启发了尼霍拉载货自行车的设计。我在幼儿园和有机面包铺外都看到过当地这种巧妙的运输工具，通常印着3个圆点的图案，也就是克里斯钦尼亚的独特标志。

离开克里斯钦尼亚之后，我骑车前往市中心西区，沿着五湖（这是5座彼此相连的长方形湖泊，水面上散布着天鹅跟荷叶）前进，最后终于抵达"马铃薯排屋"，也就是五六排平行排列的黄褐色砖砌联排排屋。19世纪60年代，造船厂工人因为房价炒得太高，再也租不起公寓，于是成立了自己的建房互助会，雇用一名建筑师在一片曾是土豆田的土地上兴建了500栋一模一样的联排排屋。这段往事让我想起了沃邦的建房合作社——弗莱堡的居民也是自己团结起来，在不靠开发商的情况下自己兴建市郊住宅区。（学者也认为北欧福利国家的起源可追溯至工会组织的这类合作建房项目。）这两个住宅区都相当平静悠闲，狭窄的街道两端虽然停有十几辆汽车，但每个街区中间长达两三百米的路段却完全没有车辆。一般用于停车的路边，在这里见到的是秋千、花架与野餐桌。

在艾克斯伯格街上的一栋屋子前，我遇见了尼尔斯，他刚骑载货自行车从幼儿园接回他4岁的儿子朱利叶斯，邀请我去他家简单参观。

"我们这栋房子是1883年盖的。"尼尔斯一边说，一边带着我穿过通风采光都相当好的房间，来到顶楼爬满葡萄藤的阳台。这是一栋打理得整齐洁净的3层住宅，有实用且品位高雅的装饰板条和家具，正是造船工人设计的房屋该有的模样。"当初这么一栋房屋可住进3个家庭，室外厕所位于庭院里。"现在，土豆田排屋的住宅是热门房产，价格高达百万美元，住户都是专业人士（尼尔斯的太太是建筑师）。他说，由于这里没有汽车，因此他的两个儿子能自己踢足球玩耍，不需要大人在旁照看。夏天，邻居也会在街道中央一起喝酒聊天。

哥本哈根不是每个地方都对自行车开放。我抵达市中心的中世纪城区之后，就得下车推着自行车走在斯楚格步行街上——这是欧洲最长的一条步行街。从市政厅前方的大广场到新国王广场，将近1.6公里长的斯楚格步行街是哥本哈根中世纪城区的脊柱。这条街道蜿蜒穿越市中心，像河流一样时宽时窄，引领行人经由圆石巷道进入附近的广场。在某些欧洲城市里，这类步行区都沦为人迹罕至的荒地。如果只有少数几条街道禁止车辆通行，便有可能被乞丐和带着野狗的流浪汉盘踞。哥本哈根的步行区虽然也不乏街头游民，但更多的却是衣着光鲜的行人、购物者与学生。天气虽然带有凉爽的秋天气息，此处却热闹得有如夏季的意大利广场。广场上，哥本哈根人坐在露天咖啡座喝着啤酒，抽着烟，舒适地盖着咖啡厅提供的厚毯子。在一座喷泉中央矗立着3只摆出起飞的姿势的鹳鸟的雕像。在喷泉旁，我向一位咖啡师买了一杯芮斯崔朵。他将一部尼霍拉自行车改装成移动咖啡馆，货舱上方摆着一部亮闪闪的意式浓缩咖啡机。

"不久之前，"扬·盖尔回忆道，"一般人还认为闲坐在咖啡厅里不像是北欧人的行为。许多人都说哥本哈根气候太冷，位置太北，人行道上不适合摆放露天咖啡座，这种咖啡座不可能出现在这里。但如今市中心的咖啡厅与餐厅有7000个露天座位，而且全年都看得到有人坐在这些座位上享受悠闲的时光。"身为市政府顾问的盖尔，是把斯楚格规划为步行区因而振兴哥本哈根市中心的一大功臣。我锁上自行车之后，走进一栋由19世纪公寓大楼改建成的建筑事务所，在一间明亮的会议室里和他见面。

盖尔指出，哥本哈根在20世纪60年代是一座塞满汽车的欧洲城市。

"两股力量的兴起给城市带来了毁灭性的打击，"盖尔的英语相当流利，同时带有北欧人说话时特有的那种平板语调，"现代主义的城市规划观念、汽车的入侵，还有理想主义者所设计的愚蠢建筑，包括垂直花园城市，以及排斥自行车的政策——原因是汽车入侵造成许多车祸。"哥本哈根抵制了这一趋势,无视商人的抗议,在1962年将斯楚格规划为无车区,只在清晨允许货车出入。几年后,这种规划又纳入更多街道与广场。20世纪70年代的石油禁运对能源贫乏的丹麦冲击特别大,于是又进一步加速了无车化的发展。原本计划在市中心西侧那几座美丽的人工湖上兴建一条四车道的快速道路,但抗议运动制止了这项计划,数以万计的自行车骑士聚集在市政厅广场,以草根性的示威活动反对汽车在城市里的支配地位。(当时丹麦有一首广为流传的童谣,歌词是这样的:"我爱我的自行车,不像燃烧汽油的混蛋那样污染空气。")哥本哈根市中心如今有一片10万平方米的地方不允许汽车通行。

"我计划研究民众如何使用公共空间,已经得到一笔补助。以前从来没有人真正做过这样的研究,"盖尔说,"简·雅各布斯曾在家中望着窗外的格林威治村,我们则经常计算斯楚格的行人人数。我们发现,大家使用城市公共空间的方式很有规律,而且完全可以预测。"他在1971年出版了《交往与空间》(*Life Between Buildings*),书中以照片和图表列举了促使街道生机盎然的城市设计;盖尔的事务所每10年都会发布后续追踪调查的结果。"市长非常喜欢这些报告,但有时候,还是会有商家声称市政府移除4个车位导致他的生意一落千丈。而现在,市长可以拿出真实的数据,向对方说:'现在经过你店门口的人数比5年前多了6000人。你确定你真的会做生意吗?'"

实际上,哥本哈根市中心自从将汽车赶出去之后,便开始欣欣向荣。"哥本哈根在前阵子就已开始推行一项政策,每年减少市中心区3%的停车位。此举的理论是,大家只要没有地方停车,就不会开车。这种政策只要推行得够缓慢,就不会有人激烈反对。我总是说,一座城市的质量不该取决于城里有多少行人,而是有多少人不再步行,决定坐下来放松一会儿。我们发现,汽车使用的空间每减少14平方米,就会多出一个露天咖啡座位。也就是说,只要减少一个停车位,就会多两个人坐下来享受人生。"

盖尔目前已为70座城市的市政部门担任过顾问,建议他们如何创造吸引人的公共空间。现在,他有许多时间都待在国外,他曾与纽约市交通局前局长萨迪克-汗合作,促成百老汇与时代广场的步行街规划,对墨尔本积极采纳他的想法更是兴奋不已,"他们把市中心规划成步行区,还把原本满是垃圾的肮脏街巷清理干净,设置许多咖啡厅与酒吧的露天座位。现在,市中心的居民人数增加了10倍。墨尔本已经成为全世界舒适程度排名第二的城市,仅次于哥本哈根。"

盖尔认为,继续满足汽车需求的城市会深陷困境,"个人驾驶的四轮车辆是没有未来的交通工具,"他说,"让每个人都拥有汽车,就不可能解决孟买、北京或拉各斯的问题。像菲尼克斯、亚特兰大及休斯敦那样的城市,都还没有想通这一点。不过,纽约、旧金山与西雅图总算已经开始适应这种状况了。"

"可是这种事情不能只做一半——不能只规划两个街区,像许多北美洲城市所做的那样,把一条步行街设置在莫名其妙的地方,就期待它会发挥效果。你需要的是一套完整的步行体系,哥本哈根的斯楚格就是如此。"

盖尔回忆起他和太太在哥本哈根庆祝结婚45周年的方式:"我们决定到市中心共进晚餐,于是骑上自行车,在安全的自行车道上并肩骑了几公里。然后,在市中心走走看看,最后才挑上港口的一家餐厅。我们开了一瓶好酒,吃了一顿美味的晚餐,接着便骑车回家。我们已经70多岁了,可不知不觉间竟然骑了约26公里,又舒适又体面。我们刚结婚的时候,绝对不可能度过这样的夜晚。"

盖尔显然为自己在这座城市的转变当中扮演的角色深感自豪。我可以理解,将自己的家乡塑造成一个更安全、更健康也更迷人的地方(同时一点一滴地排除摩西、赖特与柯布西耶所留下来的影响),的确是一个了不起的终身成就。

良性循环

一谈到鼓励居民放弃汽车，交通规划师经常会面临一项看似无法克服的挑战，也就是最后一公里的问题。地铁与城际列车虽然能载运乘客在主要交通要道上移动，但乘客在车站下车之后，离家或办公室总不免还是会有几个街区的距离。在哥本哈根，由于自行车基础设施完善，这最后1公里的问题也就不再是问题，上班族只需骑上自行车即可。

实际上，丹麦人似乎先天就精通混合式的复合运输形态。按照法律规定，丹麦所有的出租车都必须设有可载两辆自行车的车架。哥本哈根居民只凭一张公交卡，即可搭乘公交车、地铁与横越港口的迷你渡船。搭乘地铁或郊区铁路前往市中心的乘客，通常也拥有两辆自行车，一辆是上班用的平价实用车，停放在中央车站外，另一辆比较高级，用来骑回位于市郊的家。

良好的城市规划很有必要。1948年，一些政客推出了"手指计划"，沿着5条交通干线兴建新的开发项目和公共交通运输系统，如同5根手指从市中心这片掌心往外延展。大哥本哈根地区跟着这项计划发展，"每根手指"都设有郊区铁路、马路与自行车道，"手指"与"手指"之间则由公园及绿地隔开。

哥本哈根在解决最后1公里的问题上最大的贡献，也许就是"城市自行车"——这是全世界第一项大规模自行车共享项目，创立于1995年。这种免费借用的自行车所采用的模式就像超市停车场的购物推车，民众只要投入一枚20克朗①的硬币，就可以解锁取用。骑完后，只要将车归还至市中心超过百处的任一取车站，就能取回这笔押金。这项方案最臭名昭著的前车之鉴，是20世纪60年代中期的"白色自行车计划"，当时一个无政府主义团体在阿姆斯特丹散置了数百辆免费自行车。批评者举白色自行车后来的下场为例（其中许多都被醉酒者骑入或抛进运河）指出，人性必然导致这类乌托邦措施的失败。哥本哈根解决这个问题的方式，就是借由一小笔押金，鼓励骑行者归还自行车。法国里昂在2005年推出"爱的自行车"计划，自行车都锁在计算机控制的停车架上，居民只要刷信用卡支付租金，即可取车使用。若是购买为期一日、一周或一年的会员资格，则可免费用车30分钟，后续每半小时也只要1欧元。

我到哥本哈根的时间晚了几周，因而没机会试用城市自行车，因为市政府每逢冬季就会将取车站从街道上撤除。不过，我使用过许多城市的共享自行车，其中野心最大的是巴黎的自行车自助租用服务。为了解决一个反复出现的问题——该计划的自行车通常都会大量聚集在塞纳-马恩省河附近，因为这里地势较低，许多人从其他地方下坡骑到这里之后就不愿再骑回去——巴黎推出一项激励措施，只要人们到地势较高的取车站归还自行车，即可获得免费租车的点数。全球定位系统让市政府更容易找回遗失或遭窃的自行车，而且目前也有些城市打算推出电能自行车，由电动马达提供辅助动力。华盛顿、明尼阿波利斯、波士顿与芝加哥都各自有规模较小的自行车自助租用服务系统。根据最近一次的统计，全世界共有120项自行车共享计划——小至芝加哥圣塞维尔大学校园里的60辆绿色自行车，大至广州的几十万辆共享自行车。

由于哥本哈根居民绝大多数早已拥有自己的自行车，因此城市自行车主要的使用者都是普通游客与商务旅客。不过，巴黎的自行

---

① 2012年，1克朗约等于人民币1.1元。——编注

车自助租用服务已让许多巴黎人变成自行车爱好者。对于自行车拥护人士而言，自行车共享制度就像在汽车主宰的城市里引入特洛伊木马一样。这种制度只需以最低限度的消费，即可为民众提供除了开车之外的另一种交通选项。

在许多城市里，包括我的家乡蒙特利尔，取车站通常都设在地铁站旁，以提供真正的综合交通体验。近来，我已爱上了将借用的自行车停入空车架后上锁的那种咔嗒声，接着再心满意足地直接走入地铁站。

驯服猛兽

我和安德森相约在我住宿的酒店外碰面。他身穿一件量身定制的短大衣，显得精干利落，骑着他的白色布利特自行车，来到位于韦斯特伯的萨沃亚饭店。他说他骑的这辆自行车是现代版的"长约翰"。所谓长约翰，就是一种骨架特别长的两轮载货自行车，以前丹麦的送货员都以这种自行车运送砖块或90多公斤重的水泥。安德森通常让他的儿子费利克斯和女儿索菲娅坐在前面的载运箱里，但今晚他的太太苏珊在家照顾孩子，我借他的车骑了一圈。这部自行车虽长，操控的便利性却超乎我的意料，而且骑起来速度也很快。

将自行车停放在一家烟雾缭绕的小咖啡厅外面之后，我们一同喝着酒精浓度相当高的圣诞啤酒，这位丹麦最孜孜不倦的自行车文化推广者说，哥本哈根的这种公共交通运输形式其实也适用于其他城市。

"丹麦人很谦虚，对不对？"安德森说，"他们知道自己的自行车道路、绿化和各种基础设施都很好，但不会花许多时间向国外推销这些做法。"安德森出生在加拿大西部,但父母都是丹麦人——他强调的正是这一点。他的得奖博客"哥本哈根自行车时尚"有许多照片展示丹麦人在各种天气中骑车的模样:金发美女穿着棉布连衣裙与高跟鞋,围着厚围巾;满脸皱纹的男人打扮得整齐帅气,头戴软呢帽,身穿粗花呢西装外套,脚蹬雕花皮鞋;还有穿着紧身牛仔裤与匡威运动鞋的青少年,全都骑着高把手的粗重自行车。"骑自行车的重点不该是穿梭于车流中,怀着纽约自行车快递员的那种心态:'去你们这些开车的混蛋!'重点是必须让人骑车骑得轻松愉快,身体挺直,重心和走路一样。你一旦把时髦体面放在速度之前,骑自行车就会是一种安全的活动。"①

安德森指出,美国人将骑自行车视为休闲活动或是少数亚文化族群所选择的交通工具。"我们必须恢复自行车的普及性。别管那些背着侧背包骑单速自行车的潮男潮女,别管那些穿着紧身自行车裤成群结队骑车的男人,也别管那些坚持在马路上与汽车争道的自行车交通客。②在巴黎,他们没有既定的快递员或城市自行车行头文化,所以推出自行车自助租用服务之后,骑自行车活动并没有背负任何污名。穿着套装和裙子骑共享自行车的那些人,和搭乘地铁的乘客是同一批人。"丹麦人虽然环保意识高涨,安德森却坚称哥本哈根居民骑自行车不是出于环保理念。"有人针对哥本哈根居民进行调查,结果只有3%的人说自己骑自行车是为了'拯救地球',而

---

① 安德森反对戴自行车安全帽,他的网站上只看得到一顶安全帽,不但倒放着,而且里面还装满了冰块与啤酒。他认为提倡戴安全帽即强调骑自行车危险,并且举例证明强制戴安全帽会导致自行车使用率大幅下滑。当然,哥本哈根不但将自行车道与马路区隔开来,而且众多的自行车也有人多势众的安全效果,因此这里戴安全帽的自行车骑士不到十分之一。在我的家乡蒙特利尔,由于自行车骑士远少于汽车驾驶员,因此我不但夏季骑车通常会戴安全帽,冬季更是骑车必戴。
② 单速自行车是轻量化的自行车,通常没有刹车,在美国备受快递员喜爱。自行车交通客鄙视自行车道,认为自行车应该和汽车一样,在繁忙的街道上占据一整条车道。

且只有五分之一人说自己骑自行车是为了运动。绝大多数人骑自行车都是因为这种交通方式又快又便利。"

他认为哥本哈根有一项值得其他城市学习的重要经验：自行车道要规划在市民想去的地方，而不是在刚好有空间可以设置自行车道的地方。"哥本哈根刚开始规划自行车道时，都把自行车道设置在安静的社区内，所以自行车得多绕15分钟的冤枉路。那样的规划实在是一大失败。我们是人，我们的本性就是想以最快的速度从A点到B点，于是，我们在城里最繁忙的街道上设置自行车道，直接通往市中心，从没想过要回头。"安德森认为，经过几年的错误尝试之后，丹麦人已经找出建设自行车基础设施的最佳做法。"设置像哥本哈根那样的独立自行车道——只要模仿就行了。这种做法可以轻易推广到其他城市。"

尽管如此，北美洲却连规划完善的自行车道都会引发争议。举例而言，布鲁克林公园坡的居民提出诉讼，要求撤除展望公园西路的北欧式自行车道，声称那条自行车道既妨碍交通，又可能对行人造成危险。我提出我听过许多人主张的论点：欧洲城市因为市中心比较小巧密集，所以先天就比美国城市适合骑自行车。安德森不认同这种说法：

"我承认这点就阿姆斯特丹而言确实是如此。你站在运河旁边，根本没办法把那里想象成一座北美洲城市。阿姆斯特丹的城市规划很奇怪，很独特，可哥本哈根完全是另一回事。我们市中心的确有个中世纪城区，可那个区域很小。我们在150年前就拆掉城墙了，而且哥本哈根在工业革命之后就开始往外扩张。现在，我们有范围非常大的城市扩张区，也有宽广的大道。每当有美国游客来到这里，我都会问他们：'你在哥本哈根的时候，能不能把这里想象成你的城市？'大多数人都说：'可以，这里的做法也可以套用在我们的城市。'"令人讶异的是，哥本哈根城区的平均人口密度是每英亩11.5个居民，几乎和洛杉矶一模一样——洛杉矶是每英亩11人。

安德森坦承，哥本哈根地势平缓，对于自行车的普及确实有帮助。"可是丹麦的第二大城市奥胡斯，虽然和西雅图或波特兰一样，有许多丘陵地，却还是有25%的人骑自行车。"他继续提出他的论点，"要谈论自行车，就不能不谈城里的那头圣牛：汽车。我们急着要求自行车骑士裹上各种防护装备，强迫自行车骑士戴安全帽，可是我们真正该做的事情其实是驯服那头牛。这点很容易做到，通过设置交通宁静区、收取塞车税、在交叉路口让自行车骑士享有优先地位。"他坚称自己不是反汽车的狂热分子，"在华盛顿的一场讲座上，有人对我说：'在美国，我们周末都会外出骑自行车兜风，你们在丹麦都做什么？'我回答说：我们会开车兜风。我有很多朋友都拥有汽车。差别是，在哥本哈根，我们是在35岁左右才拥有第一辆车，在我们生了孩子之后。我们开车到夏季别墅去，或是载孩子到奶奶家托给奶奶照顾。可是我们不会一周7天都开车，不会开车上下班，也不会随便什么琐事都开车去做。我们是周末驾驶员。"

安德森按熄一根烟，接着喝了最后一口啤酒。"自行车是社会拥有的最佳工具，可以缓和交通、减少二氧化碳排放量、让我们的城市变得更适宜人们居住。只要把自行车变成城市里最快捷的交通工具（我们在哥本哈根所做的就是这件事），那么，所有人，包括他们的狗在内，都会乐于骑车。"

我后来发现，安德森和我其实有许多共通点。我们同样年过四十，都在加拿大西部成长，二三十岁期间几乎都在世界各地旅行。我初次采访他之后过了几天，他邀请我到他家吃晚餐。苏珊做了砂锅通心粉，7岁的费利克斯为我画了一张《星球大战》(*Star Wars*)里的黑武士肖像。他们住在位于腓特烈堡一幢19世纪公寓大楼的5层。这栋大楼没有电梯。我提到抱着孩子上下楼一定很辛苦，安德森露出惊讶的表情。

"不会，一点也不会。住在哥本哈根会让人保持良好的体魄。我们楼下的夫妇从来没埋怨过爬楼梯的问题，而且他们都已经是70

多岁的人了。"

晚餐过后，我们散步走到当地高中的体育馆，许多哥本哈根居民正在那里排队等着投下市级和区域级选举的选票。选票的大小和浴巾相当，其中包括虚无主义者人民党的候选人，其口号为："反正世上的一切都毫无意义，所以就把你的选票浪费在我们身上吧。"在我们走回他家的路上，一辆小车从一条车道里冲了出来，随即紧急刹车，差点撞到安德森两岁女儿的婴儿车。安德森吹了一声口哨以示责备，同时举起手伸出拇指与食指，向对方表示差多少就会撞到索菲娅。

车上的驾驶员是个中年妇女。她用手掩着嘴，显出满脸歉疚。真是惊险的一刻：城市的圣牛差点又夺走一条人命。

快乐因子

我开始担心了。我通常觉得北欧人在环保上一丝不苟的态度有点讨人厌。毕竟，还有什么比北欧人滔滔不绝地鼓吹洁净环保的生活更令人厌烦呢？然而，丹麦人却不一样，我不得不问问他们的城市为什么运作得那么好。他们大多都骑自行车，看起来健康又快乐。我似乎对丹麦陷入了斯德哥尔摩综合征（也就是密集接触一种陌生的意识形态之后，开始对这种"绑架"自己的对象产生强烈的认同）。就地球上所有城市都难以克服的问题而言——交通运输、能源政策、减少塞车等——哥本哈根似乎都已找到解决的办法。当然，我告诉自己，城市本来就必须建设高质量的自行车道以及公共交通运输网络（如此可让四处移动变得容易许多。当然，一座城市若想发展得更适宜居住，就应该偏好步行空间，劝阻居民开车），这都是理所当然的事情。我虽然没有理由待在哥本哈根，却发现自己不想离开。哥本哈根看起来似乎是个定居下来养育子女的好地方。这里的一切都显得那么合乎情理。

以哥本哈根居民家中的暖气为例。丹麦的电力有16%来自风力与太阳能，哥本哈根居民则有十分之九依赖区域供热服务，也就是将发电过程中产生的热能，通过超级隔离管线传导到大哥本哈根各地区的住宅。丹麦大多数的发电厂虽然还是采用燃煤发电，却因为区域供热的效率极高，火力发电厂的碳足迹[①]甚至比水力发电厂还低。（顺带一提，曼哈顿那些冒着蒸汽的小孔是纽约蒸汽公司的区域供热系统遗留下来的产物，可追溯到1882年，至今仍为2000户左右的顾客供应暖气。）丹麦的经济在过去30年虽然增长了70%，但今天能源的消耗量却仍维持在1980年的水平。

罗格斯大学的城市规划学教授普尔克比较了德国、荷兰与丹麦的自行车人口比例，以及美国和英国城市里低迷的自行车使用率，指出："这两者之间的差异之所以深具启发性，是因为这些国家全都是富裕的民主资本主义国家，而且汽车持有率都接近完全普及的程度。自行车的盛行并不依赖贫穷、独裁政权或是缺乏机动运输选择。"自行车一度被视为城市开发程度低下的象征，一些骑着自行车的群众，梦想着有朝一日能买得起本田或福特汽车。然而，目前失业率只有美国一半的丹麦，却经常被评选为全世界最具竞争力的十大社会之一。丹麦大多数的家庭都拥有汽车，哥本哈根居民不过是选择不在他们的城市里使用汽车罢了。

我们若想将城市"哥本哈根化"（借用盖尔和安德森爱用的这个词语），或是打造一个像沃邦那样的无车社区，有个很好的起步方法，就是推行自行车共享计划，并且逐渐限制市中心的停车空间，

[①] 碳足迹指企业机构、活动、产品或个人在交通运输、食品生产或消费过程中产生的温室气体排放量。——编注

慢慢将若干街道规划为步行区。不过，弗莱堡、斯特拉斯堡与哥本哈根这类城市带给我们的启示，就是没有任何一项措施足以单独造成真正的改变。唯有明智的运输政策——将电车、公交车、地铁等市区公共交通与自行车道及城际轨道交通结合起来，才能构成真正完善的运输网络。美国的城市之所以难以改变，最大的障碍不是新大陆城市结构的地理现实，而是人的思考习惯。北欧由于具有社群主义传统，因此像弗莱堡的沃邦和哥本哈根的"马铃薯排屋"这种共同住宅开发项目、"城市自行车"这样的自行车共享计划，以及像克里斯钦尼亚这类城市社区，都是自然产生的结果，但这类情况在北美洲却极为少见——毕竟，当初到北美洲大陆开创新天地的乃是一群个人主义者，在拥挤而且阶级划分明确的前现代化城市当中，为了逃脱社群的要求而驶向新大陆。不过，时代已经变了，大西洋的两岸都是如此。欧洲人为了让他们的城市更适宜居住所付出的努力，有许多可供我们学习的地方。

你也许会以为，像哥本哈根这么一座阴寒多雨的北方首都，必然导致居民满心忧郁。这里的税收高得惊人：高收入阶层的税率高达59%，半数的税收都归市政府所有。所幸，丹麦人懂得怎么享受生活——要不是成天忙着吞云吐雾、狂喝牛饮、往嘴里猛塞满是奶油的烘焙食品，搞不好会是全世界最健康的民族。就目前来看，至少他们似乎是最快乐的民族。每当社会学家针对居民幸福指数进行国际性调查时，丹麦人总是名列前茅。不仅如此，丹麦人的快乐程度在过去20年来还持续提升，美国人却是停滞不前。尽管如此，你不会听到许多丹麦人吹嘘他们的健康与福祉。哥本哈根的居民仿佛发现了在城市生活中达到快乐满足的公式，于是决定外出好好享受一番。

待在哥本哈根的最后几晚，我把一瓶酒放在背包里，骑车到诺波街拜访我在一名好友的婚礼上结识的一对夫妻。梅布莉特出生于丹麦，但他的丈夫乔恩10年前才从加拿大移民过来。看着他们的孩子在地板上玩耍,我问他们对"丹麦人的幸福指数"这项议题有什么看法。如同所有谦逊的丹麦人,梅布莉特只笑了一声,耸了耸肩,但乔恩却有一套看法。

"我跟你说,自从我们搬到这里,我一天上下班就骑了大约30公里的自行车,"他说,"梅布莉特从小就习惯把自行车当作交通工具。在又冷又黑的时候,赢得这样的挑战让人很有成就感。在哥本哈根,大家都以能在各种天气中骑车为傲。我知道这么说听起来太过简单,但我真的认为丹麦人觉得快乐,就是因为他们经常骑自行车。骑车绝对有益于健康。每天出门做一点运动——不知道为什么,这件小事却能带来极大的好处。"

如果说骑自行车是促成丹麦人快乐的秘诀之一,我一点也不意外。尽管在我待在哥本哈根期间,当地气温从没高过8摄氏度,我骑了一星期的自行车之后,却觉得身心都得到充分的放松,仿佛到热带海滩上度了个假一样。在我这辈子骑自行车的经历里,总不免觉得自己在城市里是个毫不受重视的对象,是个别人勉强容忍的讨厌鬼,必须采取送货员那种打游击般的骑车方式,才能在无预警就打开的车门与突然偏离车道的出租车之间开辟出一条生路。但在哥本哈根,我开始觉得我们这些自行车骑士仿佛是步速超快的小型哺乳动物,而汽车则是城市里少数仅存的巨型爬行动物,注定步上与梁龙[①]相同的命运。

只可惜,哥本哈根综合征也有一项缺点:你一旦爱上了这里,对其他城市就不免看不上眼。搭乘过欧洲的高铁、造访过世界上第一座后汽车时代的城市之后,我不禁意识到北美人的头脑有多么陷溺于20世纪的老旧想法当中。对于汽车的依赖是一种恶性循环:你要是住在扩张型城市当中,开了一辈子的车,那么等你走到人生尽头,你也就只能开车了。(反向的推论也同样成立:你一天花越多时间

[①] 梁龙,恐龙的一种,生活于1亿5000万年前至1亿4700万年前。——编注

走路以及骑自行车，或是爬几层楼梯，则可能越发健康。丹麦人的肥胖率就比美国人低了3倍。）要摆脱塞车与污染，必得花费数十亿美元兴建城市公共交通运输系统与城际铁路。不过，要启动城市转变的良性循环也可以非常简单，只需模仿丹麦人已经开展了好一阵子的活动即可。

这个活动就是跳上一辆自行车，开始奋力向前踩。

> 苏联的现代化为何会从在地下悬挂吊灯开始做起,我不知道原因。我只知道每当我到了地下,就觉得自由自在,无拘无束。
>
> ——亚历山大·卡列茨基,《地铁》(*Metro*),1985

6
傻瓜与道路

俄罗斯·莫斯科

我的出租车司机仰身往椅背一靠,递给我一根烟,我就知道这下有得等了。我婉拒了他的好意,于是他耸耸肩,自己点起一根抽了起来,满是晒斑的左臂悬垂在车窗外,目光跟随着马路对面人行道上一名身穿红色紧身套装的长腿女子。我没有埋怨他的二手烟,因为这时有一股风徐徐吹入车内,而且万宝路香烟的烟草味也比慢速停在我们旁边的苏联式货车喷出的废气要好闻许多。我看着一缕缕如同棉絮般的白色种子飘荡而过,聚积在停滞的拉达汽车①和雷诺轿车的车轮边,有如积雪。

我们陷在车龙里动弹不得的地方,是莫斯科花园环道上的一条

---

① 拉达汽车是俄罗斯最大的汽车制造商伏尔加旗下汽车品牌。——编注

6 傻瓜与道路

中间车道——花园环道是莫斯科一连串相互连接的大道,以克里姆林宫为中心绕成一圈,半径约2.4公里。我与人相约在红场附近的一家咖啡厅碰面,因为眼看即将迟到,于是请饭店服务员帮我打电话叫了一辆出租车。如果不打电话叫车,还有一个选择,就是搭乘"恰斯尼克"——这是一种没有登记的私营出租车,只要在人行道上伸手指向地面,就可拦车搭乘。不过,我对自己讨价还价的技术没有信心。这部出租车是一辆黄色的福特福卡斯二代,司机听到我说俄语的口音不禁蹙起眉头。不过,我一在地图上指出目的地,他就应了"好,好"两声,接着示意我从后门上车。顺利行驶过3个街区之后,交通突然陷入停滞,于是我们就这么停了10分钟之久,完全静止不动。身穿红色紧身套装的那名女子早已消失无踪。她善用自己的长腿,走进人行地下通道。

　　被困在莫斯科的塞车长龙里,就像是以前的苏联人民排队等着买面包一样——在无穷无尽的等待中,不禁令人沮丧地反思起系统失灵的困境。拉达和"莫斯科人"等车厂设计的盒形车辆,虽然在陶里亚蒂(类似美国的底特律)大量生产,想买车的民众却可能得等上10年才轮得到。苏联解体后,备受痛恨的居住许可制度(限制莫斯科居住人口的制度)随之废止,乌克兰人、俄罗斯乡下民众以及中亚人口纷纷拥入首都,而且全都热切想一尝许久以来不得实现的愿望:购买象征个人独立主权的汽车。市场上满是进口的日本车和德国车,福特、丰田和雷诺纷纷在俄罗斯本土设立工厂以规避进口关税。1990年,莫斯科的登记车辆共有40万辆,这个数字如今已高达400万辆。

　　莫斯科根本没有空间容纳这么多汽车。在美国扩张最广的汽车城市当中,为了方便车辆移动而规划兴建的高速公路、交通干道和狭小街巷等交通基础建设,可能占据高达30%的土地面积。在莫斯科,交通基础建设只占土地面积的9%,但新车却仍以每年30万辆的速度持续涌入城内。莫斯科人显然生活在一种集体幻想之下,认为他们能将亚特兰大或休斯敦的车辆塞进一座面积只有巴黎或柏林大小的城市里。

可想而知，此举带来的结果就是生出一座交通炼狱。在莫斯科市中心，平均行车速度已下滑至约20公里每小时，与曼哈顿行驶速度最缓慢的公交车一样快。由于路边没有付费停车位，驾驶员都将车子停在人行道上和公寓大楼门前，逼得行人不得不走在马路上。市政管理部门曾考虑采用德国的做法，在住宅公寓大楼的屋顶铺设道路，或是在铁路上架设双层快速道路。现在，莫斯科人必须忍受全世界时间最长的交通拥堵：他们每3年至少会有一次被困在车龙中达两个半小时，而塞车现象对莫斯科造成的经济损失也高达每年13亿美元。2011年新年前3天，降雪加上假日购物人潮造成惊人的堵车现象，若是将塞在街道上的所有车辆头尾相接，形成的车链可越过阿尔卑斯山脉，一路延伸至巴塞罗那。许多莫斯科人干脆直接下车离开，几天后再回来把车子从雪堆里铲出来。

我之所以到莫斯科来，部分的原因是想看看在汽车迅速普及的发展中国家，会是何种交通状况。在拉各斯和曼谷这类巨型城市里，平均行车速度都仅与步行相当；圣保罗日常塞车的车龙长度约257公里，以致富人都改以直升机代步；在孟买，汽车若想穿越市区，必须预留出3个小时的行车时间（在2010年的南亚运动会中，印度的冠军选手就因为塞车而赶不上闭幕式）。我在莫斯科一条快速道路的中间车道上望着车窗外，立刻发现眼前的景象和上海、海得拉巴或约翰内斯堡大同小异：多车道的马路上停满轿车、卡车和厢型车，全部动弹不得，车上的乘客焦急不已，驾驶员更是懊恼至极。在一座座巨型城市中，唯一不同的似乎只有汽车废气的味道以及车身上的品牌商标。

不过，我后来发现，莫斯科其实有一种保证有效的方法，能让人直接穿越堵塞不已的车龙。我们后方突然传来一阵警笛声，接着便看到后视镜映照着闪烁不停的红蓝灯光。3辆黑色奔驰车从我们旁边驶过，不断闪避着迎面而来的车辆。我的出租车司机喃喃咒骂一声，朝那组车队的方向弹出烟蒂。只见那3辆车凭着刺人耳目的灯光与声响，在车道间硬闯出一条路来。

"密考基？"我重复司机的话，还以为他说的是哪个高官的名字。

"密考基！密考基！"他高呼道，一面指着那3辆车的车顶，一面模仿着警笛声。

"密考基"指的是俄罗斯精英人士的宝马或奔驰轿车车顶那足以引人发疯的闪烁灯光。依照官方规定，全俄罗斯只有不到1000名重要人物（包括普京与俄罗斯东正教主教在内）有权使用车顶闪光灯，而且只有执行公务时可使用。然而，在某网站展示的路人街拍照片当中，光是莫斯科地区就可见到1200部装有车顶闪光灯的车辆。莫斯科人说，只要1万美元就能在黑市买到车顶闪光灯的安装许可证——既然可保证行车通畅无阻，这样的价钱可以说相当合理。在一则广受报道的事件当中，一名年轻女子拒绝为一辆由警车护送的奔驰车让路，结果那辆奔驰车的驾驶员竟尾随女子回家，威胁要吊销她的驾照——后来有匿名人士爆料，那辆奔驰车的驾驶员是俄罗斯检察总长21岁的儿子。在另一个事件里，俄罗斯最大的石油公司的副总裁开着装有车顶闪光灯的奔驰车撞上一辆雪铁龙，导致对方车上的驾驶员及其妻子双双丧生，那两人都是医生。民众对于权贵阶层的此等劣行深感厌恶，于是一个名为"蓝桶协会"的团体推动了自发性的抗议活动，派发印有"公仆们，请撤掉车顶闪光灯！"字样的保险杆贴纸。该团体的成员还曾经头戴掩饰身份的水桶，成群跑上并排停放在克里姆林宫外的豪华轿车的车顶用力踩踏。

塞车到现在，距离我和朋友约定的时间已经过去半小时了。困在十二车道的车龙当中，我不禁对人行道深怀渴望，就像划着木筏却身陷危险礁石当中的水手渴求陆地。就在此时，我突然看见救星：不到200米外，一个优美的红色"M"字母立在一根柱子上，旁边还有个箭头,指向一道消失在人行道地面下的阶梯。

我往前一倾,指向那个路标。"地铁!地铁!"

出租车司机马上明白我的意思,几分钟内就设法将车开到路边。我递给他100卢布①,随即下车冲往地铁站。

果戈理曾经写道,俄罗斯只有两项不幸:一是傻瓜多,二是道路多。我已修完了了解俄罗斯的第一课:在莫斯科,只有傻瓜才会使用路面交通。真实的人生,真正的移动,在地下才找得到。

巴洛克大营

我来莫斯科不只是为了见识街道上的炼狱,也是为了目睹地下的天堂。纽约的地铁顽强不屈,伦敦的地铁历史悠久,巴黎的地铁耀眼夺目,但我听说莫斯科的地铁有我在其他城市的公共交通运输系统中不曾见过的特色:毫无保留、彻彻底底的壮丽辉煌。

我知道我需要找个导游带我参观这座广阔的"博物馆"。年近三十的阿纳斯塔西娅精通英语和法语,毛遂自荐为我担任向导,于是我们相约在一家被音乐学院环绕的咖啡厅前会面,此处距离克里姆林宫的大门只有10分钟路程。

我为迟到向她道歉。"你搭了出租车?"她说,"以后记得搭地铁,地铁最快了。不论你想到莫斯科什么地方,搭地铁都不超过30分钟。要是搭车,就完全无法保证了。"

我们的导览之旅始于共青团站。途中,我们停下脚步为一支衣着邋遢的弦乐团所演奏的莫扎特《小夜曲》鼓掌喝彩,接着跟随群

---

① 卢布是俄罗斯货币,2012年100卢布约等于人民币20.61元。——编注

众的脚步来到一座天花板很高的前厅排队买票。轮到我时,阿纳斯塔西娅在我耳边轻声说了一句"通关密语",我重复一次,售票亭玻璃后方的女子就递了一张硬纸板车票给我。

阿纳斯塔西娅教我的那句话是"十张票"的俄语。我就以这句话敲开了莫斯科的大门。

她走在我前面,为我说明,每一座地铁站都有几个相同的特色。首先,你一定会来到一排收票闸门前,而且必然有神情严肃的中年女子在旁看守。乘客稀少的时候,这些身穿制服的女检票员就会坐在有机玻璃售票亭里玩字谜游戏。一到高峰期,她们就会像凶猛的小狗儿一样跑来跑去,吹口哨警告逃票者和违反规则的人士。(我们看到一个长发妇女,身穿花朵图案的喇叭裤与亚麻夹克,牵着一只大型黑色狮子狗正穿越闸门;有一名女检票员在旁大喊不得带宠物进入车站,却徒劳无功。)其次,你一定会看到许多仍由木条构成的手扶梯,扶梯不但移动速度快,而且深深通往地底。(举个例子,胜利广场站是全世界最深的地铁站,其手扶梯的移动速度是伦敦地铁的1.5倍,还得搭上整整3分钟才能抵达位于街道下32层楼深的月台。)我们穿梭在系着领带的企业职员、身穿校服的学生,以及工作服上沾满油漆的工人之间,脚底下的震动如一串持续许久的擂鼓声,准备为我们带来压轴的一幕,也就是莫斯科大多数地铁站在抵达月台之前都会经过的、有如男爵宅邸炫耀功绩的厅堂般的中央大厅。

"每一座中央大厅都有不同的装饰。"阿纳斯塔西娅边说边领着我走进一座斯大林时代末期风格的世俗殿堂。两排大理石柱子,上方有着科林斯式的柱头,撑起鲜黄色的拱形天花板,天花板上垂挂着巨大的圆形吊灯,大厅尽头是个神情高傲的列宁半身像,上面有一个镀金的苏联盾形纹章。这是一座地下的巴洛克大营——利伯雷斯①的地下室舞厅要是交由政治宣传家装潢，大概就会是这个模样。阿纳斯塔西娅告诉我，共青团站的主题是俄罗斯世世代代追求的自由，从亚历山大·涅夫斯基②的冰上战役到苏联部队在德国国会大厦屋顶升起红旗的事迹，全都呈现在天花板上一个个精美的马赛克画框中。这座车站在1952年启用时，最后8幅马赛克画描绘了五六名苏联政要将战败国的纳粹旗帜投掷在列宁墓前的景象。随着政治人物陆续倒台，画中的人像也一一被拆除：首先消失的是秘密警察头目，接着是莫洛托夫，最后是拉扎尔·卡冈诺维奇，也就是兴建莫斯科地铁最初几条路线的负责人。赫鲁晓夫的"去斯大林化"运动终于带来彻底的重整：所有人像都被右手高举宝剑，左手水平伸展的《祖国·母亲》(*Mother Russia*)雕塑取代。

"过来，"阿纳斯塔西娅喊道，只见一班列车抵达月台的一侧，"我们还有很多车站要看。"我们搭上了环线地铁，下午时分，一半座位都是空的。莫斯科地铁的老旧列车没有什么特殊之处，这些重型列车全都漆成铅灰色，行驶在第三轨系统的宽轨铁路上，由面容严肃、薪资过低的司机驾驶——唯一的例外是无情的车门在关门时有如断头台一样凶悍。令人吃惊的是列车班次的频密程度。在每一条隧道的入口，墙上都设有定时器，显示上一班列车离开后的时长。我很少看到定时器上的数字超过两分钟；在高峰期，车次间距更可能短到仅有90秒，这样的效率通常只有无人驾驶的自动系统才能达到。大多数列车的长度都是8节车厢，莫斯科地铁每天平均载运的乘客达650万人次，客流量高的日子里可能高达900万人次——

---

① 利伯雷斯（1919—1987），美国钢琴家、歌手，1950年至1970年间曾是全球收入最高的艺人，以奢华的生活著称。——译注
② 亚历山大·涅夫斯基（约1220—1263），13世纪俄罗斯人的领袖，因在冰上激战中打败立窝尼亚骑士团而声名大振。他击退了欧洲一系列侵略者，成功保全了俄罗斯的统一。1942年被宣布为民族英雄，2008年更获得了"最伟大的俄罗斯人"称号。——编注

是欧洲载客量最多的地铁系统。就全球而言,也许只有经营东京地铁的两家公司能超越。

阿纳斯塔西娅说,高峰期的地铁会让人挤得很难受。"我不喜欢在人多的时候搭地铁。"她说。她最糟的一次经历不是发生在列车上,而是在车站里,在她正要离开的时候。"当时是星期五晚上,我正在前往火车站的途中。所有人都要赶去搭火车,可只有一道手扶梯正常运作。我困在人群当中,折腾了一个小时才得以出站。当然,我根本来不及赶上我的火车!"

我们的下一站是新镇站。"我觉得这是最美的一座车站。"阿纳斯塔西娅说。我看得出这座车站的魅力。这里的中央大厅由拉脱维亚的艺术家装饰,一幅幅彩色玻璃画向精神生活致敬(画上有一位身穿燕尾服的钢琴家坐在钢琴前面,一名知识分子坐在桌前看报,一位手持调色盘的画家站在画架前方),加上铜框、粉红色的大理石,以及暖色调的照明,让人觉得仿佛置身于一座通风良好而且由天窗采光的中庭内。

我发现,这种轻盈的感受在马雅可夫站最强烈。这座车站的名称取自马雅科夫斯基——一位走遍世界的未来派诗人,后来对斯大林主义的现实状况感到失望,结果因为申请出国签证遭拒,持枪射击胸口自杀。这座车站的主题是"在苏联国土上的一天",中央大厅的天花板共有30多个穹顶,每个穹顶的中心都装点着一块椭圆形的马赛克拼贴勋章。阿纳斯塔西娅教我该站在勋章下方哪个位置才是正确的欣赏方式,就像东正教大教堂的穹顶上那种全能之主的画像,也必须站在适当的位置才能充分欣赏天主那双无所不见的眼睛。每个勋章都描绘了一幅激励人心的俄罗斯天空图像:一艘飞船飞过一栋顶端镶有红色星星的摩天大楼上空,一架轰炸机飞越电线,身穿深红色服装的滑雪者从松树顶飞跃而过。令人印象深刻的是,只要沿着月台走,就会发现勋章的色调也逐渐改变,一开始是天亮前阴郁的蓝色与灰色,中央是正午的黄色与白色,尾端则又回到昏暗朦胧的色调。

根据主要规划者卡冈诺维奇的说法，莫斯科地铁的用意在于驳斥资本主义国家那种"沉郁、单调又凄凉的"地铁风格。他刻意挑高车站的天花板——比柏林或纽约地铁的车站高出一倍，并且加上各种装饰，为乘客"提供舒适的感受，使其精神为之振奋，得到艺术上的喜悦"，让他们觉得"仿佛置身宫殿内"。随着我们继续探索，惊叹地欣赏以不锈钢包覆的圆拱，以及不同品种的大理石（这些大理石有的远从高加索山脉与乌拉尔山脉运来，有的则是从原本的救世主大教堂拆卸而来），我不得不承认苏联地铁的规划者确实在这方面胜过其他国家。莫斯科地铁虽有品位低劣之处，全世界却只有这套地铁系统坚持这样的设计目的：让公共交通运输乘客能在这里获得情操与精神的振奋。

莫斯科人也仍然钟爱他们的地铁。许多人都会在月台上逗留，也会与朋友相约在宽敞的中央大厅碰面。我们的最后一站是革命广场站，里面共有76个真人大小的雕像，全是苏维埃联邦崇拜的英雄人物（例如将捆成一卷的蓝图握在手里的工程师，以及一手拿书、一手持枪的女学生），或蹲或坐地立在红色与褐色的大理石圆拱下面的方形基座上。我们注意到一座边境卫兵的雕像，卫兵的胳膊旁依偎着一条双耳直竖的德国牧羊犬，狗的鼻头被擦得锃亮。一名身穿紧身牛仔裤的年轻女子正在摩挲着那只狗的鼻子，我们问她为什么这么做。"当然是为了求好运呀！"她对阿纳斯塔西娅说。

我们的旅程结束于环线的库尔斯克站，以该站的八角形前厅为终点。在人群的头顶，苍白的女像柱伸出手臂，指着柱头上方环绕于大厅周围的西里尔文字。

我问阿纳斯塔西娅那些文字是什么意思。"那是苏联国歌的歌词，"她仰头念出文字内容，"'斯大林教导我们对人民效忠；他启发我们努力劳动，成为英雄。'这是旧歌词，现在已经改了。"

她吟唱了一小段国歌，现在的歌词颂扬的是"神圣的国家"与

"自由的祖国"。

"没错,"她说,露出自嘲的微笑,"音乐没变,可是歌词改了。"

回到地面,在24小时营业的邓肯甜甜圈门店、奔驰轿车的广告牌以及穿着迷你裙发送免费罐装可口可乐的女孩之间,我们互吻脸颊道别。两张全日票就让我们得以走访这座"博物馆",这座革命的卢浮宫,欣赏其中那些早已被人遗忘的历史,总共44卢布,一个人还不到78美分。

兴建社会主义地铁

莫斯科地铁是一套带有命题的公共交通运输系统,用意在于证明中央计划更能满足人民的日常交通需求,而且远胜过资本主义兴建的那种拥挤又缺乏效率的地铁。

到了20世纪20年代,莫斯科本身的可持续性已然陷入疑问,城市从早期的状态发展成一连串的同心圆堡垒,由克里姆林宫向外扩张,最后的一道要塞自14世纪以来就以各种不同形式构筑于莫斯科河上。俄罗斯在18世纪放弃莫斯科,迁都至预先规划且带有欧洲风味的圣彼得堡。莫斯科于是成为一片缺乏管理的区域,有着洋葱形圆顶的教堂和修道院、一楼是店面的巴黎式公寓街区,以及经常因为失火而导致整个社区付之一炬的易燃木质建筑。1850年之后,铁路的兴建促进了别墅区的发展,但不久之后便沦为污秽的工业村庄。在1917年革命之后的混乱时期,莫斯科成为一座鬼城,原本的200万人口有半数逃出了这崩颓的城市,移居乡下。

后来,莫斯科人逐渐回到这个苏联首都,才发现这里的公共交通运输系统一团混乱。私人的出租马车和少数的机动化出租车全被国家没收，而在20世纪初期收归市政府所有的电车系统，则已跟不上苏联为了追求工业化而兴建的千百座工厂和磨坊。在人满为患的电车上，断肢和死亡事故成了日常现象。即便在莫斯科市铁路信托基金被无产阶级接管之后，工人还是得面临长达4个小时的上下班时间。另一方面，有个名为"反城市主义者"的颇具影响力的团体，呼吁大众放弃拥挤的城市，迁居至有益健康的乡间——这项计划让人联想起赖特的广亩城市——并且质疑公共交通运输系统的必要性，声称伦敦和纽约的地铁都是对工人阶级的剥削，将乘客变成"人肉粥"。这些乌托邦社会主义城市规划师指出，在住宅短缺的时刻兴建地铁，简直是"买一顶高帽子给一个没裤子穿的人"：如果非得撑起奄奄一息的城市，那么行驶于橡胶轮胎上的公交车不但价格低廉，也更有效率。（韦尔斯认同这种看法，并且建议苏联投资购置1000辆伦敦公交车。）

不过，莫斯科绝非奄奄一息。但到了20世纪30年代，这座城市的成功却害了自己。随着农夫和难民拥入城里寻求工作，莫斯科如同19世纪50年代的伦敦和19世纪80年代的纽约一样陷入瓶颈，四处可见的交通堵塞扼抑了这座城市发展为工人乌托邦的进程。到了1931年，执政不久的斯大林领导班子认定反城市主义者的计划近乎狂热主义的胡说八道，从而宣称城市（连同地铁）是共产主义未来发展的关键。长相俊美又深富魅力的卡冈诺维奇当时是斯大林的左右手，奉命负责兴建"世界最佳的地铁"。

然而，当时似乎没有人知道该怎么兴建地铁，连搭过地铁的俄罗斯人都没几个。卡冈诺维奇本身是个制靴匠，俄罗斯唯一的地铁专家又因为涉及经济破坏活动被关在牢里。从政初期担任卡冈诺维奇副手的赫鲁晓夫在回忆录里坦言："我们把地铁视为某种近乎超自然的东西。我想，我们今天思考太空飞行，还比当初思考兴建莫斯科地铁容易得多。"第一座车站的兴建工程始于1931年11月，十几个工人用铁锹和鹤嘴锄开凿冰冻的地面。

不过,比起资本主义国家的市政府,莫斯科的主政者拥有两大优势:毫无限制的征收权力以及庞大的劳动力来源。经过几个月的缓慢进展之后,地铁被宣告为"重大"计划,其工程师享有优先取得物资与人力的权利。为了兴建第一条路线,数十座教堂和沙皇时代的纪念碑被拆除,"猎人街"这条热闹的夜市街也没有幸免。一开始,位置较浅的车站在兴建过程中挖破了自来水总管,造成路面出现陷落的大洞,也导致建筑物倒塌。为了避免街道上进一步混乱,斯大林下令将地铁挖深一点,建造在地下14米之下的侏罗纪地层当中。那位关在牢里的地铁专家获得释放;1933年,数以千计的共青团员开始挖掘隧道,这群工人当中包括许多女性,在日常工作中不断遭到男性同僚的逗弄与骚扰。后来,数以万计以星期六为安息日的基督教徒投入兴建工作,工程进度又进一步加快——为了答谢这些教徒为祖国荣光而自愿付出的努力,他们每个人都获得了一张地铁票,可在地铁完工之后免费搭乘一次。在全盛时期,第一条地铁线曾有7.4万名工人,平均年龄23岁。由于他们没有气动钻孔机,隧道全靠人力以十字镐和铁锹挖掘而成。

不同于斯大林时代的其他重大计划,例如由劳改营囚犯挖掘的莫斯科-伏尔加运河,莫斯科地铁的兴建工程并没有采用强迫劳动力。不过,工人每天的食物配给只有几百克的肉类、面包与食用油,而且必须在草率搭建且暖气供应不足的宿舍里过夜。许多人整天待在积水深达腰部的隧道里,而且氧气浓度经常低得连火柴都点不着。即便是满怀理想的共青团员也对这种工作状况惊恐不已,导致有将近半数的人员都没有报到。

尽管如此,第一条线还是在1935年完工了。于是苏联领导阶层大肆宣扬,说苏联人心灵手巧,在创纪录的时间内完成了世界上最重大的一项工程。事实上,这条长约11公里的地铁线比巴黎地铁的1号线多花了1倍的施工时间,而后者不但长度与前者相当,雇用的工人更只有前者的二十分之一。此外，苏联的工程师显然比较擅长仿造，而不是真正的创新。德国的西门子预期会有一大笔订单，因此提供了一辆地铁列车样本给苏联工程师，结果他们将那辆车彻底拆解，仿造了一辆，然后满怀感激地将样本车还给西门子。他们又以大笔订单的承诺诱使电梯制造商奥的斯透露许多技术细节，因此得以自行制造出苏联的版本。（莫斯科地铁那些著名的手扶梯几乎与伦敦地铁站里的一模一样。）潜盾隧道工程来自英国，水泥灌浆之前先冷冻土壤的做法则借鉴自德国。不仅如此，这套新的公共交通运输系统其实运行速度也不太快——列车的最快时速达26公里，纽约市的快速列车早在30年前就已达到3倍以上的速度。

况且，至少在一开始时，兴建地铁的那些工人根本负担不起地铁的票价：一张单程票的票价为50戈比①，相对于一般工人的收入，等于比纽约地铁的5分钱票价高出10倍。（莫斯科地铁的票价在第二次世界大战后降为5戈比，今天更是全球各大城市的地铁当中票价最低的。）莫斯科地铁的车站相距很远，至今平均仍有1.6公里，也就是说，许多莫斯科人都得走上很长一段路才能使用公共交通工具，冬天更必须在这样的步行路线上忍受严寒天气。整体而言，兴建第一条地铁线总共消耗了莫斯科城市预算的五分之一，而且当时不但恰逢全国各地饥荒，莫斯科全市也都面临住宅短缺的状况。

尽管如此，莫斯科地铁还是有某种不可否认的特殊之处。"这是第一套可以体现美感的地铁。"《纽约时报》在莫斯科地铁启用之后如此坦言。莫斯科地铁以洁净无瑕著称：据说莫斯科人宁可将痰吐在别人的外套上，也不愿吐在地铁站的大理石地面上。这条地铁原本并未打算作为防御工事，却因为车站深入地底而得以充当防空洞——第二次世界大战期间有将近300名婴儿出生在地铁车站

---

① 戈比是俄罗斯辅币，1卢布等于100戈比。——编注

内——基洛夫站还成了斯大林的军事指挥基地。①

莫斯科的环线在20世纪50年代初期完工，目的在于将市中心向外发散的各条路线连接起来。（有一个几乎可确定是捏造的传闻指出，这条路线是斯大林满怀厌恶地将一只咖啡杯重重扔在一份规划蓝图上造成的结果，不知情的工程师误以为杯底留下的咖啡渍圆圈是一道命令，环线就此诞生。）赫鲁晓夫执政时，斯大林时代的过度装饰被现代主义的简洁线条取代，但近来又开始回归设计繁复的传统。10号线的陀思妥耶夫斯基站启用于2010年，车站里有一幅占了整面墙的肖像画，画的是写下《罪与罚》的这位作家。此外，全世界也绝对只有这座车站会将一幅描绘一个自命虚无主义者的人以斧头砍死一个年老当铺老板的壁画作为正式的装饰作品。

最重要的是，莫斯科地铁证明了城市地铁系统并非只能阴郁、狭隘而拥挤。"在这里，政府决定对人类的心灵与精神赋予对政治与经济同等的重视，"在俄罗斯出生的作家鲍里斯·菲什曼写道，"在这里，平常被迫必须在表面上装出热切态度的苏联人民，可以暂时让自己私下的自我与外显的自我取得和谐；在这里，即便是苏联梦也仍未消失。"

当然，今日的莫斯科地铁已成为苏联梦的陵墓。然而，兴建莫斯科地铁尽管付出了巨大的社会代价，却是一项深富远见的投资。在新莫斯科的广告牌和宾利代理门店的下方，斯大林时代的古老设施依然持续运作。而且，昔日苏联号称自己体现的那种价值体系，如今也只有在莫斯科地铁当中才可能看见了。

---

① 自20世纪50年代以来，就一直流传着所谓"地铁二线"的传言。这套秘密地铁系统的4条路线据说以克里姆林宫为中心，车站位于地底200多米深处，涵盖20座地下碉堡和15座工厂。我遇到的部分莫斯科人虽然听说过地铁二线，却没有人知道究竟位于何处，也没有人亲眼见过修建这套地铁的人，更无法证实另一个令人好奇的城市传说：莫斯科有些数量庞大的野狗群已学会搭乘地铁到食物较多的地方觅食。

某天上午，我站在环线的一班列车里，身旁有个少女坐在长椅上，听着MP3里的电子流行乐，脚随节拍轻踏着地板。在白俄罗斯站，一个身形娇小的老妇人径直走到那个少女面前，下巴微微一扬，以这个简洁的动作同时表达命令与谴责的意味。那个少女立刻从座位上跳了起来，仿佛被赶牛杆戳到似的。于是，那个老妇人露出满意的神情，大摇大摆地坐上椅子。我每天都看得到类似情景。地下没有密考基，没有富人用来争先抢道的闪光灯；这里仍然保有老式的社会价值观，老弱病残者仍可获得他们应得的体贴。

所幸，政府官员非常明白地铁对维系这座首都有多么重要。现在，莫斯科地铁共有12条线182座车站，而且每年仍然不断增建轨道。此外，车费收入占总营收的70%，也就是说，地铁只需国家提供少量的补助。

莫斯科地铁的建造者虽然没能证明工人的理想主义终可造就全世界最优质的地铁，却显示了尊严乃至宏伟的特色也能融入公共交通运输系统当中，而这点绝对是一项超越意识形态的成就。

地下的恐怖事件

任何人都可一眼看出这一点：莫斯科人不只喜欢他们的地铁，更引以为傲。连炸弹袭击也阻止不了他们使用地铁。

2010年3月29日，正值清晨的交通高峰期，乘客在卢比扬卡站走下一班人满为患的地铁之际，现场突然发生爆炸，导致26人丧生。40分钟后，文化公园站的另一场爆炸又造成14人丧生，数十人受伤。媒体将监视器拍到的作案嫌犯称为"黑寡妇"，后来才知道她们原来是来自高加索地区的伊斯兰分离主义者，下车时引爆了绑在自己身上的炸弹。

如果是世界上其他任何一座大城市，一旦遭遇这样的袭击以及随之而来的恐慌——每一枚炸弹都含有许多螺丝钉与1.3公斤重的炸药，而且爆炸之后引发的逃难人潮也导致数十人被践踏致死——必然陷入彻底瘫痪。不过，即便在第二枚炸弹爆炸之后，莫斯科地铁的管理部门仍然没有关闭地铁系统。他们坦承，一旦关闭地铁，将导致莫斯科的街道陷入混乱。在没有关闭地铁的情况下，高峰期的地面交通也早已严重打结，以致救护车无法及时抵达爆炸现场。于是，伤者只好由直升机送往医院。

我在爆炸案发生的两个月后造访莫斯科，心中暗自担忧地铁会不会空无一人，或是只有少数死气沉沉的乘客。不过，在宽敞的中央大厅里——地面上炎热不已的时候，这里仍然凉爽；地面上阴雨昏暗的时候，这里也仍然温暖明亮——还是有许多人正等着朋友，用手机发着信息。从他们的模样看来，地铁俨然是最宜人的公共空间。在卢比扬卡站的中央大厅，有人在地板上放了一朵由塑料包装纸包着的红色玫瑰，这是唯一向众人提醒那场爆炸案的东西。莫斯科人这种对危险毫不在乎的表现令我深感好奇，于是我问了一些人，想了解他们对于搭乘地铁的态度有没有因为爆炸案而改变。

在卢比扬卡站外，也就是第一枚炸弹爆炸的那座车站外，一名60岁出头的妇女穿着褪色牛仔裤、凉鞋以及一件皮革补丁的休闲夹克，正从皮包里取出一叠传单。她身后矗立着前克格勃总部，建筑正面是一片森严的芥末黄。现在，这幢建筑物已经成为联邦安全局的总部。

那名女子名叫帕芙洛娃，她说她从小就习惯搭地铁。现在，她住在莫斯科北部郊区，接近塞吉耶夫镇——俄罗斯最大的修道院所在地。每一个工作日，她都会搭乘火车到共青团广场，再转搭地铁，行程耗时约一个半小时。

"我有个阿姨住在莫斯科市中心，已经84岁了，"帕芙洛娃说，

"因为无人照顾,所以我会来陪她。我们每个人有朝一日都会变成那样——你不可能永远年轻。"

为了弥补退休金的不足,帕芙洛娃打点零工,向路人发送传单。炸弹在卢比扬卡站爆炸时,她已经离开站台上街工作了。"不到10分钟,大家就都知道有事发生了,"她说,"许多人从地铁站里跑出来,全都吓坏了。"我问她,那天是不是搭乘地铁回家?"当然啦!只有市中心受到波及,其他地方都没有问题。"我问她:害不害怕?"不怕!我在莫斯科比较怕坐汽车,汽车更危险。我先生以前有一辆车,可是他已经死了20年了。地铁是最好的交通方式,从来没出过问题。有时候车上乘客太挤,可是你只要等上1分钟,马上就有下一班地铁。"

帕芙洛娃向我告别,说她还得工作。于是我离开了她,只见这位娇小的灰发妇女在人行道上努力向步履匆忙的上班族发送减肥课程的传单。

在文化公园站外,也就是第二枚炸弹爆炸的那座车站外,艾嘉拉罗娃正享受着阳光。这名18岁少女是莫斯科语言大学的学生,她戴着大大的圆形墨镜,正努力让自己放松,以便待会儿到学校考试。她说,她都从父母位于布拉格站附近的公寓搭乘灰线上课,上学行程并不辛苦:一周6天,她都在上午8点出门,9点抵达学校。

"谢天谢地,发生爆炸案那天我生病了,"她说,"我想我算是很幸运吧。我们学校有两个人在当天丧生。大家都捐钱给他们家,接下来9天,地铁站里都有人摆花悼念。"她知道有些学生在爆炸案后的几天内不敢搭地铁。"可是并非每个人都有钱每天搭出租车。"我问她:想不想买车?"应该不会。就算有人给我一辆车,我想我也不会开。交通太拥挤了,还是地铁比较快。"我告诉她,要是同样的事件发生在北美洲,许多人一定会从此再也不搭公共交通工具。

"俄罗斯人算是蛮勇敢的吧,我想。不过,说真的,我们没有其他选择。生活还是得继续过下去。"

这种冷静的态度普遍可见。一位名叫弗拉迪米罗维奇的建筑工地主任在爆炸案发生时正在地铁上。"我差15分钟就会被第二枚炸弹炸到。当时我刚走出车站,就在文化公园这里。"他说。年近六十的他蓄着一道浓密的胡须——已逐渐转为灰白,身上穿着一件熨得笔挺的蓝色衬衫。他笔直站在一旁,平静地望着车站外的人群,寻找他的同事。"我看到特种情报人员冲进车站里,他们全都穿着黑衣。不过我离开了,因为我当时赶着去开会。"我问他:后来还有搭地铁吗?"当然啦,"他说,"没什么问题的,我以前是上校,是战车指挥官,20世纪80年代的时候在阿富汗打过仗。我在战争中看过更惨的状况。"弗拉迪米罗维奇拥有一辆福特蒙迪欧,但他说他在莫斯科不开车。"白天开车根本哪儿都去不了,你和别人约会一定没办法准时到。我都把车停着,搭地铁就好。"我问他搭乘公共交通工具会不会被人以异样眼光看待,因为有些北美洲城市会有这样的问题。"不会,"他说,"连中层主管,甚至企业老板都会搭地铁。"他对这个话题颇感兴趣,接着说道:"我看过其他地方的地铁,例如基辅和柏林。他们的地铁都很简单,像美国的地铁一样,没有任何美感。斯大林想盖一座宏伟的地铁,确实成功了。"

莫斯科人的冷静也许会让人觉得有些冷血,但从巴斯克分离主义者在马德里百货公司犯下的爆炸案,乃至爱尔兰共和军以炸弹攻击酒吧的事件看,城市恐怖活动在欧洲确实历史长久。2004年的马德里中央车站爆炸案造成将近200人丧生,次年发生在伦敦公交车和地铁上的爆炸案,也造成超过50人死亡。

有些人反对地铁和公交车,认为这些公共交通工具造成人群聚集,为恐怖分子提供了诱人的目标。不过,同样的论点也可以套用在游艇、超级碗①、购物中心,以及春假期间的代托纳比奇②。赖特

---

① 超级碗,美国职业橄榄球大联盟年度冠军赛。——编注
② 代托纳比奇,美国海滨城市,度假胜地。——编注

就是抱着这样的思考逻辑，才会提倡以广亩城市作为避免美国人遭到空袭的做法；高速公路的拥护者也正因此而主张以低密度的市郊住宅区和防空洞预防核武器的攻击。若是因为城市人口密集而放弃城市，那等于放弃了文明。

我看过记录卢比扬卡站沾满血污的大理石以及烟雾弥漫的大厅的手机视频，也承认我在月台上候车时，偶尔不免会有一阵恐惧。当然，恐怖分子就是希望他们孤注一掷的行为能引发足以导致整座城市停摆的恐惧，就算只有几天也好。然而这种现象完全没有发生，这足以见证城市生活的活力。在欧洲，抛弃城市从来不是一个值得考虑的选项。马德里、伦敦和莫斯科的居民都证明了一点：回应恐怖主义的最佳方式，就是在第二天照常起床，照常搭乘地铁、公交车或火车。

这样的想法相当正确。维多利亚运输政策研究所在2005年的伦敦爆炸案之后发表的一项研究指出，即便将过去10年所有恐怖事件纳入考虑，搭乘公共交通工具的安全程度，就每名乘客每公里的平均值而言，仍然是搭乘汽车的10倍，在世界各地都是如此。俄罗斯的道路死亡事故占全欧的三分之二，每天都有100人死于汽车事故。也就是说，光是在一个国家里，汽车每4天所造成的死亡人数，就比1990年以来发生在欧洲的所有以公共交通运输系统为目标的攻击事件所造成的死亡人数还多。我因此意识到，真正的恐怖并不在地下。走回文化公园站的途中，我发现身边的莫斯科道路上充斥着真正的恐怖现象：超速的权贵、开起车来暴躁不已的光头青年，以及喝醉的酒鬼，在路上争相抢道，试图贿赂交警，而且还将他们的防弹宝马轿车开上人行道。

所幸，我的地铁卡有些余额，还能再搭几趟车。

公共交通运输的意识形态

冷战期间最著名的一次邂逅发生于索科尔尼基公园,位于莫斯科地铁第一座车站的不远处。1959年,当时的美国副总统尼克松与苏联总理赫鲁晓夫在一个样板住宅的厨房里见面。那个样板房复制了新泽西州米尔本一栋农场式市郊住宅,然后运到苏联展示,以便让苏联民众窥见美国人的生活形态。尼克松大肆吹嘘,说样本房里的奇特电烤箱、电炉、洗衣机以及放在上面的达诗洗衣粉,还有政府补助的25年购屋贷款,美国的一般钢铁工人都负担得起。赫鲁晓夫看到电动榨汁机,随即露出讥嘲的笑容,刻意挖苦地问,美国人是不是也需要机器喂食他们,并且顺便帮他们咀嚼。目击人士称那场后来被称为"厨房辩论"的唇枪舌剑的对谈没有明显胜负,但尼克松在照片中充满自信地指着赫鲁晓夫的胸口,强调美国在物质商品上的优越性,终究赢得了这场宣传战。

第二天,苏联立刻提出反击。在美国待过相当时日的苏联部长会议第一副主席柯兹洛夫召开记者会,说纽约地铁极为"简陋"。他指出,美国"地铁肮脏不已,空气又很糟糕,非常糟糕"。有个记者问他美国人该以什么方法解决这个问题,他答道:"我想,大概只能毁掉重建吧。"的确,当时纽约地铁的列车已经使用了40年,车站又颇为肮脏,搭乘起来的确是相当令人沮丧。另一方面,莫斯科仍陆续启用地下的"人民宫殿"。后来,圣彼得堡、布拉格、布加勒斯特及其他东欧集团国家的城市也都兴建了现代化、高效率的地铁。这类冷战期间的宣传交锋至今仍然回荡在我们的生活中。在北美洲,汽车与高速公路仍是消费者的选择和自由市场的象征;地铁及其他形式的公共交通运输系统则令人联想到社会主义、大政府与计划经济。

当然，权威政体其实无论兴建何种大型公共设施都有优势，包括高速公路。法西斯政府是汽车文化最早的提倡者之一：墨索里尼在1924年启用世界上第一条真正的高速公路；将亨利·福特的肖像供在国社党总部的希特勒也认为他兴建的高速公路是迅速调度纳粹部队的必要手段，而让福特汽车普及化乃是通往未来的道路。任何一个拥有集中权力的机构，不论是摩西的三区大桥管理局还是苏联的管理机构，在协调大型公共建设方面都有优势，原因就是他们能以进步与公益的名义，排除一切困难。不过，公共交通运输并非是导致暴力的罪魁祸首，就像高速公路与汽车的自由市场也不足以保证能毫无羁束地自由移动。法西斯政府兴建过许多高速公路，西方工业城市里绝大多数的早期马车、电车、高架铁路和地铁也都是出自资本主义企业之手。

20世纪提供了许多证据，显示权威政体确实能建出令人赞叹的运输系统。21世纪的挑战是要在民主国家兴建良好的公共交通运输系统，而且获得大众真正的认同。

归根究底，莫斯科人之所以喜爱他们的斯大林地铁，并不是因为车站里满是铁锤、镰刀以及其他标志。他们之所以搭乘地铁，是因为地铁速度快、价格低廉，又能让他们在舒适、体面的情况下抵达想去的地方。在这方面，莫斯科的乘客证明了运输不再是左派还是右派的问题，而是谁能有效运行，以及谁能在城市化程度越来越高的地球上持续发展的问题。

乘 客

我发现，在莫斯科宽广的大道上开车，有时候确实也可以是种享受。

我坐着司机驾驶的汽车，极为舒适地朝莫斯科东南方40多公里处的多莫杰多沃国际机场前进。先前有人警告过我，在俄罗斯赶飞机可是一大挑战：因为身陷车龙而错过航班的俄罗斯政治人物已经不止一位了。不过，我的司机显然运气很好，我们不断通过一个接一个的绿灯。偶尔会和一辆长方形的公交车擦身而过，这公交车和鞋盒一样毫无造型可言。不过，道路相当空旷，前进速度也很稳定。

无可否认，置身一辆奔驰厢型车的后座，我不能不赞赏私人运输的舒适与速度。只要你愿意支付必要的代价，即可享有高度的便利与安全感。

过去，尊贵的地位能让人迅速移动。大革命之前的法国，贵族都会派遣仆人举着火把跑在马车前头，警告农民让路。沙皇时代，俄罗斯贵族的马车或雪橇则是以铃声警告旁人让路。苏联的权贵阶层，则是以伏尔加豪华轿车组成的车队在街道上闯出和旧日贵族一样的优先路权。

"俄罗斯从来不曾属于俄罗斯人民所有，"作家菲什曼曾经指出，"自古以来，俄罗斯的财富就一直掌握在少数人手中。"

石油大亨与高级官员如今仍与过去的贵族一样，将道路视为己有，只不过他们用的不是铃铛和火把，而是以警笛和闪烁的密考基将平民百姓赶到一旁。这点一直都是汽车的魅力所在。汽车只不过是大人物的马车，随着工业化而在大众间普及：汽车让搭乘者不必和城市有任何不悦的接触——更遑论接触自己的公民同胞。

权威政体中的少数幸运人士总是为自己获得优先出行权，这点并不令人意外。不过，在民主国家，不论是加州高速公路上的付费专用道，还是巴西豪华公寓屋顶的直升机起降坪，富人享有的移动特权对我们宣称的一切平等理想不免有腐蚀效果。所以政治人物一旦搭乘公共交通工具上班（例如纽约市市长克隆伯格或伦敦前市长利文斯顿），其意义远大于该举动本身。权贵人士乘坐司机驾驶的汽车，被车窗玻璃与其统治的地方隔离开来，心中所想的自然都是如何加强自己出行的便利，方法通常就是兴建更多的停车场，扩增道路的容量。莫斯科最新的综合发展计划规划出该城直至2025年的发展，其中要求在莫斯科市中心兴建至少60栋超过20层楼的建筑以及200万个新车位。为了让市区内的汽车移动顺畅，行人越来越被引导至地下通道，而不是地面上的人行道。因此，行人若要穿越多车道的大马路，就得走入地下的阴暗通道，长度可横跨数条街。（地下通道里通常满是小店面，贩卖着面包、酒、锁头；而且，由于这是后苏联时代的俄罗斯，因此也有兜售手机与色情DVD的小贩。）为了方便驾驶员，最新的综合发展计划也要求再兴建100座这类地下通道，将这座城市的行人全变成穴居人。

快速汽车化造成的塞车虽是全球现象，但在拥有新兴中产阶级的大城市全忙着朝同一个没有出路的方向走去之际，莫斯科却是第一个撞上尽头那道墙的欧洲大城市。所幸，莫斯科还藏有一张王牌，就算这座城市的领导人让街道打结，这张王牌还是能让市区的人口继续移动。只要莫斯科的地铁得到维护并持续扩张，这座城市就有机会保持流动。所幸，2010年选出的莫斯科市市长已宣布将把既有的地铁路线延展至市区以外，并将兴建第二条环线。

司机终于及时将我送达机场，甚至还提早一个小时到了。我之所以选搭出租车，是因为当时是凌晨4点，地铁没有运营。在莫斯科，大概只有在此时使用道路才不算傻瓜吧！

对于20世纪30年代的华丽载客火车、回荡午夜的孤独汽笛声，以及儿时玩具火车的怀旧情绪，背后其实藏着非常重要的原因：我们沿着铁路打造出来的景观，很可能比汽车造成的城市扩张好得多。

——约翰·斯蒂尔戈，《火车时光》(*Train Time*)，2009

7
列车城市

日本·东京

在我眼中，东京永远都是一座列车城市。你在这里能看见地铁列车从商场的3楼开出、无人驾驶的高架列车驶过一座自由女神像的复制品，以及4辆深具未来感的子弹头列车奔驰于平行的轨道上，轨道旁的公园内聚集了许多正喝着啤酒欣赏落樱的居民。

先前造访日本时，我注意到日本的城市乃是依据轨道与隧道兴建而成，而不是高速公路与高架道路。而且，日本的列车网络虽然复杂得令人头晕目眩，运作却似乎一直极为顺畅。我从来没在其他地方见过那么多人搭乘地铁和列车，而发生的摩擦却这么少。不过，我心中还是有个问题一直挥之不去：依循列车以及为了列车而建的大城市,一定会比依循汽车并为汽车而建的城市更好吗?

为了找寻答案,我决定直接闯进日本人所谓的"通勤地狱"。此时是新宿站的上班高峰期,我的周围满是来来往往的上班族。所幸,如同《神曲》中的但丁,我也找到一位"维吉尔"为我带路:阪本清是东日本旅客铁路公司的研究员,对于得体的公共交通礼仪十分坚持。

"这是全世界最繁忙的车站。"随着又一列11节车厢的地铁列车在山手线南下新宿月台卸下一批乘客,阪本开口说道。他是个体格结实、一板一眼的男子,年纪四十出头,说起英语速度极快,而且因为曾在辛辛那提大学念过两年书而略带美国中西部口音。"小田急与京王这类私人企业运营的列车会来到此处,东京都营地铁也有4条线经过这座车站。每天,光是由日本铁路公司的列车载运到新宿的乘客就有100万人。"

我在新宿站南侧入口外与阪本会合,跟着他走入上班高峰期的人潮,立刻对他在人流中穿梭自如的能力深感惊艳。他凭直觉辨别出乘客的流动方向,在一批刚从闸门拥出的身穿黑色套装的上班族之间穿梭而过,并在下楼梯时弯身拱背避开迎面而来的一群身穿水手服的女学生;最后,他瞥见月台上还有一小块空间,随即带着我在轨道旁的一根柱子边安然停下脚步。在柱子的掩护下,这个地点恰好可让我们充分观察这个现代的人潮奇观。根据我们头上的时钟,现在是上午7点58分:我们身处东京这座全球人口密度最高的城市的市中心,再过两分钟就是这里的工作日高峰期最繁忙的时间点。

在我们左侧,中央-总武缓行线的黄色条纹列车(长度是伦敦地铁一般列车的两倍)从13号轨道驶进车站。几秒后,一班淡绿色的山手线列车(其中有些车厢设有折叠座椅,以便增加高峰期的载运量)在14号轨道上停了下来。这两班列车都满载站立的乘客;阪本估计这两班列车的载运量都达到了200%。换句话说,这座狭窄的月台虽然已经挤满了相当于美国中西部一座小城镇人口的乘客,但马上又会有3000名乘客（等于7架波音747的满载乘客人数）加入他们的行列。我举起相机，预期混乱的景象出现。

自最早的"押し屋"于20世纪60年代在新宿出现以来，日本地铁拥挤不堪的形象就已深深烙印在世人脑海。所谓的"押し屋"是指戴着白手套的"乘客推手"，负责在高峰期将挤不上列车的乘客硬推上车——尽管那些列车在西方人眼中早已超负荷地塞满了乘客。现在，偶尔还会有车站服务人员将乘客掉落的皮包或背包塞进即将关上的车门内，但"乘客推手"的时代已经过去。这点说来实在有点奇怪，因为如今东京的列车载运的乘客比以往更多。每天，共有350万名乘客穿越新宿站的200个出口，而且新宿站还只是东京城区882座铁路车站中的一座而已。纽约的宾夕法尼亚车站是美国最繁忙的车站，每天的旅客吞吐量为60万人次。新宿站只要3个小时即可达到此数字。

阪本将我的注意力引导到山手线列车车头旁。

"你有没有看到那些排队的人？就我们所知，从来没有人教导东京人那样排队。"月台边缘的绿色线条标示了列车停止之后车门所在的位置；在每一条绿线前方，等车的乘客都排成4列整齐的队伍。山手线列车的车门打开之后，4列队伍随即从中间让出一条路，让下车乘客得以走到月台中央，接在另一批乘客后方，走向楼梯，前往中央-总武缓行线。等到车上几乎空无一人之后，月台上的乘客才开始上车。①这个过程看起来几乎像是一种有机现象，仿佛乘客下车之后产生的压力才促使月台上的等车群众拥入空车厢里。

头戴蓝色小帽的列车员走出车厢，踏上月台查看上车状况，然

---

① 这种守秩序的行为在亚洲并不常见，甚至在日本也如此。大阪市民以缺乏耐心著称，会在月台上佯装排队，但在列车抵达之后就争相冲向门前。此外，根据国际交通与安全科学协会的调查，大阪市民也会在最后一人下车之前的3.2秒就开始上车。比较守规矩的东京人是平均1.3秒。

后按下车头旁一根柱子上的按钮,一小段急促的声音响起,表示车门即将关闭。[山手线每座车站都有本站特有的关门警示音:惠比寿站采用的是充满浓浓怀旧风的惠比寿啤酒广告歌曲,令人联想起电影《黑狱亡魂》(The Third Man)中的齐特琴独奏。我对高田马场站总是满怀期待,因为那一站的关门警示音是振奋人心的《铁臂阿童木》卡通主题曲。]列车员通过麦克风广播了短短一段话,说话的声音是一种带有鼻音的婉约声调,这是日本公共广播的典型说话方式。

"他说这班车原本预计8点12分发车,但现在稍有延误,要8点13分才开动。"列车要是晚点超过5分钟,东日本旅客铁路公司的人员就会出现在月台上发放晚点证明,以便上班族在抵达工作地点之后,能在充满歉意地鞠躬的同时将晚点证明交给上司。

一个20多岁、看起来体格健壮的上班族,认定最接近我们的这节车厢仍有空间,于是倒退着上了车,面对着月台。他的姿态坚决,张开双腿稳稳立在车门边缘,手掌抵着车门上缘,身体向后拱,以臀部挤压着后方的人群。车门关上,只差一点点就夹到了他的鼻尖,只见他脸上浮现出一个不易察觉的得意微笑。列车开出车站,列车员从最后一节车厢尾端的窗户伸出头,右前臂靠在窗台上。列车离开之后,一名工作人员走到月台边缘,往下看了一眼,接着用戴着白色手套的食指沿着轨道一挥,表示轨道上没有任何障碍物。

还在月台上的乘客并不需要等太久:2分20秒后——这点时间还不够让人从月台的一端走到另一端——下一班列车就抵达了,于是整个上下车的过程又重复了一遍。

山手线的每一个车站都有类似的情景。这条约35公里长的环线连接了上野站、品川站、东京站、涩谷站,以及东京市中心的其他主要车站。在上班高峰期的峰顶之际,山手线共有50班列车同时行驶,一半顺时针行驶,另一半逆时针行驶,列车间距最短只有两分钟,每班列车载运的乘客都超过1500人。不过,山手线只是东日本旅客铁路公司在东京地区运营的35条路线的其中之一；而东日本旅客铁路公司又只是东京12家铁路公司的其中之一，其他公司包括东急电铁（每日载客量为290万人次）、西武铁道（每日170万人次）与东武铁道（每日240万人次）。除此之外，还有东京地铁13条线共850万人次的每日载客量。东京地铁的轨道基本位于地下，原本范围只涵盖山手线环线内的区域，但现在已延伸至千叶、多摩及其他偏远的"卧室郊区"。行驶速度缓慢的有轨电车、橡胶轮胎的单轨电车，以及一辆辆的接驳公交车将乘客载运到山手线沿线各车站，这条单一路线的每日载客量即等于整座纽约地铁系统的每日载客量。东京地区的所有居民一天总计搭乘4300万趟公共交通工具（一年将近160亿趟），相当于美国全国的2.5倍。就是这套稳定运作的绝佳系统（山手线在中央运转，犹如一个巨大的齿轮），可靠地将上班族运送到市中心，才让这个世界上最具生产力的巨大区域维持经济繁荣。东京为城市公共交通运输作出了典范，或者说它就是一座公共交通运输的巨大城市，因为这里聚居了日本四分之一的人口；东京是一座依列车建造的城市，现在也由列车维系城市运作。

　　在我们跟着人群走向车站大厅的途中，我向阪本表达了我对东京人守规矩的程度深感惊讶。没有人推挤，也几乎没有人互相碰撞，一切都进行得极为顺畅。

　　"那是因为东京人都是搭乘地铁的专家，他们知道在车站里该有什么样的行为表现。"

　　事实上，载客上下班的美妙机器能运作得这么好，绝非因为东京人天生就有某种适合搭乘地铁的基因，而是因为这里的公共交通运输公司不断致力于简化程序、一再调整车站路线、推出更舒适也更宽敞的车厢，并且不断以各种手段吸引乘客放弃收费的高速公路与私家车。阪本对东日本旅客铁路进行的研究，以分析地铁乘客流动现象为主。他设计出一套精巧的系统，能记录乘客踏入车站之后的行为。他在新宿站的南侧出口附近为我说明了这套系统的运作方式。

"挑战在于如何追踪个别乘客在车站大厅里的行走路线。"在新宿站的东日本旅客铁路区域,中央大厅的尽头是一座以荧光灯照明的长方形白墙厅堂。行色匆忙的乘客汇聚于此,再分别爬楼梯或搭扶梯前往上方的14条轨道。在高峰期,头脑清楚的人绝对不会自愿逗留在这里:在山手线的各大车站里,每秒都有数以百计的脸庞经过;那些靠咖啡因提神的人们,因为专注于上班效率而出奇沉默,看起来似乎能从身上产生能量。不是看起来似乎如此,而是确实如此。东日本旅客铁路一项试行计划让乘客只要走过嵌于车站大厅地板内的感应垫,产生的振动即转变为电能,用来点亮东京站所有的电灯。

阪本发现,天花板上那些对准人群头部的监视器无法捕捉这种复杂的活动。

"摄像头的传真度太高了,它们会记录下大厅里的所有活动,可这样的数据太多了。你得在天花板上安装好几百部摄影机,才能记录每个人的活动路线。"

阪本决定试验一种新科技。他在新宿站的适当角落安装德国制造的激光扫描仪,这是一种蓝色的小盒子,里面装有可转动的镜子,让光束180度来回扫射。乘客经过时,只要脚踝挡住光束,那道激光就会反射回感应器。每个数据点都和大厅内某个特定地点对接,再传至与扫描仪连接的计算机。尽管每天经过新宿站中央大厅的乘客人数多达数百万,形成许许多多的数据点,但阪本发现,只要8台扫描仪就足以涵盖整座大厅。软件将数据点汇集成线,代表各个旅客穿越大厅的路线。黄色线代表从左向右移动的旅客,蓝线代表由右向左移动的旅客,红点代表停下脚步的旅客——可能是因为迷路、一时迷失方向,或是停下来看手机。蓝线与黄线一旦相交,就会出现一个白点，代表一名旅客在那个时刻闪身避免碰撞。①阪本发现，所有的数据一旦汇总，便可描绘出一幅新宿站的鸟瞰动线图，只见许多蓝黄细线交杂在一起，伴随着许多红点与白点，由此得出的结果不是模拟，而是有如一帧帧以50秒为间隔的真实行为快照，显示出那一整天的旅客穿越大厅所行走的路线。

阪本带我走到东日本旅客铁路大厅的入口。我们看着旅客穿越一排及腰的闸门，有些人以熟练的动作将皮夹或手机举至感应器前，认定机器会从他们的公交卡或智能手机当中扣除正确的车费金额。突然间，闸门发出叮当的声响，两道隐藏的挡板随即关了起来，只见一名中年妇女猛然停下脚步，然后微微涨红了脸，穿过身后成群的旅客退了出去，到柜台去购买车票。

"我猜她应该是卡里余额不足吧，"阪本说，"她在我们的动线图上会是一个红点。"

阪本指向一排显示列车信息的LED屏幕。那些屏幕位于闸门后方十几米处，平均分布于月台两端之间。许多旅客都会在这里停下脚步，确认自己要搭的车在哪条轨道。阪本的扫描仪显示，新宿站南侧入口通常都会出现两团松散的红点，形成一道阻碍人潮流动的障碍，从而造成许多白点，表示许多人都得放慢脚步，闪身通过。这种现象在高峰期足以导致穿越闸门的人潮出现严重堵塞。

这个问题其实很容易解决。东日本旅客铁路重新调整了屏幕位置，将最多人搭乘的铁路线信息显示于右侧，引导需要参考列车信息的乘客聚集于一侧。原本在这里停步的乘客不免形成一道路障，现在则变成一个能轻易避开的热点，于是闸门的乘客流动又顺畅了起来。

---

① 游客请注意：日本人使用一种称为"手刀"的手势表示自己的闪避方向。这种做法是并拢手指往斜下切，你打算走向哪一边就斜向哪一边。这种手势看起来似乎有点粗鲁无礼，却极有效率，能让别人立刻得知你打算行走的方向。

"我的技术很新,"阪本说,"目前还在发展阶段。但再过10年,这种做法就可能用来变更车站的规划,甚至是像新宿站这样的大车站。"就在东日本旅客铁路致力于改造车站,为老年人与残障人士提高通行便利性的同时(在逐渐老龄化的社会里,此举乃是维持载运量的重要措施),那些激光扫描仪将用于辨识关键热点,以便调整电梯位置,并确认该在何处设置书报摊、移动式人行道和小吃亭。

阪本那套分析旅客流动状态的系统只是众多创新当中的一例。在我走访日本期间,东日本旅客铁路的技术人员正在研发自愈水泥(只要水流入裂缝,水泥就会自我修复)、喷水系统(将温水喷在子弹头列车的轨道上以融化冰雪)以及隔震系统(有了该系统,即可在高架列车轨道下方兴建舒适的旅馆)。现在,东京地铁有些列车能监控车轮的载重量,并在轨道急弯处喷上一种特殊的润滑剂,以便减少摩擦与尖啸声(这种做法显然大可应用在纽约的地铁上)。日本铁路的出色之处就在于将这种渐进的改善措施不断整合加入系统之中,使其越来越精妙。

阪本瞥了一眼他的手表,接着看了大厅最后一眼。

"抱歉,今天一切都进行得那么顺利。"他说。他知道我预期看到但丁的地狱那种推挤堵塞的景象。"使乘客顺利移动的最佳方法,就是运营一套可靠的公共交通运输系统。只要列车准时到站,就没有问题——一点问题都没有。就算每天有超过300万人使用这座车站也没有关系。"

我看着新宿站的这位"维吉尔"赶去搭乘8点36分开往大宫站的列车,成为众多身穿黑色西装的上班族之一。在我的脑海中,他已幻化成一条流动的蓝线,优雅地穿梭在红点与白点之间。

7 列车城市

列车城镇

东京的铁路是衡量其他所有铁路系统的标准。简言之,东京是公共交通运输乘客的天堂。

在湘南新宿线,东日本旅客铁路的双层头等绿色车厢设有铺着厚绒布的躺椅,列车员还会在夜间列车上推着推车,沿着走道提供冰啤酒。大多数的路线都设有绝佳的空调设备,在东京夏季闷热的天气里,列车里吹着凉爽的冷气;到了冬天,加热的长凳座位则可为你的臀部带来一股暖意。所以你在车上常会发现邻座乘客的头靠在你的肩上,因为太舒适而睡得不省人事了。列车不但班次频密,而且安静又快速:才刚出东京市中心,特快列车的时速随即提高到约130公里——美国国铁除了少数城际列车之外,没有一班列车的极速能到达130公里每小时。售票机以日语或英语发出语音指示,吐出车票的时候还会显示服务人员向你鞠躬的动画。

不过,现在车票已越来越罕见了。许多东京人的皮夹里都放着称为"Pasmo"或"Suica"的金属卡片。这种卡片内含芯片,只要在火车或地铁的进站闸门前将卡片放置于距离感应器10厘米之内的范围,即可感应扣款。在大东京地区流通的这种卡片共有4000万张,平均储值多达250美元,现在这些卡片还可用于便利商店、公交车、贩卖机,甚至出租车。有些私人列车线的卡片感应器能自动发送信息到父母的手机,只要孩童通过闸门,父母就可立刻知道。

无可否认,日本人非常热爱他们的列车。在主要路线的轨道弯道上,我见过成群的人聚集在一旁观看列车,这种人在日本被称为"电车宅男",但他们比较喜欢自称为"铁道迷"——手持望远镜努力捕捉飞速经过的新干线列车或是流线造型的特快列车。列车甚至也融入日本人的性生活,形成"电车痴汉"①这种色情形态。一部连载漫画描绘了一名旅行作家因为兴趣而花了15年时间走访全日本将近1万座车站的真人真事,结果大为畅销。由这部漫画改编成的动画片更引发一场全国热潮,促使许多人造访位于偏远山区的隐蔽车站。

"没话说,日本的列车系统是全世界最棒的。就路线密度、洁净程度、可靠性以及搭乘的便利度而言,都遥遥领先于其他国家。"城市规划史学家安德烈·索伦森这样告诉我。他写的《日本城市的形成》(*The Making of Urban Japan*)是英语世界里介绍日本城市规划的重要著作。目前在多伦多大学担任城市地理教授的他,曾在日本住过9年,至今仍对这个国家的公共交通运输系统惊叹不已。"他们在东京做到了其他人做不到的事情。私营铁路与地铁系统无缝接轨,你可以在东京以西的横滨搭上一班东急电铁列车,这部列车会钻进东京市中心公共地铁系统的隧道,然后驶上东京市东侧的私营轨道。你只要搭乘正确的列车,就可以直接到达你家,太美妙了!"

这里的上班族之所以会是全世界最受呵护的一群人,是因为日本人口密度足以让列车有利可图,于是铁路公司能靠着这些利润不断改善服务——不论是利用激光扫描仪调整车站动线,还是采取新式隧道钻掘科技兴建全新的地铁线。当然,今天的东京之所以会人口如此密集,正是因为这座城市在20世纪的发展几乎完全由电力列车推动,而不是靠汽车的内燃机促成。

这一点正指出当初促使我来到东京的那个问题:住在一座由列车促成的城市里,真的会优于在一座为汽车而建的城市里生活吗?

---

① "痴汉"在日语中指流氓、色狼,指对女性做出性骚扰或性侵犯行为的男性,多出没于拥挤的电车上。——编注

特快列车与叮叮电车

我有个老朋友住在日本。斯科特和他太太珍妮弗在东京已经住了8年,不但学会了日语,还收养了一个日本女儿。借着拜访他们以及通过他们的目光看待日本,我得以一窥这个原本不得其门而入的文化。

我刚抵达东京时,因为搭了14个小时的飞机而备受时差与膝盖僵硬的折磨,所以脑子也花了好一段时间才适应这座日本大城市的规模与密度。在从成田国际机场开出的特快列车上,我首次瞥见日本的城市化发展;直到今天,搭乘这班前往东京的列车还是会让我惊奇而着迷。成田机场兴建于20世纪70年代,当时为了铺设跑道征收了不少田地,因此遭到当地农民抗议,曾经出现不少暴力冲突。从这座位于东京市中心以西约64公里的机场搭车进城需要一个小时。在头10分钟里,框在狭窄小路间的长方形稻田不断闪掠而过,背景是长满树木的低矮小丘,有些丘顶还矗立着多层宝塔。不久之后,一片片两三层楼的市郊住宅便开始出现,周围环绕着小型轿车与厢型车;接着,房屋变得越来越密集,而且转为多层楼的公寓建筑以及位于车站附近的购物中心。等到特快列车驶入千叶市这座人口近百万的卫星城市时,已经完全不见乡间景色,取而代之的是多层自行车停车场、被围网包围的高尔夫球练习场、水泥边岸的河流、错综复杂的电话线与电线,还有柏青哥①游乐场门口闪烁不已的霓虹招牌。不过,成田特快列车只有在这趟旅程的最后几分钟,

---

① 柏青哥是一种日式弹珠游戏,1930年出现于日本名古屋,发源自欧洲的撞球机,在日本非常流行,但因其变相赌博性质,受到政府的严格管制,现已日渐式微。——编注

才会驶入一片有如《银翼杀手》电影场景的市区——在东京、品川与新宿这几座大车站周围,可以见到许多外形古怪、不对称的摩天大楼以及巨大的LED屏幕。除此之外,你在这趟车程上有一大半时间看到的都是密集丛聚的低矮住宅,偶尔间杂几幢4层到6层楼的公寓建筑、办公大楼和商场。然而,就东京的人口数量来看,这座城市占用的土地其实不多。东京都市圈共有3600万居民,土地面积却只比人口仅有450万的悉尼稍多一点而已。

记者麦尼尔在20世纪90年代走访东京市郊,看到的仅有"一团混乱粗陋的景象,纯粹功利取向,毫无规划可言,只有隧道看起来比较顺眼"。不过,光是坐在快速列车上看着窗外,实在不太可能看出日本城市的魅力。唯有深入城市各区的密集楼宇,才能领略日本城市的迷人之处。斯科特与珍妮弗带我到大多数游客不会去的社区,让我得以欣赏东京人在城市生活上无人能及的长处。要真正了解东京经历地震、燃烧弹与经济泡沫后仍旧持续发展的深层城市结构,就必须搭乘比成田特快列车慢上许多的列车。

18世纪初,当时名为江户的东京原是世界上最大的城市。100万人居住在本州岛太平洋海岸的大海湾上,在松软的冲积土上兴建石砌运河与木造房屋。1868年,明治天皇废除幕府之后,就把原本位于京都的皇室住所迁至东京。被称为"大名"的封建领主与家臣及武士定居在高原上的山手区;平民住在低洼的下町区,这是一片从隅田川的三角洲填河造地而成的区域。而当初也和现在一样,位于中央的是由护城河环绕的皇宫。正如罗兰·巴特在《符号帝国》(*The Empire of Signs*)里指出的,东京皇宫从来就是平民不得涉足的禁地,因此东京中心那块比白宫更大的地区乃是"一片空荡"——与西方城市对比鲜明,因为西方城市的中心原本就设计得热闹不已:充满了歌剧院、大教堂、凯旋门及其他具有特殊意义的建筑。东京的公共交通运输系统规划见证了从这座城市的神圣中心向外发散的魅力。在山手线这条1925年完工的环线上,分布了许多与皇宫保持距离的地铁站。即便到了今天，日本仍然不允许任何地铁线侵入天皇宫殿所在的地区。

在古老的江户，居民出行全依赖步行，或是搭乘渡船往返于码头与下町区那些两岸满是仓库的运河。世界上最早的人力车出现于19世纪中叶，而且非常适合东京的狭窄街道。不过，这种运输工具立刻就面临另一种新科技的竞争：铁路。美国舰队准将马修·佩里在1854年二度造访日本——美国黑船在前一年的来临震撼了日本，从而促使这个惧外的封建国家踏上现代化的道路——佩里带来的货物当中包括一部四分之一比例的蒸汽火车头。这些外国人铺设了一条围成一个圆圈的轨道，并且带了一名幕府官员搭车兜风。随着火车加速到30公里每小时，那名官员的长袍在风中飞舞了起来。日本人对这项新科技十分热衷，到了1902年便已有私人企业建造电车铁路，从银座这座西式砖造城镇通往新宿的马厩与妓院，再通往西边位于稻田以外的多摩。4年后，日本政府（昔日的武士阶级已变成了身穿套装、领薪水的行政官员）将全国约4800公里的私营铁路收归国有。

根据索伦森的说法，"私人企业家才是真正懂得如何建造铁路的人，而且他们拿赚得的钱在大阪、名古屋及其他有利可图的大市场兴建更多私营铁路。"这种由私人建造再收归国有的模式在20世纪一再重复，日本政府铁路公司，也就是当今日本旅客铁路公司的始祖，也铺设了一套策略性的铁路网，在第二次世界大战前的军国化发展中用来运送武器与部队。

东京在蒸汽火车与电车的推动下步入了现代化，但铁轨与电线还不足以消除昔日的江户建筑。1923年大地震之后的大火烧毁了近半个东京。东京人再次以木材重建家园，结果在第二次世界大战结束之前，成群的轰炸机却以燃烧弹炸死了10万人，并将约40平方公里的市区夷为平地，这些地方大多位于东侧的平民区。

后来建造的房屋之所以显得简陋，甚至丑得难以入眼——常见的建筑都是由满是水渍的水泥盖成的盒状住宅，外表贴上塑料砖块，还挂着分离式空调主机——部分原因是东京人对于恒久的建筑没有太多的经验。从第二次世界大战结束后就一直观察东京的文学浪子唐纳德·里奇写道："东京比其他城市'更怀有对毁灭的忧思'。东京建造在19条大断层带上，由于建设高楼的成本昂贵，风险又高，因此该城一直是一座以低矮建筑为主的城市。原子弹与燃烧弹、海啸与末日教派、地震与大火、哥斯拉与摩斯拉——各种毁灭城市的情境在这里都能获得鲜明的想象。在我最近一次造访日本之后，2011年的'3·11'大地震与海啸不但摧毁了北部海岸，我的朋友在他们的东京住宅里也不免担惊受怕；而这场灾难也再次证明日本随时笼罩在死神的阴影下。"

在第二次世界大战后发展起来的东京，可能会让人误以为是一座混乱的城市。斯科特与珍妮弗在搬到东京之后，已经住过三个不同的区，而且我在他们的这三个家都住过。第一个是北小金区，距离东京市中心一个小时，而且必须转三次车。他们住在一栋建得颇为脆弱的两层公寓建筑的一楼，设有煤油暖炉与化粪池。那片区域的乡间小道旁混杂着稻田和菜园、废金属回收场、广告牌和工业焚化炉，偶尔又会突然出现高耸的超现代购物中心，一切仿佛是突然冒出来的，没有经过任何理性规划。他们的第二个家是一间天花板低矮的公寓住宅，位于中央线一个高度城市化的社区内的公寓大楼里；他们家所在的那条街上还有柏青哥游乐场和外国工人的狭小宿舍。第三次搬家就比较幸运了。他们现在租住的屋子是一幢附有花园的两层独栋住宅，接近山手线的目白站，所在的社区是日本城市住商混杂形态的典范。

在目白区，曲折的街道蜿蜒经过混凝土灌浆盖成的密集豪宅、古老的木制住宅、鱼铺、店面狭小的美容院和贩卖日用品的商店。年老的妇人清扫着巧妙规划的小公园；住户在路旁摆出松树盆栽及各种绿化盆景；树木的枝干上悬挂着木牌，显示其日文名称和拉丁学名。你能感受到这是一座精心照料的社区,各种小小的美化措施赋予其生气。目白区的街道不需要设置欧洲式的减速路障,数量不多的汽车只能在狭窄得有如小巷的街道中小心前进。这片社区显然是自行车骑士与猫咪的天堂。

目白区只是东京诸多这类区域之一而已。这是日本城市的一大秘密:除了主要交通动脉之外,其他街道通常极为静谧。比起那些伴随着高速公路和汽车发展而来的城市,日本城市的街道气氛怡人得多,也相当适合步行。

"东京大部分地区都充满狭窄曲折的小巷道,"里奇指出,"日本人和英国人一样,比较喜欢亲密惬意的环境,因此新东京的街道也就像老伦敦一样蜿蜒曲折。这样的环境也产生出一种相应的群体认同感:这种惬意的小巷道只属于我们,不属于你们这些外来的人。"如今的快速道路覆盖了古老的运河,主要干道也循着古江户的山脊和山谷道路而建。"在欧洲,城市借着不断突破城墙的硬壳而发展,"阵内秀信在《东京:空间人类学》(*Tokyo: A Spatial Anthropology*)这部经典研究著作中写道,"但在江户,从寺庙与神社的所在地及其对于周遭土地的使用方式,可以看出这座城市的生活是在一连串的软壳内成形的。"欧洲的城市建造石墙保护居民;但在人口密集的日本城市里,人本身就是城墙。

东京这种纹理细密的城市结构以及建筑缺乏统一性的现象,导致有些西方人认定他们所知的土地使用分区法在日本并不存在。实际上,早在1919年,日本的法规当中就已有仿照德国模式的土地使用规则与城市扩张界线法,甚至比在美国普及的土地使用分区法出现的时间更早。现代北美洲的土地使用分区法规范得相当粗略,极力分隔居住、商业与农业用途的土地,从而确保居民必须通过长途出行才能到达购物商场或办公室。除了少数特殊地区之外,日本的土地使用分区则允许面包店、豆腐工厂、驾校、公共温泉及其他小企业开设在住宅区里。轻工业区也可能像变形虫一样出现在公寓住宅的街区内，农业区则是在法令的豁免下得以存在于工厂区域。索伦森指出，由于这些高密度、用途混杂的中心区域的存在，东京的区域发展模式所具备的持续性在世界各大城市中名列前茅。这一切并非全是刻意设计的结果：日本政府经常把工业发展的需求置于城市居民的生活质量之上。许多社区出现像简·雅各布斯的格林威治村那样迷人而且人性化的区域，得归功于一项长久的自立自助传统。

"日本有一种常见的模式，"索伦森告诉我，"就是经过规划的城市区块嵌在一大片未经规划的城市扩张区域之中。"日本的城市超过半数都是由乡间道路旁的一块块土地偶然发展而成的，就像我在北小金区看到的那样，下水道、学校与公园都是事后补上的，建造成本经常因此大幅提高。东京虽有许多快速道路，这些道路却不是结构元素，而是在这座城市的基本形态已经由早期的运输形态固定了之后才另行添上的，而且经常加得颇为拙劣。索伦森认为东京只有铁路网受益于高效的长期区域规划。"东京的铁路系统让一座原本可能沦为一大噩梦的城市得以运作得非常好。东京人认定每一个新开发项目的核心都必须有一座步行即可抵达的车站。只要公共交通运输系统做得好，就会发现我们在北美洲所执迷的东西——郊区发展的详细规范，其实没那么重要。东京证明了良好的公共交通运输系统能缓解严重的城市问题。"

搭乘成田特快列车，不免误以为东京是一座毫无节制的扩张型城市。要纠正这种观点，可搭上"叮叮电车"一探究竟。东京的电车在20世纪的全盛期共有约354公里的轨道，每天可载运200万人次。由私人公司建造而成的都电荒川线是少数留存至今的电车路线之一，目的在于载运赏樱群众前往飞鸟山公园。现在，这条路线由东京都政府经营，仍然从早稻田大学这座日本政治精英的培育场所发车，开往在古江户时期是红灯区，但现在已转变为工人阶级居住区的三之轮桥。

一个飘着细雨的午后,我在早稻田大学附近一座位于街道中央的遮棚式月台搭上一辆已有40年历史的单节电车。戴着白色口罩的司机指向投币箱;我投下几个100日元①的硬币,接着在门边的座椅上坐了下来。"叮叮电车"的铃铛发出一阵叮当响,司机将铜质节流阀往右推。随着电车开始加速,一股电动嗡鸣声便逐渐升高,伴随着钢轮辗过轨道接缝处发出的连续咔嗒声响。荒川线的电车一次可载运50人,乘客可坐在铺有绿色厚毛呢的长凳上,或是紧抓老式的塑料拉环站着;不过,在这个时间,车上所有乘客都有座位。两名身穿花朵图案和服的老妇人踩着小碎步上车,以庄严优雅的姿态收起雨伞。在我的对面,一个灵巧的年轻女子左手持着一个粉饼盒,右手刷着睫毛,同时将一只路易威登提包夹在穿着丝袜的小腿之间。我们抵达车库前站之后,司机随即起身伸个懒腰,把他放在控制台上的怀表收起来,走下车,在月台上向接班的司机鞠躬行礼。

这班电车的路线可让人窥见日本住宅区生活的真实面貌。拉面店、公共温泉浴池与自行车维修铺夹在紧邻轨道的独立木制住宅之间。在我们面前一个狭窄的平交路口,两名少年骑着自行车飙过轨道,低头闪避缓缓降下的栅栏。在一个3楼的阳台上,一个男孩看见他爸爸绑在栏杆上的鲤鱼旗随风飞扬了起来,兴奋地拍手叫好。电车上的乘客主要是退休人士,脸上带着平和的微笑看着周遭滑过的一幕幕景象。

等到我抵达终点站三之轮站的时候,细雨已经成了大雨。我在一条商店街里避雨,商店街上方有一片玻璃屋顶,商店楼上的公寓看起来有如工人阶级版本的巴黎拱廊街。我一边吃着从一家天妇罗店买来的炸西葫芦片和炸红薯片,一边探索着电车线终点这片老东京的绿洲。穿着宽松工作裤的建筑工人坐在板凳上,一边谈笑,一边享用着啤酒和烤鳗鱼。一个板着脸的店老板用算盘计算着这一天

---

① 2012年,100日元约等于人民币7.3元。——编注

的营业额,同时和街对面的同行有一搭没一搭地斗着嘴。系着围裙的家庭主妇骑着自行车穿梭在行人间,车筐内满是日用品。

像这样的情景也可见于上野站的高架道路底下、接近下北泽站的平交道、小巷里烟雾缭绕的串烧摊贩旁、"醉汉巷"里只有10个座位的简陋酒吧里,以及新宿外的"小便街"上。惬意小巷的蓝图似乎深深扎根于日本这个国家的基因里。子弹头列车在这类社区旁呼啸而过,快速道路则积极摧毁这样的社区。尽管东京备受地震、燃烧弹以及数十年来的莽撞发展的摧残,这座城市的下町①精神还是持续了下来,而且一旦依偎在缓慢行驶的"叮叮电车"的轨道与站台旁,最是怡然自得。

道路族与铁道迷

铁路文化在日本城市里极为根深蒂固,很容易让人忘记日本也是世界上一大汽车生产国。

东京街道上的汽车看起来有种玩具感:所有的车辆看起来都毫无瑕疵,仿佛刚拆封一样。这里可以看到外形有如泡泡般的三菱托波、斯巴鲁普雷欧,以及看似将奥斯汀迷你轿车撑大的铃木奥拓兔子。出租车的椅背上都铺有精致的蕾丝椅套,使用的车款包括日产的公爵布鲁厄姆和丰田皇冠。日产近来发布了Pivo 2概念车,其轮子能够90度旋转,可横向驶入停车位;这部三人座的汽车还有个安装了仪表板的机器人头,头上的"眼睛"能侦测驾驶员的表情,若是

---

① 在江户时代,高地被称为"山の手"(高级住宅区),地势低洼的地区则被称为"下町"(老街区)。——编注

发现驾驶员皱着眉头,就会播放他最喜欢的音乐。日本的商用车保有量高居世界第一,东京市中心的交通有时看起来似乎全都是小卡车、小型摩托车、送货车辆、出租车、公交车与豪华轿车。这种现象绝非偶然,原因是在东京拥有私家车必须付出非常高昂的代价。

日本出现私家车的时间比大部分地区都晚。东京直到1959年才出现第一座商用停车场;日本的第一条高速公路(介于东京与大阪之间)更是在4年后才出现。不过,战后宪法限制军费支出的日本迎头赶上,将原本可能拨给军队的经费用于修筑奢华的基础设施。首都高速公路的路面有如台球桌般平整,在市中心的高楼大厦之间倾斜向下,钻入街道底下的隧道——这只是日本庞杂的全国收费道路网当中的一条而已。在这里,高速公路的兴建暴露了分肥政治最糟糕的一面:政治人物以工程合约酬庸亲友,而这些"道路族"在高额汽油税的滋养之下,经常在偏远地区兴建无用的桥梁,通往鸟不生蛋的地方,不然就在工业园区兴建连接港口与机场,但是没有企业会使用的高速公路。为了应付预算超支,日本的3家高速路公司(其背负的债务总和为3400亿美元)经营了全世界最贵的高速公路,过路费高达法国的2.5倍。就柏油路与可用土地的面积比而言,日本现在拥有的道路至少比其他发达国家多出4倍。

然而,日本却是第一个出现大规模去汽车化的工业经济体。日本的汽车销售量在1990年达到一年800万辆的高峰,随即迅速下滑;2010年,日本人只购买了460万辆汽车,创下33年来的新低。此外,拥有汽车的人也不常开车:在日本,车龄10年却行驶不到10万公里的车辆并不罕见。2012年,日本只有四分之一的男性表示自己想拥有汽车,远低于2000年的二分之一。这一趋势在年轻人身上特别明显。

"我不想拥有汽车,主要是因为日本的停车费非常高。"武井优季说。三十出头的武井在一家进口中国家具的公司上班;他住在上海和北京的时候学会了中文,并且在北京结识了他的越南籍妻子。他是个身材结实的年轻人，握起手来非常有力。这一天，他从他住的公寓骑自行车到船桥站附近的一家咖啡厅和我见面——船桥站位于总武线。"你要是住在东京，一个月的停车费就得花5万日元以上，将近450美元，实在太贵了！"东京自20世纪60年代初期以来，明文禁止路边停车；现在，要买新车的人都必须证明自己拥有车位。武井虽然搭乘列车上下班，但他在工作时偶尔也得开货车送家具样本给客户。"交通糟透了，拥挤得很，而且路都很窄，所以相当危险。不过，这里的驾驶员都很守规矩，他们都清楚交通规则。不像有的地方，路很宽，可是红绿灯并没有作用。"

武井说他和他太太不想买车。"我们要是有小孩，也许会想开车去度假。可是现在有网络，可以租车，也能开共享汽车。列车通常会准时，很少晚点。"武井让我看他的自行车，那是一辆五段变速的"越野系列"自行车，轮胎大小只有一般自行车的一半，而且可以折叠起来带上火车。

我骑着那辆车绕了一圈——一个手长脚长的外国人骑着小自行车穿梭在周末购物的人潮当中。车站周围满是双层自行车停车架，工作日停车一次100日元，周末停车免费，也有许多人直接把自行车立在车站外，没有上锁。日本和哥本哈根一样，停车、换车指的总是自行车，而不是汽车。对于拥有汽车这件事，武井和许多同龄的日本人的观点应该会让世界上的汽车制造商深感忧心。在20世纪80年代出现经济泡沫之后，日本已经历了20年的通货紧缩与经济停滞，这种经济环境无助于提高汽车这种昂贵物品的炫耀性消费。此外，环保意识的高涨也对汽车销量造成冲击。一辆日本汽车载运一名乘客行驶1.6公里将排放300毫升左右的二氧化碳。相比之下，日本旅客铁路的列车平均载运一名乘客行驶1.6公里排放的二氧化碳只有20毫升。"3·11"海啸造成的核电灾害虽然突显了日本对于核能发电的高度依赖（驱动日本列车的电力有30%都来自于像福岛核电站这样的核能发电厂，剩下的则来自天然气与水力发电），但公共交通运输的能源需求其实低得令人吃惊。(在高峰期,单是东京的柏青哥游乐场所消耗的电力就比该市的主要地铁系统高出1倍以上。)公共交通运输的乘客量以及列车的效率,更有助于说服人们支持公共交通运输系统。美国平均每人每年排放24吨二氧化碳;而东京因为公共交通运输普及,平均每人的年二氧化碳排放量只有4.8吨。

年轻人的一些态度也显示汽车已经逐渐落伍。著名女企业家藤田志穗是辣妹的偶像——所谓的辣妹,是指日本具有高消费能力的后青春期女子,热爱涂抹美黑霜,染金发——她曾在不久之前表示:"我要是和朋友在一起,而我的男友开车过来接我,我会觉得有点不好意思。"2009年,一项针对大学生进行的调查发现,在25项最受喜爱的产品与服务当中,汽车排名第17,落后于化妆品、电视及外语课程。我访问的许多日本年轻人都提到二氧化碳排放与污染是他们不买车的重要原因。

我找到东京大学城市工程系的原田升教授,他的研究领域是旅行行为学。我向他请教汽车在日本有没有前途的问题。

"以前的东京人赚了很多钱,都想在市郊买独栋别墅和私家车,那是当初的梦想。现在的年轻人却不这么认为,尤其是在郊区长大的年轻人!汽车和市郊住宅是他们父母那一辈的梦想,现在的年轻人认为住在城市里比较好,这样他们就不需要开车了。"

从未停止兴建高速公路的日本政府,对于是否鼓励民众拥有汽车继续传达出矛盾的讯息。我造访日本的时间刻意避开"黄金周"——这是春季连续几个法定假期形成的长假,大家会借此机会离开城市,走访偏远的寺庙或公园,因此列车和高速公路上不免满是旅游人潮。为了鼓励民众利用黄金周进行国内旅游,日本政府决定将高速公路的过路费降到相当于12美元——这在日本是非常划算的。

我后来在《读卖新闻》上读到,这项鼓励措施效果好极了,以致日本铁路旅客的载客量下跌7%,而且全国出现58起严重塞车现象。在东名高速公路上,从东京开往名古屋的驾驶员身陷长达64公里的创纪录的车龙里。他们在珍贵的假期当中,只能在路上空等,望着东名高速公路北侧的富士山发呆。或者说他们原本看得到富士山,只可惜视野在那个周末被浓浓的雾霾给挡住了。

东急,东急,东急

在第一次世界大战之前,美国的电车公司将他们的轨道延伸到所谓的电力园区,也就是这些公司拥有的展览场地,距离大城市的市中心都有数公里之远。这些电力园区和市中心之间的空间,则由电车连接。在20世纪初期的日本,位于铁路尽头的景点通常是露天温泉、巨大佛像以及可饮清酒赏樱的公园。美国的高速公路取代了电车,日本人却不曾停止铺设轨道。现代的东京就是一座大型的电车郊区。

日后的发展模式在大阪定型。1910年,阪急电铁公司在梅田站盖了一栋百货大楼,并在轨道另一端建造了一家温泉饭店,同时在轨道沿线兴建住宅区、办公大楼和旅馆,一条原本没什么利润的路线因此变得获利丰厚。日本的新兴铁路大亨注意到了这项发展:旅客运输业虽然有利可图,但若能在居民想居住的地方建造社区,那么一个活力充沛的企业家即可打造出一座帝国。

日本式的郊区梦想向来比美国版本朴实得多。独栋的单户住宅,由充满象征意味的大门与围墙环绕着一座小庭院——这不是亚洲版的莱维敦房屋或加州平房,而是仿造江户时期的武士堡垒。铁路集团运输旅客的距离越长,赚得的车费就越多,因此他们也将轨道延伸至东京的偏远郊区,让这种市郊堡垒成为一般人能企及的梦想。在第二次世界大战后的大规模郊区化发展当中,许多社区成为京王、小田急和西武等铁路集团的地盘。不过,其中最大的集团乃是东急电铁公司。

这家公司早期的主管收购了东京以西的私营铁路。在涩谷站这类大车站附近,也就是乘客从国有铁路或地铁转搭东急列车处,该公司都建造了巨大的百货大楼。东急成立了合作社,将农地合并起来,并且将开发之后的土地还给原本的地主,因此地主愿意捐出多达45%的土地面积,换取开发完善的土地,从此不但拥有下水道、街道与电力服务,并且享有轨道运输的服务。这种间接促成城市发展的做法称为土地整理,就是将市郊住宅区模式扩展至乡下地区的方式,由此造就了东京以铁路为基础的特殊发展模式。东急集团成为日本数一数二的企业帝国,重新规划了市区30%面积的土地,它所采用的这种方式也因此被称为"东急方法"。

涩谷区拥有山手线最大的几个车站之一,也是东急集团总部所在地,是东京最热闹的区域。我小跑穿过车站广场前的十字路口,望着街口屏幕上一只约10米高的喋喋不休的动画企鹅,深深意识到我来到了东急的地盘。我身后是一座高耸的购物商场,外形有如银色的导弹发射井,墙体有"109"的发光红色字样——这是"东急"的昵称,因为日语中"10"的发音与"东"相近,"9"的发音又与"急"相近。涩谷站上方耸立着独家经营的东急饭店,街道上还有一家东急手创馆的门店:这是一家多层楼的百货公司,更是手工艺爱好者的天堂。摩天大楼之间的高架轨道是东急集团的财富基础,不断为涩谷带进一批批来自西边市郊的乘客。东急是现今日本以铁路业务为基础的集团当中最大的一家,年收入达120亿美元。

城石典明是东急运输发展部门的资深规划师。我对他说,在东京显然有可能住在东急公寓住宅、搭乘东急列车前往市中心,并在一栋东急办公大楼里工作一整天。

"东急,东急,东急!"他笑着同意我的说法。当时我们正坐在东急百货公司的一家咖啡厅里。城石摊开东急公司的路线图,指出将乘客从市郊载运到山手线的涩谷或目黑等主要中转站的7条东急路线。"东急共有100座车站,但只有100公里的轨道。每天有300万名乘客使用我们的路线,所以我们必须运营许多车次,有时候车次间距不到两分钟。"换句话说,单是这么一家私营铁路公司,每天载运的乘客就和整座伦敦地铁一样多——而且轨道长度还不及伦敦地铁的四分之一。"我们的田园城市和东横这两条主要路线,现在面临的问题是过度拥挤。我们在高峰期的载运量通常已达到原设计容量的200%。为了解决这个问题,我们正沿着既有路线兴建新轨道。"

我们搭乘一辆行驶在东急轨道上的东京城市快车,前往涩谷西南方约16公里处的多摩田园城市,并在其商业中心的多摩广场下车。城石在途中对我说,东急服务的区域是东京市最年轻也最富有的地区。"多摩的人口预计会在往后25年继续增加。此外,我们沿线的居民都有很好的收入,比全国平均水平高出50%。"多摩可以说是洛杉矶富裕郊区的高密度版本,但没有洛杉矶的塞车现象。在二子玉川这类购物圣地,可见到300美元的瓜果、小须鲸鱼排,以及镶满珠宝的卡地亚手表。

我们在多摩广场搭乘扶梯来到一座购物商场的4楼,俯瞰车站的工地。那座兴建中的车站是一座玻璃与钢制建筑,有挑高的天花板与吸引人目光的弧状屋顶,看起来比较像上海或新加坡机场的国际航站楼,而不只是地铁站。

城石指出,东急采用新式的建筑方法,因此能开发轨道上方的空间。不到一年,这座车站的周围将有崭新的百货公司、美食街、超市和办公大楼环绕。

"40年前,这里还是一片山地,只有农民住在这里。那时候根本还没有多摩市,但现在这里的人口已经超过50万了。"

自20世纪70年代开始,政府的城市规划师就企图降低东京对市中心的依赖。像多摩市、千叶新市镇与筑波科学城这样的"科技城镇",原本应当能满足居民的居住与工作需求,消除至市中心的日常长途出行需求,但日本的技术官僚和法国的一样,一直无法在住宅数量与就业机会之间取得适当的平衡。当初形成东京的那股磁力持续发散到了山手线的副都心线,例如新宿与涩谷这两个区现在即将结合成为一座巨大的中心商业区。不同于美国,日本市郊的兴盛并未造成市中心的衰颓:远郊地区虽然吸引了居民,但就业机会仍在山手线。横滨虽然距离涩谷约26公里,而且是一座人口数与洛杉矶相当的独立城市,现在却也大致成了东京的"卧室郊区"。

"就城市形态而言,以铁路为基础的系统能强化中心区域,"索伦森告诉我,"东京虽大,却是一座单一中心的城市,而这点完全是铁路系统造成的。东京的铁路网之所以会强化集中性,是因为这套路网和所有铁路系统一样是放射性的:所有路线都连接到中央的山手线。"主要政府机构向来聚集在皇宫周围,企业也仍旧尽可能让总部接近这些影响力的中心。

东京市中心在二十世纪七八十年代虽然出现居民外流至市郊的情形,但其身为就业中心的重要性却不断提高。如同许多扩张发展的美国城市,扩张速度最快的环状区域像地震波一样向外扩散,延伸至距中心半径32公里至65公里的地区。经济衰退之后,郊区化发展随之停滞,扩张幅度最大的环状地带几乎立刻收缩至距离中心半径20公里的区域内——大约是东急的多摩广场所在的位置。自此之后,东京都市圈就忙着赶上过往的发展,填补当初在狂乱扩张中遗留下来的缺口。我不禁联想起在洛杉矶见过的那种模式——城市运输局将帕莎迪纳与好莱坞的空地开发成新的公寓住宅区。

东急公司的铁路线协助了东京发展,现在也充分利用人口回流市中心与近郊的趋势。城石表示,多摩广场的第三阶段将在2012年动工:"我们的目标对象是年轻人到中年人。年轻人基本已不再开车,所以我们正在兴建高密度的公寓大楼,每栋都有几百户,而且距离车站只要步行10分钟。"所有道路都通往车站,而车站里的铁路即可通往东京。新一代的车站还设有幼儿园,父母可以先把孩子放在幼儿园之后再搭车上班。

我之所以找到城石,是希望他能带我参观东京最新的TOD模式。搭车返回涩谷的途中,望着车外的公寓大楼、百货公司和自行车停车场,我才意识到自己的想法有多天真。在这座依循列车兴建而成的城市里,找寻非TOD模式才是真正的挑战。

在造访多摩之前,我请教过东京大学的原田升教授,问他是否认为东京以公共交通运输为核心的发展方式能套用在北美洲城市身上。

"我认为在任何地方都有可能,"他对我说,"你未来想拥有的生活方式,取决于你的价值观、做法、决定以及你是不是愿意付出更多的钱支持公共交通运输。依赖汽车的城市对于习惯开车的人很舒适;但有些人无法开车,这些人也应该拥有选择权。一座城市应该提供给他们这样的选择。"

不过,我并不确定东京的模式是否真能外销。这是一座独树一帜的城市:全世界只有这座大城市的私人企业能在没有政府补助的情况下经营轨道运输且获利。像东急这样的企业集团之所以能做到这点,是因为他们的列车载运许多乘客、车次非常频密,而且行驶路线贯穿了他们为乘客建造的高密度住宅区。就像放弃高速公路而选择电车的洛杉矶一样——亨廷登太平洋电气公司不但持续运营城际红色列车,甚至还开发了南加州大部分的市郊住宅区。

这不是北美洲习惯的做事方法。至少到目前为止,北美洲大多数的高速公路与公共交通运输系统都是国营的。在东京,铁路的经营者同时也是城市的建造者,这种权力的高度集中不可能出现在西方的民主社会。公共交通运输系统在东京恰好能够获利,这并不足以作为公共交通运输应该私有化的证据。这点不过是更进一步证明(如果还需要更进一步证明的话),东京的确是个自成一格的世界。

陆地喷气式飞机

我绝对不能没搭过新干线就离开日本。我用一天的时间在京都走访寺庙之后，在车站里也忍不住化身为"电车宅男"，拿起相机猛拍一部300系列新干线列车驶入月台的身影。这是一部非常完美的列车：流线造型，白色车身，车头前低后高，接近顶端的地方嵌着一道玻璃窗，看起来犹如一架戴着包覆式太阳眼镜的大型喷气机。

我搭乘共有16节车厢的光速号列车，在第13节车厢的一个靠窗座位坐了下来。列车准时在上午9点56分开动，而且在开到月台尽头时，时速至少已达到80公里。列车还没穿越第一条隧道，我就耳鸣了。随着列车驶出京都郊区，平稳加速至230公里每小时的极速，我不禁觉得自己的头被压在了椅背的亚麻布椅套上。然而，光速号列车不是新干线最新的列车，也不是最快的。东日本旅客铁路最新的子弹头列车名为"高速科技"，时速可达365公里，而且该公司正在研发一款磁悬浮列车，能在一个小时内从东京开到大阪——最高时速达到580公里。这种车已经不是列车了，根本是陆地上的喷气式飞机。

不过，搭乘新干线比搭飞机多了许多乐趣。身穿粉红色衬衫、系着淡紫色围裙、扎着发髻的年轻女子，推着装满威士忌、便当与咖啡冷饮的推车在走道上徐步走过，进出每节车厢时都会向乘客鞠躬行礼。列车抵达每一个停靠站之前，都会先播放一段五音木琴音阶，再由一个带有英国口音的女声宣布站名。车厢里的天花板相当高，座椅的椅背可向后仰，乘客在车上也可自由走动。我把握机会，在微微摇晃的情况下穿越了3节几乎清一色全是男性乘客的吸烟车厢，窥看日本的蹲式马桶，并以略带羡慕的眼神瞥了一眼乘坐在宽敞的绿色车厢里的企业主管——商务车厢只有4排座位，而不是6排。

严格说来，新干线其实是城际交通工具。不过，如同欧洲的高铁，新干线也发挥了缩短距离的作用，让人得以住在甲城，并到乙城上班。在东京大学，原田升的一名同事拿了他往返宇都宫市和东京的月票给我看（每个月1000美元的价格相当高昂，但还是比开车上下班便宜，而且可得到学校的部分补助）。他说他的课前准备工作几乎都在200公里的路上完成。一如欧洲，城市之间完善的铁路接驳与市区内的公共交通运输相辅相成，让人得以享受无车生活。

当天的富士山清晰可见，在我的左侧缓缓向后移动；太平洋则在我的右侧粼粼闪烁。列车行经许多著名地标，例如名古屋的太阳能方舟——那是一幢回力镖造型的青铜色建筑，外表覆盖着5000块太阳能板。铁轨旁可看到东海道公路，这是一条古老的驿道，以前可以连接京都与江户，距离长达480公里；这趟旅程在过去可是需要几天的时间才能完成。我搭乘的这班列车的车程共2小时44分，抵达东京站的时间比时刻表上的时间晚了不到10秒钟。

我实在不想下车。

轨道上的教训

我必须承认，日本的公共交通运输系统虽以高效著称，但也不免存在缺陷。

我养成了搭乘首节车厢观看前方轨道的习惯之后，不禁开始怀疑列车的驾驶员是否精神不太正常。列车驾驶员总是独自一人独处驾驶室,通常戴着口罩;不过经常可以看到他们激动地做着各种手势,自言自语,兴奋不已。车门关上的时候,他们会大喊:"门关上了!"列车加速的时候,他们会高喊:"好,出发了!"每当列车经过一个绿色信号灯,他们就会举起食指大叫:"没有异常!"抵达车站的时候,我也会听到他们说:"10节车厢停车位置,好了!"那种感觉就像是看到强迫症患者发病一样。

我后来才发现,这种表面上看似疯狂的举止其实有其道理。这种做法称为"指差确认",起源于蒸汽火车使用初期,视野不佳的火车司机会向身旁的司炉工喊出前方的讯号情况,而司炉工则会回话确认。"指差确认"早在1913年就已出现在日本铁路规范手册当中,现在更被公交车司机和工厂工人广泛采用,这种做法已被证实能减少85%的工作失误。

这些都很好,但铁路员工遭到的惩罚也可能非常极端。2005年,一班西日本旅客铁路的列车在大阪与神户之间出轨,撞进轨道旁的公寓大楼,造成司机与超过100名乘客丧生。当时,那班列车延误了1分半钟;驾驶员为了赶上预定到站时间,在一个急弯前将列车加速至将近130公里的时速。事后调查发现,西日本旅客铁路公司有一套羞辱性惩罚的企业文化,列车司机一旦晚点,就必须重复撰写无数个报告,并且接受长达数月的"再教育"。曾有一名司机在遭到主管连续辱骂3天之后上吊自杀。日本列车绝佳的准时性显然是有代价的。

在中央快速线的一班列车上,我站在驾驶室后方,看着时速表的指针攀升至120公里,内心不禁浮现一股恐惧,害怕发生"人身事故"——这是日本旅客铁路公司对于自杀事件的委婉称呼。移居日本的外国人都将中央线称为"中央自杀线",因为这条又长又直的轨道可让列车高速行驶,于是沿线的车站也就成了热门自杀地点。直到今日,自杀事件仍是最难消除的晚点原因。尽管难以取得统计数据,但一般认为东京每年平均发生300起"人身事故",而且几乎全都免不了有人丧生。为了防止自杀行为，铁路公司会扣下死者家属继承的遗产或是领取的保险金，作为服务中断的赔偿——曾有某个案例扣下的金额高达6.4万美元，不过这种现象显然不是常态。东日本旅客铁路公司也在部分封闭式车站的轨道彼端装设镜子，因为有一种理论说，自杀者一旦看见自己的倒影，就会因此迟疑。最有效的解决方法也最昂贵：新的地铁路线都安装了月台门，只有在列车抵达后才会开启。东日本旅客铁路公司计划在2017年前为山手线的所有车站装上这种避免自杀行为的月台门①。

东京的列车也是公共交通运输史上规模最大的一场集体杀人行动的目标。1995年3月20日早高峰期间，5名奥姆真理教成员在3条不同路线搭上东京地铁列车，接着在抵达市区内的不同车站之际，分别刺破装有沙林液体的塑料袋——这种液体的毒性是氰化物的26倍。随着液体挥发，通勤乘客纷纷痉挛并口吐白沫；结果造成13人死亡，数千人受伤。这群末日教派的信徒认为自己的杀人举动乃是为被害者提供通往极乐世界的捷径。在《地下》这部记录该起攻击事件的纪实文学作品中，小说家村上春树描绘了一个令人震惊的场景：在沙林毒气有如糖浆般的气味弥漫在车厢内，而且众人纷纷咳嗽呕吐之际，一名乘客却还是坐在座位上看着报纸，直到列车抵达他的车站之后才起身离开。村上春树也思索了这起事件对日本人造成深刻创伤的原因：奥姆真理教以东京地铁作为攻击目标，击中的正是日本人自我认同的核心。不过，他们的目的若是借由制造恐慌与社会崩溃来加速末日来临，那么他们失败了。有些车站服务人员极为尽忠职守，即便吸入毒气仍不肯离开，最后被人从闸门前拖走。

---

① 跳轨自杀的行为背后有一个令人不寒而栗的逻辑。有时候，东京可能会让人觉得像是一部不停运转的巨大机器。有些人在压力过大的情况下，会认为自己将血肉之躯投入列车的钢轮之下，就能让这整套系统彻底停摆。这种行为确实有效，但效果只会持续一小段时间。东日本旅客铁路公司最快能在40分钟内清除轨道上的尸体，让列车恢复行驶。

从村上春树为了《地下》所做的数十场访谈当中，可发现一个值得注意的细节：东京列车过去的拥挤状况比现在还严重。村上春树的访谈对象描述了以前经常出现的严重拥挤现象，不但眼镜被压坏，甚至还有导致肋骨断裂、髋关节脱臼的情况出现。有一次，有个人在普通的高峰期搭乘地铁，公文包在北千住站不小心被人群夹住，结果他因为害怕自己的手会被扯断而不得不放手，就这么眼睁睁看着公文包消失在人潮中。这个人叙述的景象精确反映了东京在20世纪90年代初期的地铁状况，当时的人潮拥挤现象达到了高峰。

日本旅客铁路公司对"拥挤"有明确的定义。列车若是达到100%的载运容量，则每个座位都有人坐，而且每个拉环也都有人拉；达到150%，乘客的肩膀会互相碰触，但站立的乘客仍可看报；达到180%，乘客勉强可以看报，但报纸必须折起；达到200%，就是到了高峰载运量的标准，乘客的身体接触会带来"较大的压力"；超过250%，乘客就会挤得手都无法移动，而列车若是颠簸，乘客的身体将不免"形成倾斜状态，动弹不得"[①]。过去20年，铁路公司开始挂载更多车厢以及缩短车次间隔，而且由于有阪本清这类人士的努力，车站都经过重新设计，减少了人群的拥挤堵塞。不过，人潮拥挤的状况还是会在某些路线上出现，例如东西线列车的载运量在早高峰期间平均可达199%。我的朋友斯科特告诉我，拥挤的感觉在冬天更严重，因为大家都穿着厚重的外套。

这种拥挤的情形导致痴汉骚扰现象一再出现。这种现象不是现在才有——早在1947年，中央线的列车就设有仅供女性搭乘的车

[①] 孟买的西方铁路线是全世界最拥挤的公共交通运输路线，工程师不得不为此处的列车另外发明一个新类别。一旦每平方米塞进14个人或以上（超过275%的载运容量），即达到了"超密集高峰载运量"。当然，在孟买，这样的情形意味着乘客都已坐上车顶以及挂在车门外了。

厢——也不是只有在日本才有：墨西哥城有女性专用公交车，车身上有粉红色圆圈；孟买的火车也有女性专属车厢，因为那里经常发生"调戏夏娃"①的情形。不过，日本每年这类案件的报案量超过2000起，可以说相当常见。斯科特说，他搭乘的列车若是达到高峰载运量，他就会高举双手；许多外国人都曾被指控偷摸女乘客，有些也许是真的，但恐怕也有不少被冤枉的案例。

一个星期五晚上7点，我在涩谷站等待一班山手线列车。弧状月台早已挤满了人，排队人潮一路延伸到楼梯底下。我在早高峰期间的新宿站看到的那种秩序已然溃散：下班后喝酒喝到满脸通红的上班族一边诅咒，一边推挤；有个人因为踩到月台上的呕吐物而咆哮了一声。我站在4个女学生身旁，她们一面咯咯笑着，一面共享着一个甜甜圈。列车每两分钟来一班，逐渐消化一批批乘客，我们缓缓被推向月台边缘，最后，我终于被乘客推上车，在车门即将关闭之际才跳过月台与列车之间颇为宽大的间隙。

在这趟4个站的路程里，我体验到了高峰载运量的挤压状态。我的手被压在身旁动弹不得，所以列车只要稍有颠簸，我也只能跟着晃动。所幸，所有人都在同一时间朝同一方向倾斜，直到列车加速之时才得以再次站直。起初，我抗拒着人群的压力，结果因为肌肉差点抽筋而不禁一阵恐慌。不过，我随即想起一般人对于搭乘云霄飞车的建议：别抗拒，放松就好。随着我和大家融为一体，我便开始对这种体验乐在其中。车厢里安静得有点诡异，我听得见身旁一个企业小主管的耳机发出的细微嗡鸣声。有个一副宅男装扮的男子将智能手机举在他的胶框眼镜前，正读着电子书——这种阅读形态相当适合拥挤的列车。我们又颠簸了一下，我不禁可怜起我旁边那个身形娇小的女学生，竟然被迫这样紧紧挤在一个浑身臭汗的外国人身边。就在我担心自己会不会被人指控为痴汉之际，我面前

---

① "调戏夏娃"指在公共场所骚扰女性的行为。——编注

座椅上的妇人突然拎起购物袋，沿着柱子一个转身，在高田马场站下了车。我满怀感激地坐上她留下的空位，轻松地欣赏一名身穿正式套装的女子随列车的晃动前后摇摆，手握拉环低头打着瞌睡的样子。不久之后，我自己的头也垂了下来。

日本的列车总会让我忍不住睡着。你只要找得到座位，绝对可以好好放松，享受搭车的旅程。严重的列车事故或车上犯罪案件都会被大幅报道，因为这种事件极少发生。就统计数据而言，在日本死于列车车祸的概率比死于睡裤着火的概率还低。自新干线在1964年开始通车以来，至今还没有人死于子弹头列车撞击或出轨的事故。

西方人发现东京拥挤的列车上如此安静，通常会把这种现象解读成日本人盲目从众的表现。不过，我却觉得这是一种礼貌的表现。车上的广播一再提醒乘客将手机切换为静音模式，而他们也的确会遵守。更重要的是，这种守规矩的行为会互相传染：有一天，我坐在一班总武线列车的座位上，手机突然响了起来，我因此羞得满脸通红，满心歉疚地低下头，手忙脚乱地将铃声关掉。

"搭乘公共交通工具，"东京大学的原田升说，"就是学习如何与其他人合作，学习在公共空间该有什么样的行为表现。"

在东京待了几天之后，我对6岁小童独自搭车上学的景象已经见怪不怪了。

千百万人每天在同样的列车上面对面、肩并肩，而不是各自封闭在金属蚕茧内，在高速公路上互相呼啸而过，这就强化了这种礼貌意识。对日本人而言，每天搭乘公共交通工具都是一种提醒，提醒他们所有人都在同一条船上——在他们的社区、他们的城市、他们的社会里。即便是末日教派发动毒气攻击，也无法造成广泛的恐慌与社会崩溃。如同在莫斯科，恐怖活动只能短暂中断列车服务。

这样的列车虽然有时拥挤不堪，却促成了远优于汽车城市的城市化发展。如果东京的例子足以作为参考，那么合理规划铁路运输即可让庞大的人口居住在可持续发展且适宜步行的社区中，同时限制城市的扩张与污染现象。

东日本旅客铁路的山手线列车上的加温座椅温暖了我的身体，我不禁打起瞌睡，在钢轮辗过轨道接缝处发出的咔嗒咔嗒声中沉入梦乡。直到列车驶达池袋站，我才被急促的关门警示音惊醒，从座椅上跳了起来。

我深感自豪。我已通过"入会仪式"成为东京公共交通运输的乘客，我睡过头了，错过了自己应当下车的车站。

人类栖息地的演化在20世纪步入了严重的歧途。我们建造城市竟是为了汽车的移动,而不是为了儿童的福祉。

——恩里克·佩尼亚洛萨,2008

8
窝囊废游艇的逆袭

哥伦比亚·波哥大

现代建筑与现代城市都强调功能决定形式。至少这是我原本的认知,而且我造访过的每个地方似乎都证实了这个观点:城市的结构取决于交通网络。

纽约虽然差点毁在摩西的公园大道和快速道路下,却因为高架铁路和地铁而明显成为一座垂直发展的密集城市。国家规划的区域快速铁路挽救了巴黎市郊,莫斯科则沿着其宽广华丽的大道、斯大林建设的地铁,以及现代环形道路发展而成。富有远见的交通规划,连同40年来的先进城市化发展,不但让哥本哈根保留适宜步行的特色,近来更让它成为全球最适合骑自行车的城市。公共交通运输系统不一定会造就小巧的城市——我发现洛杉矶的分散状态源自昔日的电车和城际交通网络;东京的面积也相当大,因为铁路公司将乘客载运得越远,就可赚得越多的车费——但一定会造就密集的城市。如果上班族都住在可轻易抵达车站的距离内,兴建占地庞大的豪宅就不会是合理的选择。

在我见过的城市中,几乎每一座都可由地铁、公交车和电车解决塞车、污染和城市扩张的问题。唯一例外的是菲尼克斯:我们由此个案可以看出,城市一旦以高速公路作为发展基础,就有可能成为一头不受控制,也无可挽救的怪兽。不过,自从我展开撰写本书的旅程以来,城市规划专家和运输专家就一再向我提及一座城市,称这座城市采取了另一条不同的发展路径。波哥大是哥伦比亚的首都,在未大幅改变城市本身形态的情况下,实行了一项创新运输,造就了一场移动革命。这些专家说,要是没造访过波哥大,我的研究工作就不算完整。

我的航班在一场暴雨中降落。我后来才发现,那场暴雨原来是拉尼娜年大洪水的序幕,后续的灾难摧毁了5000户住宅,全哥伦比亚多达200万人受到影响。埃尔多拉多机场换汇柜台的服务人员告诉我,我得搭出租车才能到达旅馆,接着指引我到荧光灯照亮的入境大厅,排在一列绕过三面墙的队伍后,和一群睡眼惺忪、样貌狼狈的旅客依序等候叫车。外面的雨点四处乱溅,我从航站楼没跨几步上了车,就已经淋得一身湿了。司机在开车途中不时咒骂"妈的",沿途的积水经常高达轮拱的位置。我们行驶在灯光黯淡的街道上,两旁满是密集的公寓大楼,装有铁窗,屋顶上也都架有铁丝网。在肩背机关枪、脚边有罗威纳犬蹲坐的年轻士兵的睥睨下,我沿着一条圆石街道走向旅馆,心中纳闷着我是不是被误导了。波哥大看起来实在不像城市新生的范例。

长久以来,波哥大一直背负着恶劣的名声。哥伦比亚虽是拉丁美洲历史最悠久的民主国家,但游击队与右翼民兵在20世纪80年代的冲突却让这个国家的首都沦为全世界最危险的城市之一。1990年的总统大选之前,竟有3名总统候选人惨遭暗杀。距离新古典风格的市政厅与国会大楼只有几个街区的地方,即可见到卡杜丘社区的简陋房屋,这里是西半球暴力犯罪最猖獗的城市贫民窟,连哥伦比亚警力都不敢进入。工人平均每天花4个小时从贫穷的南边到富裕的北边,有权有势者则搭乘防弹汽车在市区内横行,不论把车开上人行道还是停放在人行道上都不会被罚。这里每天可能会有4人死于交通事故、发生十几起凶杀案——这还算是比较平顺的一天。波哥大的公园人很少,地上满是吸食可卡因后的废弃物,毒贩与绑架犯在市区内猖獗不已,而且污染情形极为严重,常可见到窒息的鸟儿从空中跌落——这座早在20世纪90年代初人口数就与伦敦相当的城市,和备受战乱蹂躏的摩加迪沙、贝鲁特和贝尔格莱德①同列为人间地狱。

然而,抵达两天之后,我却骑着租来的自行车穿越了一片看似城市天堂的地区。浓重的乌云已从波哥大东侧市界处的翠绿山坡上褪去,露出一幢幢红砖砌成的公寓大楼,层层叠叠向上延伸,指向蒙塞拉特山顶那座高高矗立的白色尖塔教堂。我身旁满是波哥大居民,有骑着登山车、充满冒险精神的孩子,也有身穿莱卡骑行服、骑着意大利赛车的中年男子,他们骑着自行车驰骋在第七大道这条通常塞满出租车和小巴的交通干道上。每逢周日,波哥大市区最繁忙的交通动脉中约130公里的路段会禁止汽车进入,只为参加"自行车日"骑行活动的市民开放,这一活动通常会吸引多达百万人参加。交通警察驻守在小巷里,避免误入的驾驶员闯进汽车禁行区。每个街区也都可见到居民利用市政府设置的自行车维修站为链条上油或是为轮胎打气。我沿着一条宽敞的自行车道穿越一座河滨公园之后,在一个长满青草的小丘顶端向一名摊贩买了一根烤玉米和一杯

---

① 摩加迪沙,索马里首都,也是该国第一大城、商业中心,但局势混乱,内战不断。贝鲁特,黎巴嫩首都,20世纪末经历了内战。贝尔格莱德,塞尔维亚共和国首都,20世纪末也曾经历内乱。——编注

现榨的芒果汁，望着面前这一令人叹为观止的景象——人们不是步行就是骑着自行车，脸上带着通常只有在海滨木栈道上才看得到的那种放松的微笑。我望向人行道，注意到当初有人趁着水泥还没干的时候刻上的几个英文单词，现在它们已在人行道上成为永恒的颂词。那几个单词是："我爱波哥大。"

我原本以为自己会看到一座第三世界的城市摆出一副勇敢的面孔，但在这个星期日，波哥大却让人觉得像是位于赤道上的阿姆斯特丹。点缀着美丽的广场与绿化良好的公园，草木多得足以让联合国同意其将二氧化碳排放权卖给其他污染较为严重的城市——波哥大已然成为热带地区进步城市发展的模范。

波哥大怎么能够在短短10年多的时间里，从一座极度混乱、犯罪猖獗、交通拥堵的城市转变为一座管理极佳的城市，而且居民还对自己身为波哥大人深以为傲？

这一切都始于两位富有远见的市长，北美洲的城市以前从来没出现过这样的市长。不过，之所以能出现这样的结果，也得归功于一种备受诋毁的公共交通工具，那就是毫不起眼的公交车。

街上的地铁

卡洛斯·帕多志愿向我介绍那套促使波哥大转变的系统，但我必须向他坦承一件事。

"我不喜欢公交车，"我告诉他，"老实说，我很讨厌公交车。"

我说明了我反对公交车的原因。搭乘铁路运输工具虽然带有某种贵族色彩，但在北美洲大部分地区，搭乘标准的公交车都是一种次等体验。不但在各种天气下都被迫得在露天车站等车，顶多有个恶臭不已的树脂玻璃遮雨棚，而且搭乘的还是路上速度最慢也最笨重的车辆，行驶路线不断遭到并排停放的车辆以及暂停在路边卸货的联邦快递卡车阻挡。每当有个乘客笨手笨脚地找零钱，导致司机又错过一个绿灯，就不禁让人咬牙切齿。由于车上通常没有座位，所以你只能站着，随着颠簸不已的车身不断摇晃。你若是有幸找到座位，也不免看到车窗外呼啸而过的汽车驾驶员以怜悯的目光瞥你一眼。我告诉帕多，在有些北美城市里，公交车被称为"窝囊废游艇"。

他理解地点点头。帕多是毕业于伦敦政治经济学院的城市规划专家，目前在"运输发展策略协会"担任顾问。该协会是个总部位于纽约的非营利组织，专为有意发展可持续运输计划的城市提供技术协助。他虽是土生土长的波哥大人，而且对这座城市的发展引以为傲，却也早已习惯听到来自英美的外国人对公交车的排斥声。他向我保证，波哥大革命性的快速公交车系统"千禧公交车"绝对会改变我对公交车的看法。不过，我也向他保证要做到这点可不容易。

陪伴我们的还有五六名南非人士，他们为了改善约翰内斯堡的公交车服务而到拉丁美洲进行考察。帕多在旅馆外先向我们说明安全注意事项。

"把护照留在房里，"他说，"别担心，警察从不检查护照。把你们的皮夹放在夹克里面。你们要是带着相机，也要很小心，波哥大的扒手非常厉害。"

此时已近早高峰的尾声。我们走在90街上，途中遇到一批批穿着裙子、套装，以及系着领带的上班族，全都赶着要去波哥大北部的办公大楼。我们在这条街的南侧尽头踏上一座令人惊艳的城市基础设施：一条铝金属铺就的走道，蜿蜒通往市区内主要的南北向公路上方的人行天桥，接着又下坡通往六车道马路中央的一座售票亭。我们排队买了可搭乘10次的乘车卡，平均搭乘一次要1600比索①，接着通过电子闸门，走进一座长条形的封闭式车站。两侧都有乘客在标有公交车路线编号的玻璃门前等车。每隔几秒钟，就有一部深红色车身的双节公交车进站。透明的月台门与公交车上的3道车门同时打开，车上的乘客便拥入月台。由于大家都在进站前就已支付车费，月台又与公交车地板等高，因此上车只花了10秒钟——所有人直接前进，就像走进电梯一样，接着车门关上，公交车就开走了。车站的长度足以让6辆公交车同时卸客和上客，每辆公交车都可载运160名乘客。我在等车期间一度吃了一惊，因为有一部怪物般的黄色巨型公交车驶入车站，卸下一大群乘客。帕多说，那是一部沃尔沃汽车公司生产的3节公交车，共有2个车厢关节、4个车轴和5道车门。这是千禧公交车的最新车款，与波音737客机一样长，可载运270名乘客，是当前世界上最长的公交车。

在我们搭乘的F14线快车开出车站之际，我突然意识到千禧公交车其实就像是地面上的地铁，只不过以橡胶轮胎代替了钢轮。千禧公交车的路线分布于主要大道或高速公路，大部分都占用道路中央的两条车道。车站间的距离约700米，而且由于每座车站附近都有超车道，因此我们的公交车可越过部分车站，就像纽约地铁的快车一样。千禧公交车行驶在专属公交车道上，由矮墙将其与六车道的汽车车道区隔开，所以能像地铁一样，不会因受到汽车阻挡而不断刹车、启动。在我们接近波哥大市中心的旧城区坎德拉里亚时，信号优先技术将红灯转为绿灯，使我们顺利超越了塞在车龙里动弹不得的汽车。帕多向我们说明，约有400辆绿色车身的小型接驳公交车会从偏远地区将乘客载运到7条千禧公交车干线的起点，而千禧公交车的1000部红色车辆则行驶于这7条相互交错的路线上。我们现在搭乘的这条主要路线，在高峰期每小时的双向载客多达4.5万人次，这样的吞吐量只有世界上少数几座地铁系统可以相比。

---

① 2012年，1600比索约等于人民币5.3元。——编注

千禧公交车的速度非常快，我们在高峰期横越半个市区只花了25分钟。若是搭乘出租车，同样这段路程至少得花上45分钟。就全球而言，公交车的平均时速是慢得可怜的11公里，但千禧公交车的平均时速为27公里，是波哥大市区内速度最快的交通工具。可惜的是，千禧公交车也极为拥挤。车上早就毫无空位，而随着每个车站都有更多乘客上车，很快便接近我不久之前在东京体验过的高峰载运量。（我能理解千禧公交车为何会是扒手的天堂：在车上挤满人的情况下，我很快就无法分辨紧贴在我身上的究竟是什么人或什么东西了。）

千禧公交车在2000年开始运营，满意度相当高。千禧年来临时最热门的一种圣诞节礼物，就是红色双节公交车的模型。不过，规划的车道原本长达386公里，真正完成的却只有84公里；而且路线里程从2007年以来就没有再增加，每日乘客却增加了30万人次。现在，千禧公交车一天载运170万名乘客，没有政府补助，是除了日本铁路以外唯一能够获利的大城市公共交通运输系统。不过，随着乘客密集度超过每平方米6人，波哥大居民已逐渐对这套系统感到失望，许多人纷纷开始找寻其他出行选项。

在希门尼斯大道，我们转搭另一条路线，步行穿越月台之间如同地铁站般的走廊，接着搭上一辆还有几个空位的公交车。我问杰夫·奈戈博对千禧公交车有什么感想——他是约翰内斯堡的"我们走吧"BRT的经理。"这套系统很不错，"他坦言，"约翰内斯堡的乘客载运量完全比不上。我们到现在还只有不到50辆公交车，而且一天载运的乘客只有4万人次。"约翰内斯堡的快速公交车路线（总长约24公里，载运的乘客主要都是从索韦托到市中心的黑人工人）面临的挑战颇为特殊。直到不久之前，乘客都只能搭乘较为昂贵而且塞满街道的私营小巴出租车。

"那里的小巴老板根本就是黑手党，"曾为南非公共交通运输系统担任顾问的帕多私下向我透露，"他们一点儿都不喜欢快速公交车，因为他们认为快速公交车抢走了他们的生意。在'我们走吧'服务启用的当天，就有两个公交车驾驶员遭人枪杀。这就是南非人面对竞争的做法——他们对公交车司机传达：要是为公交车系统工作，你就别想活命！"

我们沿着一条迂回的专用公交车道开往拉斯阿古阿斯，路旁是一条河流，奔流于互相连接的水泥槽当中。在这段路程上，我开始看出千禧公交车的迷人之处。这种由奔驰及沃尔沃公司生产的公交车拥有大面车窗、挑高的天花板以及宽敞舒适的座位。设计雅致、全由玻璃和铝构成的车站则可为人遮挡波哥大经常出现的大雨。此外，比起地铁，公交车也有一项显而易见的优势：可让人看见自己搭车穿越的市区。搭乘千禧公交车让我们得以瞥见波哥大街道上杂乱的活力，包括加拉加斯大道上那些身材丰满的变性妓女以及人行道上各式各样的小贩，卖着填满奶酪的玉米饼、手机卡，以及盗版的马尔克斯小说。

我们在市政府为公共交通运输乘客建造的多层自行车停车场旁短暂停留，我不禁向帕多承认千禧公交车改变了我对公交车的看法。"千禧公交车从一开始就很棒，"帕多说，"要是把它拿来和20世纪90年代的公共交通工具相比，也还是很棒。大家都知道，只要走到车站，搭上车，就可以前往他们需要去的地方。这是一套完整的运输系统，完全正规，也完全合法，所以驾车的司机都享有休假补助、健康保险和退休金保障，车辆也都定期检修保养。这些都是以前没有的。"他认为当前的拥挤现象是因为市政府对这套系统不再投入那么多心力。"一开始，大家都说千禧公交车速度很快，就算挤一点也没关系。现在他们则说，千禧公交车虽然快，但我不想再人挤人或是被扒了。"千禧公交车如果要持续下去，显然得有所改变。

不过，要真正了解快速公交车为波哥大带来的改变，必须先知道这座城市在千禧公交车出现之前的模样。要知道这一点，就得先搭乘一种非常不一样的公交车。

零钱战争

第二天傍晚,我站在加拉加斯大道的千禧公交车主要路线以东几个街区外的一个街角。那是星期二晚上6点,11街上可看到数以百计的巴塞塔,那是一种有40个座位的小巴,缓缓行驶在波哥大金融区的人行道边上,正招揽乘客。司机行车时不会把门关上,他一边开车一边高呼着目的地。巴塞塔没有正式的停靠站,只要街上有人举手招呼,就会随时停车载客。一名司机开着一辆老旧的雪佛兰小巴,车尾生锈的排气管不断喷出黑烟。他看见一名穿着商务套装与高跟鞋的女子,于是将车开向路边,差点撞到一辆大发轿车的挡泥板。他放慢车速,但没有停下来,那名女子好不容易才跳上车。巴塞塔那些长时间工作的司机总是左手握方向盘,右手向乘客收零钱,而且相互争夺每一笔生意;要是不把人行道上的顾客全揽上车,就等于是跟自己的荷包过不去。不过,尽管每个司机都铆足全力,几乎所有的巴塞塔却都只载着顶多半部车的乘客离开金融区。这些车辆朝着市区外围的工人社区驶去,在汽车废气弥漫的11街上排成长长一列,以缓慢的速度向前挪动。

这种每天上演的疯狂景象就是所谓的"零钱战争"。在千禧公交车出现之前,私人运营的巴塞塔是波哥大唯一的公共交通工具。这种车辆如今虽已不那么常见,却还是不免将若干区域的街道,特别是波哥大北部的街道变成拥堵、危险的混乱战场。巴塞塔的司机必须自负柴油支出,并支付日租给车主,车主再向私人公交车公司支付月租。每家公交车公司的老板都由缺乏有效管控能力的交通部发给一张终身有效的许可证,允许他们在特定公交车路线上运营。

目前波哥大共有2万名公交车车主以及68家公交车公司。由于大部分车主都在利字当头的诱惑下让尽可能多的公交车上街行驶，波哥大出现了巴塞塔供过于求的荒谬现象；而且，每新增一部巴塞塔都不免让塞车情况更加严重，因此新增车辆反而导致车主的毛收入降低，上下班时间也因此拉长。现在，在波哥大搭乘巴塞塔上下班平均需3个小时。

当然，这种公共交通运输形态也曾经在19世纪的纽约、巴黎和伦敦出现过，当时曾有数十家马车与公交车公司互相争夺乘客，交通瘫痪自然而然地催生了高架铁路和地铁。在许多发展中国家，大城市的公共交通运输系统至今仍采用这样的运作方式。举例而言，菲律宾首都马尼拉的公共交通工具就以色彩缤纷的吉普尼为主——吉普尼是个混种产物，结合了报废的美国军事吉普车和第一次世界大战末期在美国街道上与电车竞争的那种小巴。吉普尼缓慢、拥挤，而且经常塞满繁忙的街道，却极少到市郊地区服务，菲律宾的中产阶级也从不搭乘这种交通工具。吉普尼和巴塞塔体现了自由放任主义者理想的市场竞争模式：放任自由市场的力量操控公共交通运输系统，政府仅做最低限度的监督。这种系统尽可以被吹嘘得十分美好，但对任何一个大城市而言都将是一大灾难，会导致塞车、污染和二氧化碳排放的极度恶化。

创立千禧公交车公司的佩尼亚洛萨对于波哥大在20世纪90年代的混乱现象仍然记忆犹新。"我在其他城市从没见过居民的自信心这么低落。"佩尼亚洛萨坐在办公桌后面对我说，从他的阁楼办公室可以望见安第斯山脉的壮观景致。他一头白发，满脸白色胡须，嗓音浑厚低沉，身材高大，看起来颇具威严。"波哥大人以前总不停嫌弃自己的城市。以前这里没有公园，兴建大道的时候也都不设人行道。整个市中心死气沉沉，而且满是吸毒者与黑道人物，导致市中心变成一道屏障，隔开了北区与南区。这里以前的凶杀率是全世界最高的。以前的波哥大就是这样，一座没有希望也没有前景的城市，而且每况愈下。"

佩尼亚洛萨指出，当时功能失调的运输系统正体现了哥伦比亚社会的不平等现象已有多么严重。"我有个秘书的独生女被巴塞塔撞死了。那个司机疯狂飙车，结果冲上人行道，辗过她。巴塞塔的司机一天工作14个小时——收取车费，停车让乘客下车，彼此之间也常吵架。我就看过一个司机被另一辆公交车挡住去路之后，马上拿着金属棒下车，把那辆公交车的玻璃全打破了，那辆车的乘客当时都还在车上呢。只要是有权有钱的人都有车，而且他们就直接把车停在人行道上。那种情景实在难以想象。"

佩尼亚洛萨在1994年初次竞选市长。他的父亲是一位自由派的参议员，曾在20世纪60年代的土地改革中把土地重新分配给农民。佩尼亚洛萨在北卡罗来纳州的杜克大学主修经济学和历史。他认定城市只要培养所有市民的归属感，资本主义就行得通。至于归属感的培养，他认为可通过改造公共空间的方式。

佩尼亚洛萨代表了哥伦比亚政治圈的一股新势力。1990年之前，哥伦比亚的市长向来都是由总统任命，而不是由普选产生。他打破传统，不参加候选人的辩论会，而是在街头发放传单。不过，他的风头却被另一个更加反传统的政治人物抢走了。父母为立陶宛移民的莫库斯在担任国立大学的院长期间，因为在礼堂内拉下裤子，对着一大群吵闹不休的学生露出臀部而一夜爆红。蓄着锅盖头和长胡子、习惯骑自行车的莫库斯是政治圈外人，承诺以激进做法带来与以往截然不同的新气象。这位43岁的哲学及物理学教授靠卖车筹集到1万美元的竞选资金，在1995年赢得64%的选票而当选市长。

莫库斯在预算极其有限而且缺乏区域议员支持的情况下，将注意力集中于改进"市民文化"，并在日常生活中借着搞笑般的干预做法打破暴力循环。他遣散了因为贪渎严重而臭名昭著的交通警察，另外雇用400名哑剧演员，通过表演让驾驶员自觉羞耻而在人行道前停下车辆。他还发起一场反枪支运动，将1500件非法武器熔化，制成婴儿用的汤匙，并举办全民反暴力活动，让知名人物将糖水滴在舌头上，发誓从此之后将以和平的手段解决纷争。他鼓励出租车司机成为"人行道上的绅士"，而且只要有一个人死于交通事故，就在路面漆上一颗醒目的黑色星星。为了减少路上的暴躁情绪和狂按喇叭的行为，他发给行人和汽车驾驶员25万份犹如世界杯足球赛使用的红牌，拇指向下的红色标示牌代表不赞成，拇指向上的绿色标示牌则是向驾驶员的友善之举表示感谢。难以置信的是，这些看似疯癫的低成本措施竟然为波哥大居民带来希望，也为城市带来了实质性的改变。市民看见了城市的切实进步，于是重新开始缴纳财产税。暴力致死案件在莫库斯执政期间减少了三分之一，市政府一度陷入破产的财政状况也因此起死回生。

莫库斯的市民文化革命为佩尼亚洛萨改善波哥大环境的行为奠定了基础。佩尼亚洛萨在1998年以独立候选人的身份当选市长。他很快就意识到，以波哥大的城市规模与密度，再加上拥有车辆的人口还不到20%，私家车绝不可能会是平等或高效的运输方式。

"我当选市长之后，日本国际协力机构给了我一份研究报告，提议花费200亿美元兴建7条高架高速公路，解决波哥大的交通问题。我们拒绝了他们的计划，决定建造'阿拉米达'——一条24公里长的道路，只供行人和自行车通行。"这不是波哥大第一次受外国技术专家的觊觎：1947年，柯布西耶提出改建坎德拉里亚区，打算拆除该区那些南美洲最宏伟的殖民建筑，另外兴建间距宽大的高楼大厦和快速公路。

"我认为要判断一座城市的文明程度，并不是看它兴建了多少大马路，"佩尼亚洛萨接着说，"而是是否到处都可让儿童轻松安全地骑三轮车。在发展中国家，这种生活质量就是我们的竞争优势——我们也许无法提供高收入，却能让居民享有较高的生活质量。"

佩尼亚洛萨倡议将公益置于私利之上，与他的年轻团队（其中许多都是女性）一起致力于打造一座宜居的波哥大。他迁移了卡杜丘社区的居民，将市中心那片充满暴力的贫民窟变为一座治安良好且广受居民喜爱的广场。此外，他还征收了波哥大乡村俱乐部这座全国精英聚集的休闲机构，将其中的马球场改建成公共足球场和篮球场，并铺设了数百公里的自行车道，不仅是为了保护骑自行车的人，也因为"自行车道显示出不论你是骑30美元的自行车，还是驾驶3万美元的汽车，在这座城市里都享有同等的地位"。市政府利用财产税的收入在市区边缘买下大片土地，交给私人开发商，要求他们兴建平价住宅。他还建立了新的图书馆体系，将自来水引进市内最贫穷的区域，规划了超过80万平方米的公园和公共广场。

"我们的用意是要让大家鄙视那些罪犯的价值观，我们要传达的讯息是：'你们这些开着轿车、戴着奢华珠宝的人，我们认为你们是一群白痴，是禽兽！'"佩尼亚洛萨从椅子上站起身来，伸出手臂一挥，"我们看重的是音乐，是体育，是图书馆。对我们来说，社区里的英雄不是骑着重型摩托车、身穿华丽服装的黑帮，而是热爱运动、看书，以及骑老旧自行车的年轻人。"

佩尼亚洛萨采取一项简单且令人肃然起敬的城市交通控制措施来助力这场改革：人行道护柱。人行道护柱是一种普通的矮柱子，不需要什么高科技即可避免汽车闯入人行道。一个著名的例子就是阿姆斯特丹那种原本由旧炮管改装而成、标示着3个叉的红色护柱。佩尼亚洛萨的团队通过在各大干道设置人行道护柱，立刻使人行道归还给了行人。

"停放在人行道上的汽车是一种极为强烈的象征，代表这座城市的不平等以及对人的尊严的漠视。"佩尼亚洛萨说。汽车驾驶员把人行道护柱视为宣战的表现，愤怒的企业家们于是发动一场请愿运动，差点导致市长遭到弹劾。不过，佩尼亚洛萨还是勇往直前，推出了一个全面性的交通舒缓方案。这个方案称为"高峰期车号管制"，限制特定车号尾数的汽车在平日上下班高峰期不准上路。

汽车驾驶员每周有两天不得开车出门，从而必须采用其他出行方式——出租车、公交车或自行车，高峰期车号管制方案立刻就将塞车现象减少了40%。

不过，佩尼亚洛萨最具野心的措施，也是他消灭"零钱战争"这种疯狂现象的办法，则是千禧公交车。波哥大上一次拥有正式的公共交通运输系统是在1948年，当时一名总统候选人遭到暗杀引起暴动，导致波哥大永久关闭电车网络。佩尼亚洛萨知道自己的动作必须要快——当时市长的任期只有3年，而且哥伦比亚的法律禁止市长连任，千禧公交车若要成功，必须取得巴塞塔公司那些权大势大的老板的支持。在巴西和欧洲的专业顾问公司的帮助下，他拟定了一个方案，把特许经营权交给60多家公交车公司，并将这些公司划分为4个集团。这些私人经营者提供车辆和司机，车辆调度和路线设计则由一家新成立的国营公司负责。这家国营公司依据司机的行车距离而不是车费收入付款给各个集团。由于这4个集团平均每运营一辆红色千禧公交车，就会导致5.5辆巴塞塔从街上消失，佩尼亚洛萨承诺为他们提供14%的年收益作为回报。市政府负责兴建车站及其他基础设施，经费来自联邦政府征收的汽油税——每升汽油征收25%的税金。2000年12月17日，千禧公交车的第一阶段正式通车。波哥大人非常开心能拥有除巴塞塔之外的选择，结果佩尼亚洛萨在2001年任满时的满意度竟高达85%。

对佩尼亚洛萨而言，千禧公交车是一项非常关键的胜利。"如果说民主社会是法律面前人人平等的社会，那么一辆载运100名乘客的公交车，就应该比只搭载一人的汽车享有100倍的道路空间。快速行驶的公交车超越陷在车龙里动弹不得的汽车，就是一种无意识的、有力的象征，表示民主制度确实发挥了效果，而且这种象征也赋予国家和社会组织以全新的合理性。"

佩尼亚洛萨鼎力支持莫库斯再次参选市长，莫库斯当选之后也持续发展千禧公交车。不过，属于左翼极端民主党的现任市长莫雷诺却因承诺兴建地铁而当选。大众对于佩尼亚洛萨一手打造的千禧公交车越来越丧失信心,也让这位前任市长深感懊恼。

"千禧公交车最大的问题就是我成了这套系统的代表。莫雷诺很讨厌我,自然一点都不想解决千禧公交车的问题。我要是明天就被卡车撞死,绝对是最有益于这套系统的事情。"

所幸,佩尼亚洛萨有一项必定能挽救千禧公交车的计划,而且不必为此被车撞死。只要他再次当选波哥大的市长,即可确保千禧公交车的成功。

他告诉我,他的竞选活动将在几个月后展开。

市公交车的胜利

千禧公交车是公共交通运输革命性发展的案例。BRT已席卷发展中国家的许多城市,这些城市的人口数量非常庞大,即便只有少部分居民拥有汽车,也可能导致无尽的塞车情形。

2010年,中国广州启用了一套快速公共交通系统,与该市的地铁和公共自行车系统高度整合,结果不到两个星期就达到每小时2.7万名乘客的载运量,仅次于波哥大。伊斯坦布尔的城市快速公交车系统虽然只有一个车道,其载客量却与拥有七车道的普通机动车一样多,而连接欧亚大陆的博斯普鲁斯海峡大桥,也因此从随时车满为患的状态重新恢复流畅。现在,伊朗的德黑兰拥有一套得奖的BRT,平均每天载运180万人次。尽管委内瑞拉的加拉加斯、巴西的圣保罗、智利的圣迭戈和阿根廷的布宜诺斯艾利斯都已有地铁系统(阿根廷首都的地铁更是早在1913年就已开始运营),近来拉丁美洲仍有17套BRT启用,还有10条线路正在建设。虽然欧洲仍对BRT避之不及，但现在全世界已有84套完整或局部的BRT系统——印度艾哈迈达巴德的系统一天仅载运3.5万人次，巴西圣保罗的系统则多达600万人次。

BRT对政治人物颇具吸引力，因为这种系统的建设速度相当快，运作起来很有效率，而且成本又低廉：一条路线可载运的乘客量轻易即可达到一条普通机动车道的3至4倍，而就平均每公里的建设成本而言，BRT的基础设施也比地铁便宜了30倍。对于一心想留下一点政绩的政治人物而言，一套BRT只要短短几个月就可建成，不像地铁，兴建一条路线可能就得花上数年，甚至数十年的时间。

BRT的始祖可见于库里蒂巴这座以现代高楼大厦和广阔绿地而闻名的巴西城市。市长勒纳在1972年的一个周末将市中心若干街区变成无车区——此举不禁让人想起哥本哈根市中心的快速人行化。一年后，他改造了市区内混乱的私营公交车系统，并设置了第一条专属快速公交车道。库里蒂巴的市民如今都在玻璃管造型的车站内等车，双节公交车就行驶在宽广的大道上，两旁是供汽车行驶的单向道路。这套共有5条路线的系统效率惊人，而且库里蒂巴的汽车拥有率虽高居全国第一，消耗的汽油量却比其他同等大小的巴西城市少30%。库里蒂巴的土地使用和运输发展都由同一个机关协调规划，而且随着城市的发展，开发商不但受严格的土地使用分区规范限制，也在财政激励措施的作用下沿BRT路线兴建了多用途的高楼。如同纽约随着地铁和高架铁路的发展而发展，库里蒂巴也跟着公共交通运输系统一起发展。作为公共交通运输引导城市转变的典范，库里蒂巴的模式可能只适合处在发展初步阶段的新兴城市。

波哥大是一座非常不一样的城市。在16世纪，这座城市的居民包括西班牙人、梅斯蒂索人、印第安人和奴隶，而且所处的地理环境相当壮观——在一座湿地被抽干了的高原上，海拔约2743米。在这里，玻璃墙外的摩天大厦和红砖砌成的高楼都集中在安第斯山脉东侧——这条山脉有如一道栅栏，横隔在波哥大与亚马孙丛林之间。就城市结构而言,波哥大和拉丁美洲的许多城市一样,比较类似巴黎,而不像伦敦、芝加哥或洛杉矶:富裕的居民聚居于市中心,通常住在公寓大楼里,分摊安保支出;穷人则集中在南侧市郊以一两层住宅为主的社区内。(现在,南方远郊已冒出了几个栅栏社区。)这座城市有整整一半是自发性发展的结果。波哥大的人口达740万,密度接近马德里和伦敦,足以提供地铁和高运量铁路所需的乘客量。此外,波哥大也拥有数百公里的宽敞大道和横跨市区的多车道高速公路,正适合开发BRT服务。

"千禧公交车就像是打了类固醇的库里蒂巴。这是全世界第一套载运这么多乘客的BRT,这样的载运量通常只有在地铁当中才看得到。"达里奥·伊达尔戈对我这么说,他在佩尼亚洛萨的市长任期内负责落实千禧公交车计划,后来在位于华盛顿的可持续交通研究中心担任顾问,走访全球,进行BRT的比较研究。"我是运输工程师,所学的就是如何为汽车创造空间。读书时,学校会给我们发马路容量手册,要求我们计算汽车量,并规划出那些汽车所需的车道数目。那是美国、加拿大和澳大利亚进行运输规划的标准做法。不过,这种做法在我们的社会行不通。我们拥有车辆的居民比例既然不到五分之一,就不能把大部分的经费投在道路上。"伊达尔戈与佩尼亚洛萨看法一致,认为像库里蒂巴那样的BRT对波哥大来说非常理想。

"要打造一套真正的BRT,"伊达尔戈说,"就需要有专属的公交车道,和其他车辆的交通区分开。公交车不能行驶在混乱的车流里。"他认为最佳的做法是设置公交车专用道,以边栏、减速带、导轨或其他障碍物和其他车道区隔开。"而且需要真正的车站,不只是候车亭,而是具有上车月台及预先付款系统的车站。这样你就得先付款才能进入车站,公交车到站时直接上车即可,就像地铁一样。"预先付款可加快上车速度,车次间隔也可因此缩短至10秒钟。

"这样一套系统的运作需要信息科技的支持。波哥大每一辆私人拥有的千禧公交车都安装了全球定位系统，可将其所在位置的信息传送到政府运营的控制中心。"信息科技也可让旅客使用感应式公交卡，由一家独立的私营公司负责销售。"最后，还需要有鲜明的形象，不能采取原本的巴塞塔公交车，而必须使用设计良好的公交车，车身要有专属的颜色，并且为整套基础设施取个像'千禧公交车'这样的品牌名称。唯有这些元素都到位之后，才能把你的系统称为BRT。"

按照伊达尔戈的定义，北美洲现有的大多数公交车系统都不符合BRT的标准。我在洛杉矶搭乘过的橘线，只能算是公共交通运输评论家所谓的"简易版轻轨"：该线为了政治上的便利而建在原有的专属铁轨上，车站相距遥远，功能比较接近轻轨，只是用橡胶轮胎行驶而已。布朗克斯区第207街上的特别公交车服务虽然颇有成效，但由于其专属公交车道和其他车道没有以实体障碍物隔开，因此经常遭到送货车、并排停放的车辆，甚至警车的阻挡。（纽约市交通局计划在2012年前沿着34街设置横跨市区的公交车道，而且将是有隔离带保障的专用车道。）渥太华自1983年开始运营的公交车道路系统，BRT发展早期阶段较有影响力的一次尝试。不过，这套系统只有极少数的封闭式车站，这在寒冷的加拿大首都实在是一大缺陷，而且公交车一旦陷入市中心的车流内，就只能以龟速前进。伊达尔戈对克利夫兰的健康线公交车系统评价相当高。这套系统以双节公交车行驶在一条经过许多大学和医院的道路上，不但符合BRT的所有条件，而且证据也显示，该系统促成了欧几里得大道沿线价值数十亿美元的开发。伊达尔戈认为BRT在发达国家当中的最佳例子，是澳大利亚布里斯班的公交车道路系统。这套系统与千禧公交车一样，也采用隔离的公交车专属车道、封闭式车站，以及超车道。

一个简单的事实是，公交车这种备受厌恶的"窝囊废游艇"，在北美洲依旧让人难以接受。许多公共交通运输拥护者都认为BRT是轨道运输的劣质替代品，至少也是轻轨的踏脚石。不过，在负担不起轨道运输的城市里，一套完善的BRT可以是一种高效而持续的公共交通运输形态。但即便在波哥大，BRT也有其要面对的难题。喝完咖啡之后，伊达尔戈邀我外出走走，看看他的系统的实际运作。当时是高峰期，一连串满载乘客的红色公交车行驶在加拉加斯大道上。千禧公交车的效率确实无可否认，但我指出这条街道上似乎没有开发太多住宅。举例而言，我们站在一片由无影灯照明的足球场前面，其前场已改建为私人停车场。伊达尔戈说："这座城市可以利用房地产开发，为公共交通运输的基础建设提供资金，就像中国香港和新加坡一样。佩尼亚洛萨担任市长时，曾经要求我们在千禧公交车的车站周围进行城市扩张，可是我们只有3年可以打造这套系统，所以我们只得问他：'你是想打造完美的城市吗？'"不同于库里蒂巴那套和特殊设计的道路一同兴建的BRT系统，千禧公交车是事后才纳入已存在数十年之久的主要干道。"也许我们错过了一次发展TOD模式的机会。不过，这座城市已经重新划分了部分区域，私人开发商也开始在千禧公交车附近兴建多用途的高层建筑，所以，这种发展可能已经自发出现，而不是靠市政府的推动。"

　　站在人行道上，绝对不可能不注意到千禧公交车在市区内的醒目身影。这套系统的主要干线给市区各地带来了巨大的"障碍"，川流不息的公交车使行人必须走过迂回曲折的天桥才能抵达车站。千禧公交车其实也和城市高速公路一样对城市景观具有强大的破坏力，而且加拉加斯大道上的空气感觉也和洛杉矶高速公路旁的空气一样糟。我对伊达尔戈说，我可能不会想住在他的BRT路线旁。

　　"千禧公交车采用柴油，"伊达尔戈叹了一口气说，"我知道这点让人很沮丧。在哥伦比亚，柴油的硫浓度仍为每升500毫克。目前虽有计划将浓度降到每升50毫克，也就是北美洲的标准，但这项计划至少还得5年后才有可能实现。我们现在面临各种细颗粒物和呼吸道疾病的问题。"（联合国允许千禧公交车将二氧化碳排放权卖给其他城市,但不是因为这套系统采用洁净燃料,而是因为千禧公交车消除了许多污染程度更加严重的巴塞塔。)伊达尔戈认为,油电混动公交车会是最好的选择,因为这种车辆的污染程度比较低,消耗的油料也比一般公交车少90%,但车价是一般公交车的3倍。克利夫兰的健康线采用的就是这种公交车,但那套系统的车队规模仅为千禧公交车的五十分之一。

当然,千禧公交车面临的另一项挑战,就是目前乘客的拥挤状况已达极致。我们看见从车站开出的每辆公交车都达到了满载的容量。我们沿着72街往回走,伊达尔戈有好一阵子都没有说话。我问他心里在想什么。"我只是希望这套系统能运作得比目前的状况更好。"听到这位全世界最受关注、被高度赞许的BRT建设者这么说,我着实讶异。"我是说,每平方米站着6个乘客,这样的情形实在不好。民众依然搭乘千禧公交车,因为这是他们现有最好的选择。不过,这套系统目前的服务水平是使用者无法接受的。我们得想办法改善这种状况。"

我后来发现,所谓的"想办法",对某些波哥大人而言,指的是改进及扩张千禧公交车系统;但对其他人而言,则是投资兴建另一种全新的公共交通运输系统。但无论如何,有一点共识是明确的——在波哥大,公共交通运输才是王道,而且他们在这方面也丝毫不乏点子。

受困于自身的成功

快下雨了。我之所以知道,是因为兜售折伞的小贩们突然出现在坎德拉里亚区的各巷道和门前。

接着，大雨便开始下了，迫使数十名乘客躲进波哥大翡翠区附近的千禧公交车站。就在他们等着雨势过去时，我找了其中几个人攀谈，问他们对于解决这座城市的交通问题有什么看法。

朱莉·玛丽亚·戈麦斯是个约45岁的印刷厂员工，她说她自2000年千禧公交车启用以来就开始搭乘。相较于巴塞塔，千禧公交车可让她每天节省一个小时。"千禧公交车速度比较快，可是越来越挤，乘客也不像过去那么互相尊重了。曾经有各种倡导活动，例如呼吁大家协助残障人士，可现在人实在太多，大家只想着如何挤上车。而且，公交车只要一晚点，车站里就会挤得水泄不通。"她说，就算有人送她一辆车，她也不会接受，因为在波哥大开车的压力实在太大了。不过，她不认为兴建地铁是解决问题的途径，"地铁只会服务高收入的社区，不会建在人口真正密集的地方，帮不到真正需要搭乘公共交通工具的一般百姓，而所有的市民又都得支付兴建地铁的成本。"

2007年，塞缪尔·莫雷诺因为承诺兴建地铁而在市长竞选中打败了佩尼亚洛萨。他打算兴建的其中一条路线位于第七大道，那段道路近似于洛杉矶的"奇迹1英里"，从坎德拉里亚区延伸至北边的富裕社区。单是兴建这条地铁，未来20年就会花掉40亿美元，其中70%由联邦政府负担。不过，莫雷诺的任期将满，却连一份合约都还没签成。另一方面，千禧公交车的基础设施已显老态。许多地方的柏油路面都有破裂凹陷的情况，司机只能缓速行驶。唯一仍在建造中的新路段是一条通往机场的线路，2012年完工。不过，这条位于26街的线路目前仍是一条泥泞的沟渠，预算却已超支3亿美元，而且承包商指控莫雷诺及其兄弟收受回扣，以换取这项计划的快速核准。2011年，莫雷诺遭到停职处分，并以合约诈欺、侵吞公款和勒索等罪名遭到正式起诉。

忽略对千禧公交车的维护只是一个开始。由于莫雷诺没有制定稳定的运输政策，以致破坏了莫库斯和佩尼亚洛萨担任市长期间促成的各项进步发展。高峰期车号管制方案在推出之际广获赞许，也因为仅在高峰期实施而运作得相当好。但是，莫雷诺将此管制措施扩大为全日施行，反而促使许多家庭购买第二甚至第三辆车，以便每天都有车可开。尽管哥伦比亚的新车要价从2万美元起跳，但状况良好的二手车却能以十分之一的价格购得。

在希门尼斯大道车站内，我与迭戈·隆巴纳这位年近四十的职业译者攀谈。隆巴纳虽然有车，但因为车牌号码的尾数是9，在高峰期车号管制的限制下当天不得开车，所以只好搭乘千禧公交车。"千禧公交车的确是个很不错的系统。"他说。他曾在波士顿住过几年，因此说的英语带有南部的口音。"我今天搭乘千禧公交车，只要35分钟就能跨越市区，自己开车花费的时间反倒更长。唯一的问题是，站着搭乘千禧公交车实在不舒服。政府铺的柏油路面已经破损并持续恶化。他们要是不改善千禧公交车的缺点，这套系统一定很快就会被淘汰。"我问他该怎么办。"我认为我们需要地铁，可是地铁不可能马上出现，那是未来20年的解决方案。"

波哥大的未来是不是只能寄托于昂贵的地铁呢？佩尼亚洛萨自然不这么认为。在我访问他时，这位前任市长站起身来，指向窗外，远处，有一栋8层楼的公寓大厦，位于一座草木茂盛的公园对面。"你看，那是我家。他们打算在那栋公寓隔壁盖一座地铁站。那样对我来说很理想，出门会变得很容易！不过，地铁不是解决问题的方法。当然，在这附近相约喝茶的老太太都对巴塞塔厌恶不已，认为地铁能消除那些车辆。不过，她们自己却丝毫不打算搭乘地铁。届时她们还是会让人开车送她们出门，她们向来都是这样。"他指责西门子与阿尔斯通等欧洲列车制造商在幕后极力为地铁进行游说。如果不出意外，佩尼亚洛萨的解决方案就是改善、扩展他所创立的千禧公交车系统。

"我们采取三种方式提高容量。扩大车站，以免排队的人数太多导致过分拥挤；增设车站的入口，让乘客可在不同的入口买票。此外，必须在部分十字路口兴建地下车道，以免其他汽车阻碍千禧公交车。"最重要的是,千禧公交车原本规划的路段都得付诸实施。

"地铁仅服务5%的人口,但千禧公交车却能开遍各地,我们也的确需要这样!"

我访谈过的分析师大都认为千禧公交车落入了一个陷阱。这套系统原本的构想是采取公私合伙的方式,所以规划的乘客载运量相当高,以期能纯粹靠车票收入而获利。不过,市政府却没有提供任何优惠来鼓励经营千禧公交车的四大集团为这套系统提供更多的车辆和司机。实际上,以尽可能少的车辆进行运营,可让他们压低成本,而如此一来的结果就是车上人满为患。

"我们为千禧公交车的获利付出了太高的代价。"公共交通运输评论家及波哥大非营利组织人道城市机构的主任孟德苏玛指出,"千禧公交车一开始做得很好,但现在居民不断寻求价格更低廉、速度更快的出行方式,纷纷放弃了这套系统。有的人买汽车,有的人买摩托车。"我也注意到波哥大的街道上有非常多的摩托车骑士,他们都得戴上安全帽,也得穿上标有车牌号码的荧光背心,这是因为过去有枪手骑摩托车进行暗杀行动而作出的规定。在每个十字路口,都可看到成群的摩托车骑士在汽车前面率先起步。

"以前在波哥大没有人骑摩托车,因为这里太常下雨了。不过,摩托车的数目在过去15年却增加了10倍。现在已有20万辆摩托车与100万辆汽车。"孟德苏玛认为,要遏止公交车乘客改用私人交通工具,唯一的方式就是对驾车进入市区的驾驶员收取通行费,类似伦敦的塞车税,再利用这笔钱改善千禧公交车的服务质量。他认为应该把目前污染严重的千禧公交车车辆替换成橡胶轮胎的电车,由哥伦比亚丰富的水力发电供应动力——这是一项绝佳的解决方案,但也昂贵至极。

千禧公交车落入的陷阱正与20世纪20年代的纽约地铁相同,当时合约保证的5美分车费导致纽约地铁过度拥挤,服务质量也逐渐下滑,导致许多受不了人挤人的乘客纷纷转向私家车。伊达尔戈告诉我，通过征收塞车税、停车费或是提高汽油税以补贴千禧公交车的运营成本，可让私人运营商增加公交车数量，如此便有可能解决让千禧公交车形象受损的过度拥挤现象。"事实是，拥护地铁、公交车和轻轨的人都把太多时间花在争执公共交通运输的具体形态上，可他们真正应该反对的其实是私家车。我很希望地铁可以不必那么昂贵，可是我们必须以现有的资源找出解决方案。"

这场争论让我联想到公交车乘客联盟与洛杉矶的"地铁市长"安东尼奥·维拉莱戈沙的异议。这两座城市里的富裕市民都偏好地铁，主要是因为地铁能服务富裕社区，并且有可能消除道路上那些讨人厌的公交车——从而让汽车驾驶员的行车通畅得多。我喜欢BRT的象征价值：洛杉矶的每条高速公路要是都能有几个车道被划成BRT专用道，必定会是社会公正的一大胜利。然而，像千禧公交车这种规模的BRT在南加州出现的可能性，大概和那里在春末发生冰风暴的概率一样微乎其微。在当前政治氛围合适的情况下，洛杉矶居民也许该赶紧把握机会兴建新的地铁，这是他们缴纳的税费所能换取的最佳公共交通运输系统，而这么一座地铁可打下长久的基础，以备未来建设规模更大的系统。

在资源不足以建造轨道交通系统的城市当中，BRT是非常合理的选择；但不可否认的是，这种系统对社区生活的干扰也不亚于高速公路。渥太华虽是北美洲的BRT先锋，却在近期宣布将以一套以地下铁路为主的轻轨系统取代已有25年历史的BRT——我猜想，这样的发展应是时代的趋势。

摆脱悲剧

全球交通工具的二氧化碳排放量预计将在2030年前增加50%以上，而且其中大部分都将来自发展中国家的新兴大城市。千禧公交车促使7000辆老旧而且污染严重的巴塞塔消失在波哥大的街头，从而使得每年的二氧化碳排放量减少了25万吨，并且证明，即便在贫穷而混乱的城市里，效率良好的运输系统也有助于改善交通。此外，在我造访过的大城市当中，波哥大也是首座单靠公共交通运输（没有造成城市结构的重大改变）就减少塞车并催生出新公共空间的城市。

不过，BRT的成功依赖于发展中国家的独特条件。在巴西的库里蒂巴，BRT的打造者是一位由政府任命产生的市长，因此他不需经过公共协商即可推行城市改革。波哥大的情形则复杂得多。20世纪90年代初期的宪改赋予了市政府庞大的权力，于是如同埃莉奥诺拉·帕索蒂在《城市的政治品牌建构》(*Political Branding in Cities*)中指出的那样，像莫库斯和佩尼亚洛萨这样的市长可摆脱与旧政治机器的裙带关系，转而追求"品牌政治"，利用媒体和市民直接沟通，越过与地方议员的协商。直到今日，波哥大的市长所享有的独立性、声望和自由度，都是北美洲的市长所没有的。有些评论家表示，要不是因为任期限制，波哥大的市长将可行使独裁者般的权力。（莫库斯在2010年以绿党党员的身份参选总统，结果因比对手少了几票而落败。）莫库斯或佩尼亚洛萨要是像摩西一样钟爱高速公路，今天的波哥大恐怕会有截然不同的面貌。

千禧公交车因夺取了汽车的道路空间而把公益与私利的冲突带进了政治斗争当中。在这座城市里（由于汽车普及率相当低，因此对绝大多数的市民而言,每天都是无车日),千禧公交车表明,政治人物可通过充满雄心的方案限制汽车的使用,从而赢得民众支持,就算汽车是有钱有势者偏好的交通方式也没有关系。波哥大的经验可供其他城市参考,特别是发展中国家的城市,因为波哥大实行的各项措施,从人行道护柱、自行车道,乃至BRT,正体现了城市逐步转变的发展进程。

  我待在波哥大的最后一天,来到坎德拉里亚区,正准备穿越街道前往马尔克斯文化中心,一名骑着摩托车的警察突然挡住我的去路,他车上的警笛响个不停。接着,另一名摩托警也在不远处停下车,挡住一条小巷的入口。在前方的街区,也有两辆警用摩托车拦阻交通。被挡住的行人与车辆越来越多——载满身穿工作服的工人的巴塞塔、附近一座大学的学生,以及一辆马拉车,车上堆满了一袋袋的水泥。经过半分钟的等待之后,我们终于知道警察拦阻交通的原因:一列黑色丰田SUV车队呼啸而过,装有防弹装甲的车身闪亮不已,贴着黑色隔热纸的车窗映照着街景。这列车队朝着总统府、国会与市政府的方向——也就是哥伦比亚的权力中心——驶去。完成了为要人开路的任务之后,那些骑着摩托车的警察也跟着离开,重要性显然远不及车上人物的波哥大民众这时才得以通行。

  这幅景象使我联想起莫斯科的权贵如何靠密考基的闪烁灯光与震耳欲聋的警笛声在车流中横行;也让我理解,要是我住在波哥大,一定会是千禧公交车的乘客,傲然地搭乘那些拥挤的红色公交车。

> 然而，这座城市并不述说其过往的故事，而是默默将这些过往容纳，犹如手心里的掌纹……
>
> ——伊塔洛·卡尔维诺，《看不见的城市》(*Invisible Cities*)，1972

9
良好的骨架

俄勒冈州·波特兰
不列颠哥伦比亚省·温哥华

在我走访过的城市里，有一些曾让我不禁想定居下来。

我羡慕东京那种恬静的社区，那些惬意的巷道，可让猫咪恣意游荡，让人骑自行车或是步行至邻近的电车站。我能想象自己在弗赖堡沃邦的无车环境中养儿育女，也很乐意在巴黎找个度假小屋，最好就在电车站的步行范围内。即便是波哥大也有某种魅力，尤其是在星期日，道路禁止汽车通行，仿佛全市的居民都拥上了街道，加入行人与自行车骑士的行列。我去过哥本哈根之后，就一直试图说服我太太造访那座位于波罗的海沿岸的乌托邦城市——那里的居民不开SUV，只骑载货自行车，而且连老年人都拥有可以骑车的健康体魄。

这些城市全都具备一个共同的特征：通过改善公共交通运输系统来降低对汽车的依赖，提升生活质量。不过，我不认为亚洲、欧洲和拉丁美洲那些城市的运输政策能直接套用到北美洲城市，并期望达到同样的成果。欧洲国家的首都拥有历史悠久的地铁或电车网络，以及适宜步行的中世纪风格的市中心，因此城市中心的居民密度是美国城市远远比不上的。在随着铁路网的发展而发展的日本城市里，私家车从来就不是居民惯用的出行方式，而是一种昂贵的配件，用于出门办事或度假。在南美洲人口密集的市中心，由于绝大多数的居民都没有汽车，承诺兴建优质的公共交通运输系统甚至可让政治人物赢得选战。

美国大多数城市的城市结构都大为不同。自从第一辆有圆弧挡泥板的奥斯莫比尔汽车于1901年在密歇根州兰辛出厂以来，大量生产的汽油车辆就在美国城市中留下了无可磨灭的印记。单一出入口的住宅区和位于高速公路互通式立交桥旁的边缘城市，是最抗拒公共交通运输的，但这种发展形态已成为美国太多地区的样板。从纽约州的布法罗到加州的贝克斯菲尔德，以汽车为中心的发展方式无所不在，让人觉得想逆转这种现象、摆脱城市扩张的状态，会是一场虚妄的白日梦。

不过，美国至少有一座城市指出了一种不同的未来。我知道东岸居民对俄勒冈州波特兰市的看法：一个不错的地方，有喷香的燕麦片和长着青苔的屋瓦。毕竟，那里是"雷梦拉"系列童书里所描写的20世纪50年代风格的市区小镇，也是一个以"保有波特兰的怪异本性"为口号的反企业圣地，而且作家恰克·帕拉尼克笔下的逃犯和难民也来自这里——波特兰的著名之处，就在于此地是一个能让年轻人过着退休生活的地方。要是你想把人生倾注在有机啤酒、二手唱片或是单速自行车上，波特兰就是个适合你的地方。不过，你要是胸怀壮志，想赚大钱，就别待在这座城市里。波特兰的各种怪异特色其实都是表象而已；它在许多层面上仍是一座典型的美国中型城市，经济活动原本以造船、磨面粉和纸浆加工为主，近年来转变为生产电脑芯片、耐克跑步鞋和户外用品品牌哥伦比亚的冲锋衣。拥有约60万市区人口的波特兰如今只是一个庞大都会区的中心。该区总共包含27座自治市，其中的200万居民散布于3个县，各有各的商场、地面停车场和战后城市扩张的格局。

然而，波特兰却在自身发展过程中的一个重要时刻做出了关键的规划和交通选择，现在已开始产生效果。近年来，波特兰人均搭乘公共交通工具的次数已不亚于芝加哥、费城及其他许多较古老也较密集的城市，波特兰居民搭乘公共交通工具的概率更是较全美平均水平高出1倍。此外，他们每天开车上下班的里程也比全美平均低了20%，花费在交通上的家庭开支也少得多。波特兰的4线轻轨系统共有约84公里的轨道（预计在未来6年将再增建16公里），不但能穿越松树林通往偏远的郊区，也可将乘客载运至当地国际机场附近。此外，由于拥有一套总里程数达420公里的自行车道，波特兰人比美国其他城市的居民更乐于骑自行车上班。[①]

当然，这座城市目前在公共交通运输的发展上犯了些错误。不过，比起美国其他地区，波特兰更加坚定地走出了一条道路，这可在未来高价能源的竞争中确保这座城市的繁荣。此外，波特兰更通过明智的运输政策躲过了被汽车主宰的命运，为其他城市带来了希望——即便是战后才迅速发展的新兴城市也一样。

---

① 根据美国人口普查数据，波特兰在2008年共有6.4%的人口骑自行车上下班，这是10年来增长超过1倍的结果，但相较于哥本哈根的37%仍是低得可怜。

高速公路上的野餐

波特兰市中心生机盎然，这是西方世界的市中心罕见的现象。这里的街区都相当小，深度大约只有61米（这样的设计可增加街角的数目，借此突显古建筑，包括全美洲规模最大的一片铸铁建筑），有时不免让人觉得像是一座赶上淘金热潮的迷你曼哈顿。不像因充斥了太多地面停车场和毫无特色的办公大楼而显得荒凉的洛杉矶市中心，波特兰的市中心具有不分昼夜的真实城市风格。仅存的少数空地上摆满了贩卖土耳其薄饼、埃塞俄比亚薄饼以及拉丁美洲和亚洲风味混合的食品（如韩国泡菜口味的墨西哥玉米饼）的摊贩推车，看起来都已落脚生根。老式百货公司没有迁移到偏远的购物商场，有相当比例的就业机会仍然集中在市中心的办公大楼；更重要的是，仍有许多人住在这里。我这么说也许不免有偏见，但市中心的一大景点若是一家占地为整个街区的书店，即规模大得令人讶异且内部有如迷宫的鲍尔书屋，那么这座城市显然值得期待。

然而，波特兰的市中心却好像少了什么东西。

我初次造访波特兰时，曾经隐隐约约有这种感觉，但这次我马上就意识到这一点。在开拓者广场上，数以百计的群众排队准备参加"假日麦酒节"的活动，丝毫无惧于新闻报道的炸弹攻击未遂案件——一周前，一名索马里青少年因计划在这座广场的圣诞树点灯活动上引爆炸弹而遭到逮捕。一个喝醉了酒、走路摇晃的圣诞老人在一个本森饮水台前停下来喝了一口水，弄湿了胡子——本森饮水台是一种铜制的四臂饮水台，和巴黎街道上的种种设施一样精致高雅，是镀金时代的木材大亨西蒙·本森捐赠给这座城市的。在周末露天市集上，一群欢腾的群众随着一支10个人的吉卜赛犹太教音乐乐队的热闹音乐踏着脚打拍子，我也跟着欣赏了一会儿。直到横越伯恩塞德大道前往联合车站时，听见一列火车的鸣笛声回荡在威拉米特河的铁桥上，我才意识到波特兰究竟少了什么。我在市中心已经漫步了两个小时，完全没见到其他北美大城市里常见的"祸害"，也就是摧残住宅区并导致荒芜景象的多车道高速公路。

这座城市拥有的少数几条城市高速公路全都隐藏得相当好。与太平洋海岸平行、从加拿大延伸到墨西哥的5号州际公路，从东波特兰的仓库和二手车展示场之间穿过，位于威拉米特河的彼岸。405号州际公路的环形公路将市中心与富裕的西丘地区分隔开来，但它嵌在一道凹槽里，因此主要交通干道得以横越这条州际公路。在威拉米特河靠市中心的这一侧，其他城市必定都会利用河畔的土地兴建高速公路，但这里却只有麦科亲水公园，园内的日本樱花树下，自行车骑士悠然滑行在迂回的自行车道上。

就美国大城市的郊区化发展而言，波特兰的市中心堪称例外。一般的说法是，中产阶级之所以放弃市中心，是为了逃离城市的纷扰，以及人们偏好宽敞的郊区居住环境。事实上，一座接一座城市没落的起源可回溯至一个划时代的事件：美国在1956年签署的《联邦道路援助法》和《道路营收法》。这两个法案促成了州际公路系统的建成，这是世界上规模最大的公共工程计划。

不论从哪个方面看，这都是一项惊人的成就。这套公路网的正式名称为"艾森豪威尔国家州际及国防公路系统"，现在共有约8万公里的限行道路，有62条横跨北美大陆的高速公路，每条双向公路的单侧至少都有两条宽4米的车道，路面铺设平整，可让轿车及卡车以112公里的时速平稳行驶。有效联结全国200座军事基地的这套路网，包括夏威夷瓦胡岛上长约13公里的H-2州际公路、以约5000公里的长度连接西雅图与波士顿的90号州际公路，以及100多条隧道和5万多座桥梁。随着70号州际公路位于科罗拉多州的格伦伍德峡谷路段于1992年兴建完成，这套路网终于在延期20年后完工了，总共耗费美国纳税人约5000亿美元的税金。

在20世纪以前，美国的道路几乎都是由地方政府独力兴建及维护，因此质量落差极大。19世纪80年代，自行车骑士——而非汽车驾驶员——发起"完善道路运动"。第一个针对道路质量游说政府的团体，是拥有10万名会员的美国自行车骑士联盟，他们要求政府将坑坑洼洼的道路铺平，让路人得以摆脱"泥泞的束缚"。另一方面，农民通常反对横跨乡间的公路，他们认为那只是游手好闲的城市居民用来游乐的；他们赞成改善通往市集和铁路车站的乡下小路。如同史学家欧文·古特弗罗因德在《20世纪的城市扩张》（*Twentieth-Century Sprawl*）中所说，20世纪初期，"许多利益游说团体将各自经济利益注入美国政治和大众文化结构以及州或联邦的法规当中"。早期的限行收费道路，例如宾夕法尼亚州高速公路，虽然有利可图，却给人不民主的印象，于是公路游说者之间达成了一种共识：新建的道路应该是公共事业，不收过路费。

州际公路系统的构想源于军事需求。1919年，年轻的艾森豪威尔随同一支车队从华盛顿出发，花了两个月的时间横越美国本土，抵达旧金山。后来，身为盟军最高统帅的他，目睹了德国的限行高速公路如何使希特勒的军队在全德各地快速移动，充分发挥其闪电战的破坏力。"那支车队让我开始想建设良好的双车道公路，"艾森豪威尔在回忆录里写道，"德国让我看到在全国各地兴建宽敞道路的智慧。"

作为赫伯特·胡佛卸任之后的第一位共和党总统，艾森豪威尔利用这些宽敞的道路为美国民众献上一份冷战大礼。一开始，这些能让汽车驾驶员"开车横越全美而不遭到任何一个红灯阻挡"的州际公路，受到美国人民热烈欢迎。不过，不久即可清楚看出，兴建这些州际公路的工程师，其中许多都在纽约跟随过摩西，都想将这种新式道路带入城市的中心，并且不惜夷平任何挡路的社区。不仅如此，这些工程师锁定的地点"刚好"都是犹太人、非裔美国人、波多黎各人和华人的聚居处，通往市郊的快速道路显然是沿社会抵抗力量最弱的区域修建的。

摩西的跨布朗克斯快速道路早已摧毁了东特里蒙特，但随着这些技术官僚的规划范围扩展至全国，他们也就铲除了原本赋予美国城市活力的元素。新奥尔良的克莱本大道沿路种植了美洲大陆上最长的连续不断的一排老橡树，路旁的树荫处也常吸引爵士乐手聚在一起即兴演奏，现在却永远被遮蔽在10号州际公路这条高架道路的阴影下。在迈阿密的奥弗敦，像棉花俱乐部和摇滚国度舞厅等黑人经营的企业，都被征收改建成95号州际公路。底特律的黑底社区是当初"灵魂乐之后"艾瑞莎·富兰克林在父亲的浸信会教堂唱歌的地方，为了兴建克莱斯勒高速公路，同样被夷为平地。密歇根州州长后来指出，高速公路的建设是1967年种族骚乱的一大肇因，那场骚乱导致1000多栋建筑沦为废墟，并造成43人丧生。高速公路让市中心不再适宜居住，促使更多人移居到市郊，导致市中心变成单纯的"中心商业区"。

不久之后，无可阻挡的高速公路巨兽就遭到意想不到的顽强抵抗。在格林威治村，简·雅各布斯领导的社区抗议活动终于遏止了曼哈顿下城快速道路的兴建；在孟菲斯，一群"穿着网球鞋的娇小老妇人"组成一个出人意料的联盟，阻止了40号州际公路拆除欧弗顿公园——那里是猫王第一次收费演出的地方。抗议人士阻止了旧金山所有高速公路的兴建，只有高架的滨海高速公路留下盖到一半的残桩，直到1989年的地震之后才拆除。要不是这些来自中产阶级的阻挠人士，新奥尔良的法国区、旧金山的金门公园和波士顿市中心的历史城区都将永远埋在水泥与柏油路底下。

长久以来，那群高速公路团伙一直把波特兰视为他们的目标之一。1943年，波特兰一名市政府官员邀请摩西为这座"玫瑰之城"规划一份战后高速公路蓝图。"波特兰的每一位市民，"摩西在这份86页的报告里指出,"都有权自豪,因为这个社区在时间充裕的情况下,已准备以开明的眼光面对未来。"摩西对波特兰怀有的愿景包括内环和外环两条高速公路。20世纪50年代,俄勒冈高速公路部门采纳了摩西的许多建议,在取得联邦资金之后兴建了日落公路与5号州际公路。过去限制波特兰市中心向外扩张的西丘,也挖通了高容量的隧道,并迅速扩张,不久之后就淹没了原本充满田园气息的华盛顿县。

波特兰抗拒高速公路的运动始于一场野餐。"港湾大道具备了平面州际道路的雏形。"城市研究教授卡尔·阿博特在他位于波特兰州立大学市中心校区的研究室里向我解释,"这条道路兴建于20世纪40年代,是市中心的外环道路,挡住了滨水区。60年代中期,惹人厌的俄勒冈期刊大厦终于被拆掉了,于是高速公路部门便认为那是将港湾大道改建成高速公路的大好机会。"1969年仲夏的某天,几百户家庭发起了一场平和的抗议活动。"他们在那片夹在八车道的繁忙交通之间的荒芜土地上摊开野餐布,打开野餐篮,小心地看住孩子,以免他们跑到马路上。他们自称'把河滨还给人民'组织,结果大幅改变了城市的走向,彻底打败了港湾高速公路的构想。"如今,威拉米特河的西岸是一片绿油油的公园,父母可让幼儿在这里自由活动。

下一场战役则是针对胡德山高速公路,这个名称来自市中心边缘那座白雪覆盖山头的活火山。这条高速公路若是建成,其中9公里长的路段将会穿过波特兰东南方,导致将近2000栋住宅遭到拆除。五六个社区居民在愤怒之下发起了反对该计划的草根运动,获得州长汤姆·麦考尔的同情。麦考尔出生于马萨诸塞州,在俄勒冈中部的一座牧场长大,属于共和党内几乎遭人遗忘的温和派:他强烈支持环保,反对城市扩张,曾在议会里斥责"杂草丛生的住宅区、沿海地区疯狂兴建的公寓大楼,以及郊区毫无节制的扩张"。1974年,麦考尔向联邦政府表示,他将把原本打算用于兴建胡德山高速公路的资金拿来打造一套地区公共交通运输系统。

同在波特兰州立大学教书的运输学者阿德勒指出:"波特兰是全美第二座利用联邦政府下发的高速公路资金打造公共交通运输系统的城市,仅次于波士顿。"自1964年以来,《城市公共交通运输法案》就规定地方政府购置公共交通运输设备的支出中高达三分之二的资金可由联邦政府补助。不过,由于联邦政府愿意负担90%的高速公路兴建成本,因此一些财务拮据的地方政府通常都选择多铺柏油路。俄勒冈州议会抵制了这一趋势,成立了国营性质的三县运输处,接管了玫瑰之城公共交通运输公司这家破产的私营公交车及电车企业手上的资产。三县运输处首先在1978年将市中心若干街区规划为公共交通运输与行人专用区;8年后,这个机构兴建的一条轻轨正式通车,其路线沿着一条旧轨道通往市中心以东24公里的格雷舍姆市。

波特兰不但在全美率先将反高速公路运动转变成支持公共交通运输的革命,还创下另一先例,成立了"城市区域政府"——这是美国少数几个真正的区域政府之一,更是唯一由普选选出的区域政府。城市区域政府首先实行的一项举措,就是划出城市扩张界线,确立未来20年的土地供给,将波特兰的城市限制在约960平方公里内(这次划定的界线对土地的管制延续到2040年)。这并非什么新构想,德国自19世纪就已颁布市区划分令限制城市扩张,英国的城镇规划者也自20世纪30年代以来就利用绿化带——将长条状的土地保持在未开发的自然状态——限制城市发展。不过,这种做法至今仍然充满争议,特别是在认为政府不该阻碍发展的人士眼中更是如此。

"州议会通过城市扩张界线时,波特兰市中心还是老大。"阿德勒说,"这样的情形在今天绝不可能发生,因为现在郊区的地位已比过去重要得多。此外,由于20世纪80年代大部分时间的经济都极为低迷,因此扩张界线直到10年前才开始让人看到效果。"迫使开发商必须填满空置的建筑用地和"棕地"（存在一定程度污染或环境问题的土地，以工业用地居多），而不能开发农田和森林地的扩张界线，已达成最初设定的许多目标。波特兰的人口虽然自1973年以来已经增长了50%，但城市占地面积却只增加了2%。另一方面，波特兰市中心的人口增长率也与市郊相当；在其他同样大小的城市，郊区的扩张速度都是市中心的3倍至4倍。拥护扩张的人士声称，扩张界线导致房价上涨，但波特兰的住宅比起西雅图、盐湖城、洛杉矶及其他西部城市的类似房屋还是便宜得多。

由于波特兰早就致力于公共交通运输及区域规划，因此在能源价格节节攀升的时代占据了优势。当然，不是所有人都把这座城市废弃高速公路的做法视为西岸版本的独立宣言。有些人认为，波特兰，甚至全美所需要的，不是减少高速公路，而是增加，并且是大大地增加。

高速公路反对者

在一个星期五的上午，我在第五大道与阿尔德街的转角搭上向西的56路公交车。波特兰的公交车采用新飞人公司生产的车辆，使用的燃料是现在许多公交车采用的标准柴油混合植物油。这里的公交车虽无特别之处，但吸引到的乘客却是美国许多城市比不上的。56路公交车上，一名身穿刷毛夹克的中年妇女坐在前排座位上，正看着Kindle；一个穿着防水夹克和短裤的胡子男则在公交车前方的纸类回收桶内捡起一份别人丢弃的《俄勒冈人报》；一个身穿黑雨衣的纤瘦男子在将登山车固定在公交车前方的停车架上后，便从背包里抽出塞利纳的《死缓》。这样的搭车人士和我在弗莱堡或斯特拉斯堡看到的是同一类：中产阶级、受过教育、具有环保意识。

随着公交车开出波特兰市界进入市郊的华盛顿县，路边的自行车道也随之消失，附设大片停车场的好帮手药妆卖场与喜互惠超市则开始出现。我在肖斯费里路下车，正纳闷该怎么前往喀斯开政策学会——其总部位于一栋3层楼建筑，前方是一片停车场。从人行道望去，前方看不到任何人行道，我只好跨越铺着杉木碎屑、种着矮树丛的安全岛。看来，要抵达这个自由放任主义的智库，显然只有开车这一种方式。

约翰·查尔斯邀请我到他的办公室。在新泽西长大的他在30年前搬到俄勒冈州，从2005年开始担任该学会的会长——这是一个12人的研究中心，研究焦点是人身自由、财产权与自由市场。在北美洲西北岸，他批判区域规划政策及支持兴建高速公路的专栏相当知名。

"波特兰一点都不上进，"查尔斯说，"这是一座消极无为的城市。自从205号州际公路在30年前通车以来，我们就没有再铺过一条高速公路。汽车行驶里程每天不断增加，但高速公路的容量却固定不变。每一条轻轨路线都占用了本来就已经很稀少的道路空间，导致开车变得更困难。波特兰市政府、城市区域政府，以及三县运输处的那些人（这3个机构根本就是同一批人）还紧抱着20世纪70年代初期的那套说辞不放。'我们取消了胡德山高速公路，现在要建这条缓慢又昂贵的轻轨线，还要资助笨重的电车，我们走在时代尖端。'他们自以为聪明的观点就是：汽车是坏东西。"

在查尔斯眼中，轻轨系统是个昂贵的玩具，只服务到一小部分人。

"这套铁路网不但速度缓慢，行驶的地方也不多，永远不可能与无所不在的道路系统相提并论，所以根本是在追逐一个不切实际的虚幻目标。轻轨速度不快，容量不大，也不舒适，车上的座椅只有侏儒才坐得下。市中心又因为设置免费铁路区而吸引了一群过路客和歹徒，在又冷又湿的冬天尤其如此。实在很糟糕。"

根据查尔斯的说法，三县运输处已沦为钱坑。由于俄勒冈州不征收销售税，因此三县运输处的主要收入来源是薪资税，所有企业，不论大小，都必须缴纳这项税金。查尔斯认为，这笔钱大部分都花在三县运输处的人事费用及补贴福利上。

"公共交通运输不需要更多的补助。我们得削减其补助，它们应该自负盈亏，让法规松绑，这样我们才能摆脱三县运输处这头巨兽，促使企业能在利基市场①中再经营合法的小型公交车。"如同大部分自由主义者，查尔斯也认为公共交通运输若是不能靠车费收入自负盈亏，就没有理由存在。私家车足以应付大多数人的交通需求，剩下的只需靠私营小巴和共享出租车。

这种论点有一个漏洞，就是私家车行驶的高速公路其实无法自负盈亏。高速公路的拥护者声称"公路信托基金"从每加仑汽油的收入中抽取18.4美分（这个金额从1993年后就未曾调高过，一般驾驶员每年只需负担100美元），作为公路使用者支付的费用，意思是说高速公路上的驾驶员都负担了道路成本。这种论点根本是胡说八道：芝加哥或波士顿的驾驶员就算只使用当地的道路上下班，还是得在加油的支出中负担州际公路的维护成本，不管这些州际公路是在蒙大拿还是北达科他州。此外，每个消费者只要购买由卡车运输的笔记本电脑或汤罐头，也间接支付了包含在商品价格中的汽油税。美国科技评估局指出，政府对小汽车和卡车驾驶员的补助，包括道路维护、交通管制和免费停车位，一年至少要4470亿美元，甚至可能高达8990亿美元。根据知名运输学者维坎·维奇克的估计，汽车驾驶员对自己的用路成本只负担60%，剩下的40%则是由各级

---

① 利基市场指那些被市场中占有绝对优势的企业忽略的某些细分市场或小众市场。——编注

政府补助。换句话说，高速公路对于公共补助的依赖程度几乎和大城市的公共交通运输系统相当。

不过，查尔斯对于这个质疑也有一套说法。他认为，只要将高速公路私有化，就可避免塞车现象。向驾驶员收取过路费，可让州际公路系统恢复往日的繁荣，使交通恢复通畅。他希望波特兰能兴建新的私营收费高速公路，也就是洛杉矶已尝试过的那种道路。

"但也可以直接利用既有的高速公路网，"他越说越起劲，"然后利用感应器、电子收费、高峰期定价以及设定收费费率等做法确保交通顺畅，还要规定最低时速为70公里。这样一来，流量就会增加，油耗也会减少，汽车驾驶员将会比现在快乐得多。"

这样一套系统绝对能减缓塞车现象，但获益的对象只有少数精英。加州的河畔高速公路是知名度最高的私营收费道路之一，其快速车道因此被称为"雷克萨斯专用道"：橘县的企业主管可以花费10美元，以100多公里的时速抵达办公室，而他的园丁则可能一整个上午都堵在车龙里。

"你提到对汽车驾驶员的补贴，"查尔斯继续说，"我只能说，现在汽车驾驶员根本连付钱的机会都没有。我要是身陷车龙，也不能说：'我愿意刷信用卡，绕过这个地方，走比较快的车道。'我那些注重环保的朋友，大部分都持莫斯科人排队领面包的观点：'同志，我们非常重视平等。我们肩并肩一同在塞车的队伍里浪费时间，哪里都去不了，这样是不是很美妙啊？'才怪，这不叫美妙，这叫愚蠢。"

我承认，在机场接受安检、在机动车管理所办事，或是假日出游堵在路上时，我也不免会想付钱避开恼人的人潮。不过，我可不想住在一个富人只要付钱就能比穷人优先使用公共基础设施的国家。要真是如此，恐怕这种情况还没发生，就会先引发革命了。

从19世纪曼哈顿的公交车到当代马尼拉的吉普尼，事实一再证明，自由市场非常不适合为城市提供有效的公共交通运输系统。如同我在法国发现的那样，私人运输公司赚取利润的方式，就是先以不切实际的低价抢标，再以成本超支为由，要求地方政府补助。在印第安纳州，来自西班牙和澳大利亚的投资者近来兴建了一条成本数十亿美元的私营高速公路，表面上看似乎对州政府相当有利，但只要认真看看细节就会发现其实不然：美国的纳税人在未来的75年内，每年都必须支付数百万美元给这个国际财团。就公共交通运输网络而言，要达到运营效率的最佳方法，就是由一个机构长期全权规划，而且许多最佳案例都是由类似三县运输处这样的公共机构规划的。有组织的公共交通运输不是通往世界大同的第一步，只是合乎常识的做法。

查尔斯论述完他的观点之后，便和我一起走到停车场，他的太太已开着一辆银色SUV在那里等着他。他坐上副驾驶座，太太随即驾车离开。我走回公交车站牌，等候开往市中心的56路公交车。

查尔斯没有提议载我一程，我并不意外。自由放任主义者向来难以容忍搭便车的人。我不介意。那天天气晴朗，而且我带了一本好书。

新郊区主义

花了几天搭乘波特兰的公交车、电车和轻轨之后，我发现查尔斯大部分的埋怨都是夸大其词。他说市中心的停车费已高得失控，但我看到不少招牌上标明全日停车只需9美元，这样的价格根本不足以限制人们开车进入市区。查尔斯说波特兰因为没有兴建新的高速公路，以致塞车情形恶化得让人无法忍受，但得克萨斯交通研究中心的交通报告指出，和同等大小的城市相比，波特兰居民花在出行路上的时间其实低于平均值,而且近年来这个时间还出现了缩短的趋势。此外,公共交通运输方面的投资显然也出现成效。波特兰的公共交通运输乘客人数在过去20年已经倍增,而全美只增长了15%。

不过,查尔斯对波特兰的公共交通运输提出的部分批评还是言之有理的。举例而言,西侧铁路线吸引的乘客不够多,而且我发现公交车的候车时间太长,在市中心以外的地区尤其如此。三县运输处是美国第一个提出"频密网络"构想的政府机构,在公交车关键路线上保证车次间距不超过10分钟。不过,该处近来提出因薪资税收入减少,要将车次间距延长至17分钟。减少接驳公交车班次不但是错误的政策,而且足以使公共交通运输走向衰亡,也制造了不良的公关形象,特别是波特兰还耗资数亿美元将铁路延伸至富裕的郊区。民众不想被迫在街上等候更长的时间了,哪怕就多1分钟,尤其在多雨的北美洲西北岸。

尽管如此,以MAX轻轨系统的"城市区域快车"作为波特兰公共交通运输的主心骨确实是深具远见的选择。行驶在铁轨上的MAX列车拥有两节低地板车厢,由列车上方的电线提供动力。这种列车有四四方方的车身和倾斜尖角的车头,是20世纪80年代盛行的流线型设计。一天下午,我搭乘驶向希尔斯伯勒的蓝线列车,那部MAX列车首先在市中心的街道上缓慢行驶,有如笨重的电车;进入西丘的隧道之后则像地铁——位于波特兰动物园地下的车站深达80米,是北美洲位置最深的车站——接着又从地底冒出,摇身变为名副其实的轻轨列车,加速超越26号州际公路上头尾相连的众多车辆。

MAX列车在少数路段的时速可达88公里,但连同靠站时间在内的平均时速只有32公里。MAX列车一天的载运量达12.1万人次,与10年前相比近乎倍增。对乘客而言,波特兰的轻轨列车既舒适又可靠,对市区和市郊的乘客来说算是极佳的折中方案。不过,我老远来到俄勒冈州可不是只为搭乘MAX列车。波特兰城区还有全美最获赞许的郊区TOD模式:奥伦科车站。

先前的新城市主义社区，例如建筑师安德烈斯·杜安伊与伊丽莎白·普拉特-兹伊贝克在佛罗里达州规划的海滨市与庆典市，虽以适合步行的环境备受赞扬，但批评者也明确指出，这些社区得完全依赖汽车。这类社区虽有门廊和人行道，却还是市郊住宅区，只能靠高速公路抵达。奥伦科车站的设计目的，是要成为第一座摆脱依赖汽车的新城市主义社区，其市镇中心就在公共交通运输设施的步行范围内。MAX轻轨路线在1998年延伸至奥伦科车站，当时的副总统戈尔还发表了一场演说，盛赞这片社区不但适宜步行，距离公共交通运输设施也极近；《夕阳》杂志甚至将其评选为2005年"最佳新郊区"。

我想知道奥伦科车站是否名副其实。良好的设计与规划若足以鼓励郊区居民使用公共交通工具出行，城市规划师致力于提高市郊住宅区的密度就有其道理。在这个油价节节攀升的时代，奥伦科车站也许能证明郊区的未来仍有希望。

从波特兰市中心出发，搭了半小时的车之后，我在奥伦科站下车。轨道以北是一座泊车、换车停车场，内有数百个车位，但现在只有十几个车位上有车。我走了400米，经过一片闲置的空地和一座名为"核心"的公寓社区，再穿越交通繁忙且宽敞的康奈尔路，终于来到奥伦科车站所在镇的中心。这里有超市、邮局、厨具店、寿司店、印度餐厅、高级红酒和雪茄专卖店，还有必不可少的星巴克。我就在星巴克与黛比·拉伯见面，她是一位城市规划师，曾经参与规划邻近的希尔斯伯勒自治市，也参与了奥伦科车站项目。

"这座社区的历史可追溯到1959年，"她解释道，"当时一家开发商在康奈尔路沿线开发了900块约1000平方米的土地。那个开发项目其实是典型的土地骗局。开发商把那些土地卖给没到现场看过的顾客，谎称他们可以获得希尔斯伯勒提供的公共设施，可希尔斯伯勒距离此地其实有3公里以上。后来市政府拒绝为这片土地建设公共设施，结果这里就空置了30年。"

希尔斯伯勒游说城市区域政府将MAX蓝线延伸至其市中心，于是，俄勒冈州和华盛顿州的公务员退休基金都持有部分股份的太平洋信托开发商，便与科斯塔太平洋建设公司合作开发了80万平方米的土地，密度比绝大多数的市郊社区高出许多。

"奥伦科紧邻一片比较旧的社区，那里兴建的都是占地930平方米的单户住宅。那片社区的居民得知开发商打算兴建占地约560平方米的单户住宅之后，都气愤不已，心想：'这是怎么回事？这样会导致这个地区出现大量租客！'"

如果说奥伦科车站带来了什么影响，那就是提高了当地的房产价格；现在，这里的房价已比附近的其他住宅区高出30%。拉伯带着我走上奥伦科车站公园大道，路旁矗立着一栋栋3层楼的维多利亚式红砖住宅，前面铺有宽阔的人行道，装点着一根根铸铁路灯，设计刻意模仿波士顿的后湾社区。这条公园大道经过一排可供居住和工作的联排排屋，通往奥伦科的中央公园——这是一片长方形绿地，三侧被占地面积狭小的两层楼住宅围绕着。我们走进一条巷子，拉伯指着车库上方的"老奶奶楼层"给我看，这种住宅令人联想起1974年美国电视剧《欢乐时光》（*Happy Days*）中，那个名叫方吉的叛逆小子位于车棚上方的公寓，因此又称"方吉套房"，不少奥伦科居民都把这样的空间当成民宿出租盈利。狭窄的街道只限单侧停车，车库位于屋后，因此面对街道的房屋正面不会是一扇单调的车库门。所有房屋都有相当深的门廊，前门则接近基地边缘。奥伦科车站附近的居住密度，在单户住宅地区约是每英亩7户，在公寓及联排住宅区则是每英亩20户，这样的密度至少在理论上可为轻轨系统提供充足的乘客。

"奥伦科车站刚建成的时候，"拉伯说，"这里的小孩很少，因为大家都不习惯没有后院的房屋。"我们走过一座设有游乐场的小公园，里面除了一个人在遛狗之外，并不见其他人影。"现在，这里的住户越来越多了，但家庭规模绝对比其他郊区的小。我们发现奥伦科车站附近住着许多单身妇女,她们之所以被这里吸引,是因为这里环境安全、能见度高、照明良好,犯罪率也低。"

受益于这里的人行道和公园,奥伦科车站附近远比大多数的郊区适合步行。在夏季的星期日,超市停车场都会有农村市集。不过,开发商却选择把奥伦科车站的商业区设置在交通繁忙的康奈尔路,而不是MAX车站附近。前往轻轨得跨越五车道的马路以及一座荒凉的停车场。有个问题至今仍然挥之不去:这里真的算是一个公共交通通达的郊区吗?居民对这一点的看法颇有分歧。

我在星巴克发现有个名叫汤姆·蒂尔南的男子在一本亚当·斯密的传记上做着笔记,他说他在6年前从马萨诸塞州搬到奥伦科,在公园大道上买了一幢联排排屋。单身、年约55岁的他,喜欢奥伦科的规划构想。"我会走到邮局去收信,顺便买点日用品。"可是他不搭乘轻轨出行。"我在家工作,而且这个地区其实分散得很广,所以得开车才行。我一年可能会搭个五六次MAX列车,去鲍尔书屋、听音乐会或者逛逛动物园,可我通常都开车。"他指了指他的轿车,车就停放在后方的停车场里。

在超市前方的一家小餐厅里,我跟刚吃完意大利面的所罗门与唐娜攀谈。他们4年前在奥伦科车站附近买下一栋房子,但唐娜说他们俩人都不怎么搭乘轻轨列车。"我们遇到特殊情况才会搭MAX列车,"所罗门说,"例如市中心举办大型活动的时候,我们不想开车;或是想喝点酒,又或者是要赶飞机。你可以从这里搭MAX列车到机场,不必把车子停在机场过夜。这点确实很方便。"所罗门在附近的英特尔园区担任程序设计师。"我家到公司只有10分钟左右的路程,以前骑自行车,也走路上班过,不过我还是比较喜欢开车。"他记得英特尔曾经发给他免费的MAX搭乘卡,可是他没有使用。尽管他每周有3天到波特兰州立大学上在职进修课程,但去市中心还是开车。"搭MAX列车也许能节省一点时间,可是我还是开车,反正停车不花钱。我是说,感觉像是不花钱,因为如果你是学生,停车费就已经包含在学费里了。"这对夫妇拥有两辆车,尽管油价高涨,他们还是不打算把车卖掉。唐娜说:"我们有孩子,还有两条狗。在这里没有车是不行的。"

路易克拉克学院的社会学家布鲁斯·波多布尼克曾进行一项研究,证明奥伦科车站虽然接近公共交通运输系统,但这里大多数的居民却还是习惯开车。这里骑自行车、步行或开车上班的人多于邻近的其他地区,却只有15%的人口搭乘MAX列车或公交车出行,而且有64%的人口还是开车上班。加利福尼亚大学伯克利分校运输研究中心主任罗伯特·切尔韦拉曾派一个团队对奥伦科车站附近社区进行研究,结论是,这种郊区TOD规划提供了太多的停车空间。开发商显然怕吓跑买家,所以提供的车位数远超过房屋数,从而造就了大面积的泊车、换车场以及地面停车场。

不过,问题其实在于MAX列车并未将当地居民送到他们必须去的地方。这里最大的雇主是英特尔,这家计算机芯片制造商也有好几座园区散布在该地区,被人称为"硅林",却没有一个园区位于轻轨车站的步行距离内。占地面积很大的隆勒园区位于奥伦科车站以北,距离MAX轻轨站超过1.6公里。英特尔虽然提供轻轨车站的接驳车服务,却鲜有人搭乘。

我在离开之前,又访问了一位名叫安妮的护士。她年约35岁,几周前才从芝加哥搬到这里,她的先生罗恩在几天后也会跟着迁居过来。她坦承自己对搬到郊区有顾虑:"我来自芝加哥,所以喜欢住在市区附近。我不确定自己能不能习惯奥伦科车站附近这种纯朴的环境。罗恩过来之后,我们也许会搬到波特兰市中心。"

我能理解她的感觉。奥伦科车站附近社区带有一种刻意营造的古怪的复古色彩,让我觉得有点可怕——在佛罗里达的庆典小镇实地拍摄的电影《楚门的世界》(*The Truman Show*),就充分呈现出这种由业主协会强制推行的怀旧美感。奥伦科车站附近的住宅相当昂贵,因此无法像真正的城市社区那样,因阶层混居而生机盎然。

一项针对新城市主义社区进行的全国调查显示,这类社区只有15%的住宅是当地中等收入家庭负担得起的平价住宅。我心想,这种小巧、紧密的住宅区虽然采用城市风格,却不具备城市生活环境的实质,因此应该称为"新郊区主义"才对。我扪心自问是否会想住在奥伦科车站附近。不知道为什么,我就是无法想象艾琳和我会在北美洲西北岸的这片松林里,找一栋仿造大城市联排排屋的住宅定居下来并生儿育女。

不过,我倒是轻轻松松地就能想象我们搬到旧奥伦科——这是一座非常不一样的社区,就位于奥伦科车站的铁轨对面。旧奥伦科是俄勒冈园艺公司在1906年为其员工开发的社区,是一座典型的企业城镇。从匈牙利和波兰移民来的园艺工人,在昔日的俄勒冈电铁城际铁路线旁边一块约4.8平方公里的土地上兴建了分散的平房。某天下午,我在这片社区坑坑洼洼的街道上漫步,不禁爱上了这个公共交通导向发展的模范,尽管当初兴建这片社区时这个名词还不存在。在旧奥伦科,那些工匠式的住宅是货真价实的老式住宅,而不是开发商刻意仿造的产品。狗儿趴在街道上睡觉,杂草丛生的庭院里停着架在空心砖上的小货车,百年树龄的美国榆树伸展出繁茂的枝叶,造就浓密的树荫。这里是能让人养鸡种菜的乡下,但你若是需要感受一点城市气息,通往波特兰市中心的铁路线就在步行距离内。换句话说,这里融合了乡下与城市的优点,而不像奥伦科车站附近社区那样介于城乡之间四不像。

奥伦科车站附近社区显然不是沃邦——沃邦这座弗莱堡的市郊住宅区,由于拥有遍及全市的电车路网和城际铁路,居民可以过上真正的无车生活。奥伦科车站的问题之一是住宅区和就业区搭配不当,但更大的问题可能是这个地方主要是由汽车和高速公路所构成,也是为汽车和高速公路而打造。

"出了市中心、东波特兰,还有其他几个像奥伦科这样的地区,波特兰其实就和其他美国城市一样,"加利福尼亚大学伯克利分校城市和区域规划教授切尔韦拉（也是美国首要的公共交通导向发展专家）坦言，"不但密度低，拥有沿街商业圈，而且房屋也都是各自独立的单户住宅。不过，MAX与电车都只是开端，未来可望形成一套完整的公共交通运输网络。在现阶段把铁路拿来和高速公路比较是不公平的。你要是开车，就能靠相互连接和广泛分布的道路前往这个区域的任何地方。波特兰目前的铁路系统大概只能服务到10%的地点，还很不完整，但有朝一日要是能发展到像巴黎的地铁和区域快铁一样，就可接近公路系统的覆盖率。希望到了我们的孙子那一代，能拥有一套成熟且完整的铁路系统。"切尔韦拉认为，对奥伦科车站及波特兰其他市郊地区而言，目前以弹性规划的BRT和MAX相互接驳，可能是最明智的解决方案。

我不禁纳闷，不论郊区住宅多么密集、多么接近公共交通运输系统，郊区真的是正确的发展方向吗？在次贷风暴之后，为什么还要专注于城市扩张呢？过度兴建郊区住宅不正是导致我们陷入这团混乱的原因吗？在我看来，波特兰在上一代画下城市扩张界线，挑战开发商以"扩张机器"作为城市经济基础的价值观时，就已经指出了未来的道路。在当前这个时代，既然有数以百万的住宅空置，也许我们该问：在城市边缘追求持续扩张，即便是包装在"智能型扩张"的美丽外衣下，会不会是浪费宝贵的社会资源？

原来，波特兰的规划者比我有远见得多。

良好的骨架

如同城市规划专家常说的那样，波特兰拥有良好的骨架：这座城市沿着第二次世界大战之前兴建的公共交通运输网络发展并扩大,干道沿线有许多小型企业,市中心与内围郊区的独栋房屋和公寓都建于旧电车路线的步行范围内。许多城市规划专家都认为,要振兴这类区域,最简单的方法就是恢复并改善当初为这些地区注入活力的密集的公共交通运输。

位于波特兰中央商业区北部的珍珠区就是鲜明的例子。15年前,这里原本是个充斥废弃仓库与老旧工厂、前途看似黯淡的区域,夹在唐人街与405号州际公路之间。今天,美国制造的捷克式电车行驶于画廊与公寓大楼之间,这些公寓大楼高5层至20层不等,一楼都是商店,街上熙来攘往的行人分别前往超市、健身房、咖啡厅和数十家餐厅。波特兰的电车自2001年开始运营以来,其路线周围半径两个街区的范围内已有35亿美元的开发项目。这些扩张虽然不全是电车的功劳,但电车显然是备受珍珠区居民喜爱的便利交通设施。这辆电车由波特兰市政府而不是三县运输处经营,是一条闭环路线,在市中心又可免费搭乘,因此被当地人当成短程交通工具。我每次搭乘这辆电车,车上总是有许多购物乘客,手上提满了西夫韦和全食等超市的购物袋。

尽管珍珠区相当宜人,我却无法想象艾琳和我在这里定居。当地市政府虽然兴建了许多平价住宅——波特兰人称之为"赡养公寓"——这里却像是富裕空巢老人的城市游乐场。(南滨水区这片位于电车路线上的高楼住宅区,经历经济衰退的严重冲击之后,更显得荒凉。)东波特兰比较符合我们的风格:那里包括阿尔比纳这个非裔美国人居住的平房区、霍桑区的维多利亚式正方形住宅,以及好莱坞区和拉德社区等传统的城市村落。这些原本由老旧单户住宅构成的社区,现在人口已越来越密集,原因是公交车与MAX列车所服务的商业干道沿线都有新的公寓大楼陆续盖起来。"城市区域政府"这个波特兰地区的区域规划机构将众多资源投入像奥伦科车站这样的郊区计划之后,如今已将焦点转向在东波特兰及其他市中心区域推行公共交通运输发展计划。

9 良好的骨架

我在城市区域政府位于威拉米特河东岸的总部与吉布会面。30多岁的吉布来自密歇根州,说话语调轻柔,2008年开始负责城市区域政府的公共交通运输发展计划。她强调,洛杉矶的公共交通运输机构拥有车站附近的大量土地,但城市区域政府只能为地方政府提供鼓励机制。

"我们的资金可用于公交车和轻轨路线附近的开发项目。经济衰退之后,我们发现,许多规模较小的开发项目都建在靠近波特兰的地方,在以前有电车服务的社区。"其中一个典型的例子就是梅里克大楼,这是一幢6层楼的建筑,一楼为店铺,楼上共有185间住房,位于河滨的劳埃德区,靠近一座MAX车站。这一价值2400万美元的开发项目,得到了城市区域政府的公共交通导向发展计划提供的20万美元的鼓励金,其建成后的效果已比同类郊区的发展好了许多:一项研究发现,梅里克大楼只有44%的住户开车出行,远低于奥伦科车站附近社区的三分之二。吉布指出,城市区域政府最大的问题是难以跟上市场需求。"千禧世代的许多成员都想住在城市,但我们却无法满足他们的需求。"

波特兰的公共交通导向发展计划能持续成功,该城良好的交通骨架只是部分原因而已。另一个同样重要的因素是,上一代城市区域政府以扩张界线限制了城市的扩张,而且也未曾停止投资公共交通运输系统:目前计划兴建一条MAX轻轨路线,横越哥伦比亚河到华盛顿州,另外一条从市中心通往密尔沃基的新线也已动工。波特兰要真正发展、兴盛,唯一需要的就是在中心区域允许更高的密度,利用政策,例如提高停车费用,限制汽车驾驶员把车开进市中心,三县运输处也应为维持完整的传统社区供应更完善的公交车、电车和轻轨服务。

波特兰人若是真的要推动这样的发展,只需参考一下本市以北约480公里处的一座加拿大城市:一座近年超速发展公共交通运输的城市。

有好有坏的"温哥华主义"

加拿大不列颠哥伦比亚省的温哥华与美国俄勒冈州的波特兰,很难不让人觉得像是北美洲西北岸一对在幼时遭到拆散的孪生兄弟。

这两座城市原本都是随着淘金热而出现的新兴城镇,后来也都发展为北美洲西北岸的区域中心,拥有繁荣的港口,经济活动也同样以伐木和资源开采为基础。这两座城市都打造了电车和城际运输网,战后的郊区扩张面积也都比其他类似规模的北美洲城市小得多。它们同在20世纪70年代采用区域治理的方式,波特兰成立了都会区域政府,温哥华则成立了"大温哥华地区机构"(现已更名为"大温哥华区域局")。温哥华虽然没有在行政上划定城市扩张界线,却有实质上的扩张界线,包括:地理上的界线,即西面的太平洋、北面与东面的高山,还有南面的美国国界,以及法律上的界线,即大片永久禁止开发的农地。这两座城市的市中心都拥有60万人口,而整个区域的人口也都只有200万。现在,它们已分别到了青春期,这才开始出现明显的差异。波特兰仍是一座逐渐发展的区域中心城市,温哥华则在近来成为国际枢纽,也是城市主义的典范,更是一座满是玻璃大楼、有强烈未来色彩的城市,由高架轨道上的流线型地铁列车系在一起。

我在温哥华长大,当初就是因为在这里担任送货员目睹过太多车祸,才对道路交通与汽车产生终生厌恶。我的家人在20世纪70年代搬到温哥华,定居在大学附近一座单户住宅社区。邓巴街是距离我们家最近的主要干道,从那里能看到布里尔公司生产的流线型电车,借着车顶上方的电线提供的动力行驶。不过,那条街也是不久之前才开始有电车路线通过的。当地的住宅包括根据古怪的花园城市街道蓝图建成的桑那斯高地社区的都铎式豪宅,还有以灰泥粉刷的"温哥华特色屋",这是一种盒状的工人阶级住宅,有低矮的屋顶和二楼阳台。从多伦多来到温哥华,不禁觉得这里像是世界的尽头,有如一座大英帝国的偏远基地,羞怯地冒出若干另类文化的外貌。我儿时就是在这里成为一个小小的城市规划专家,以步伐测量附近社区的尺寸,并制作出一个模型,证明只要没有汽车,即可将城市街道转变成公园。

我的父母与姐妹仍住在温哥华。如今,当我重回温哥华探亲时,我几乎认不出这个地方了。一下飞机,所见的景象就令我惊奇不已。在以西岸为主题布置的机场中,我穿过两排图腾柱,将行李拖到高架的天空列车车站。为2010年冬季奥运会而建的加拿大线,由韩国制造的电动列车以80公里的时速载运乘客前往西区。随着无人驾驶的轻轨列车横越弗雷泽河,我不禁瞪大眼睛望着原本只有低矮房屋的郊区。现在,那里竟然满是办公大厦与公寓大楼,在天空列车沿线,每隔2.4公里就可见到这么一片高楼大厦。温哥华西侧令人联想到,东波特兰的小型单户住宅并未完全消失,但现在都紧邻外型新潮的欧式公寓社区,取了"城市广场"及"杨梅大道"之类的名称。耶鲁镇曾是市中心一个充斥荒凉仓库的地区,但我在这里的车站下车之后,却发现四周都是"透视建筑":一栋栋细长的公寓大楼,外墙包覆着淡绿色的玻璃,矗立在白雪点缀的沿岸高山前。现在,温哥华市中心的人口密度已是北美洲第二高,仅次于曼哈顿。在我离开温哥华期间,我年少时期的落后地区似乎已转变成一座温带新加坡,而且这个转变在城市规划专家当中催生出一个新的流行语:"温哥华主义"。

为了了解这一切是朝着什么样的方向发展的,我找到了莫雷诺·罗西,他是大温哥华区域局公共交通运输机构"运输联线"的资深规划师，请他带我搭乘天空列车，为我导览改头换面之后的新温哥华。运输联线的总部设在不列颠哥伦比亚省最大的购物中心都会城购物广场旁，我们就在这儿搭上一班博览线列车。列车发出一阵逐渐升高的电力嗡鸣声，随即开出车站，行驶在以水泥柱支撑的高架轨道上，载着我们远离市中心，朝东南方开进离地面3层楼高的新威斯敏斯特站。车站周围的站区尚未完工，仍可见到不少头戴橘色工程帽的建筑工人。远处，拖船在弗雷泽河上拖着浮木，我们后方则矗立3栋高耸的公寓大楼。罗西说，这里的开发项目一旦落成，将会新增650间住房以及零售杂货店、超市、影城和诊所，大部分的零售商店都将和车站月台直接相连。"这些车站越来越多地被包围在开发项目当中，和社区融为一体，而不再只是独立在社区之外的建筑。"

这种发展和波特兰的奥伦科车站对比极为鲜明。泊车、换车的做法有违运输联线的政策，因此这座车站周围将会设置公共交通运输环线，由接驳公交车将乘客载运到月台手扶梯前。罗西提及另一座车站，那里的一家大型零售杂货店也完全没有设置停车位，而是让顾客直接从天空列车的车站走进店里，结果那家门店成了该品牌的连锁店当中最成功的一家。温哥华采用的正是我在东京见过的那种TOD模式，可让乘客在从车站走回家的途中选购杂货、买花、拿回送洗衣物。

我们乘车返回市中心之后，罗西在乔伊斯-科林伍德站和我告别。我站在月台上，望着科林伍德村，这个开发项目位于一个旧的单户住宅社区内，占地约11万平方米，有4500人。44栋联排排屋临街而立，与天空列车的轨道互相平行；联排排屋后是16幢中高楼层的大楼。我走了一段路，注意到天空列车的高架轨道底下，绿化带已经改为一片社区园圃，能见到当地居民在那儿种植番茄、南瓜和莴苣。公寓大楼一楼的店铺包括一家菲律宾杂货店，橱窗里挂着油光闪亮的烧鸭，还有一家免预约诊所，以及一家挂着"日式离子烫"招牌的发廊。开发商还盖了一座小学、健身房、公园以及社区警察局。

不过,最让我吃惊的是从车站里不断拥出的乘客,其中有些人在车站手扶梯底下加入了公交车的候车队伍。此时是下午五点半,因此车站里都是从市中心回家的乘客。我站在月台上数着人头:每班4节车厢的列车下车的人数介于30人至40人,而且不到两分钟就有一班车进站。在波特兰的奥伦科车站,我注意到高峰期的每班MAX列车都只有五六个人下车,而且车次间距至少6分钟。从统计数据就可看出:在科林伍德村,56%的居民都利用公共交通工具出行,而在奥伦科车站只有15%。

在降低汽车依赖度方面,以高密度住宅区和零售商店搭配高容量公共交通运输的温哥华模式,已然成为绝佳的方式。天空列车的载客量是MAX列车的3倍,是北美洲最繁忙的轻轨系统。温哥华的公共交通运输载客量在过去10年已增长了52%,步行增加了44%,自行车骑行更是增加了180%。现在,进入温哥华的汽车比10年前减少了10%,居民上下班的平均耗时也减少了几分钟(加拿大最大城市多伦多的上下班用时则大幅增加)。由于运输政策见效,温哥华目前的人均二氧化碳排放量是北美洲各大城市当中最低的。[①]

我找到前市议员戈登·普赖斯,他也有公共交通运输博客。我问他,温哥华主义是否能套用在温哥华以外的其他地区。普赖斯认为,温哥华和波特兰一样,因为早期的电车发展而拥有若干优势。主干线间距皆为800米的格状路网,让大多数住宅和公共交通站点间都只有短短几分钟的步行距离。温哥华原有的城际运输网相当于洛杉矶的红色列车,鼓励了里士满与萨里这类人口众多的市郊地区的发展,而天空列车里从早到晚川流不息的乘客,也正来自这些地方。不过,普赖斯认为,真正的关键在于温哥华的反高速公路运动,废弃城市高

[①] 温哥华的天空列车与电车的动力来自水力发电,是目前所知最洁净的一种能源。波特兰的电力大部分来自火力发电厂。

速公路的程度其至比波特兰更彻底。

"以前有个名叫萨顿·布朗的规划师,他是工程师,也是市政执行官,自20世纪50年代以来就一直是温哥华的大人物。"位高权重的萨顿·布朗相当于加拿大的摩西,差点就落实了他理想中的区域高速公路系统,但他犯了一个错误:让高速公路路线划过温哥华的唐人街。"20世纪60年代末,华裔商人和政治立场较鲜明的工会举行了游行和喧闹的公共集会,接着又有一群律师、建筑师、学者及城市思想家凑在一起,组成一个新的市级政党。他们当选之后,第一件事就是解雇萨顿·布朗。"加拿大大多数高速公路都由省政府而不是联邦政府管理,结果,不列颠哥伦比亚省决定不提供资金给这项显然不受欢迎的计划。"令人惊讶的是,直到今天,还是没有任何高速公路通过温哥华市区,"普赖斯指出,"高速公路只要一到温哥华的市界,就会自动止步。"如同波特兰,温哥华也选择把联邦政府补助兴建高速公路的资金用来兴建公共交通运输系统。市政府取消了兴建一座新桥梁的计划,推出海上公交车:这种亮橘色的渡船至今仍然持续运营,乘客只需支付一张公交车票的票价,即可搭船抵达北岸的高山。

结果显示,高架轻轨是一项极有先见之明的科技选择。在以运输为主题的1986年世博会上,我曾在开幕典礼上搭过天空列车。当时我觉得天空列车只是个玩具,不过是个没什么重要性的人口移动机器罢了。不过,事实却证明这套系统既耐用又深受喜爱,而加拿大线那种较宽敞的新式列车,也更像正式的公交车。普赖斯指出:"所幸有这样的科技,我们的车次间距才能缩短到90秒。这实在很不可思议。此外,新列车可以自动行驶,劳力成本低得难以想象。"温哥华还推出了BRT,以双节公交车在天空列车的车站接驳乘客,而且只在重要路口停靠。搭乘B线到不列颠哥伦比亚大学上课的学生,都能领到包含在学费中的折扣月票。B线吸引的乘客极多,现在有许多人要求将这条路线替换为恒久的轻轨路线。

就运输政策而言,温哥华在许多细节上的做法都很正确。市中心的停车费用相当高昂:在小巷内的停车场停车一个半小时的价钱,足以在波特兰市中心停车一整天。市政府将主要桥梁与干道上原来的车道改建成宽敞的自行车道。运输联线的规划副总裁迈克尔·希佛告诉我,他认为另一项影响因素是文化。他的上一份工作是在芝加哥交通局担任规划部门主管,但在美国,公共交通运输不会自然而然地得到支持。"在美国,众人争论的议题经常是公共交通运输系统是否值得采用。但在这里,大家都支持,所以争论的是谁优先获得公共交通运输服务,以及资金从何而来。"

事实上,兴建公共交通运输系统的资金来源不只一处。在温哥华,乘客支付的车费只够支付50%的运营成本,剩下的则由燃料与财产税补充。目前计划兴建的常青天空列车线将由联邦政府、省政府和区域政府各自出资三分之一。相比之下,通往机场的加拿大线则是北美洲第一座采用公私合伙方式兴建的重大公共交通运输基础设施,许多评论家都指出这一工程充斥着偷工减料问题。原本规划的路线上有3座车站不得不取消,建好的车站月台又因为长度太短而阻碍了未来的扩张。由于成本超支,省政府得每年为经营这条路线的私营公司提供高达2100万美元的补助,直到2025年。

我访谈的对象几乎一致认为,温哥华最大的优势在于真正的区域规划促成了一致的愿景。为了确立区域土地使用及运输决策的基本架构而在1996年通过的"宜居区域策略计划",如今已是这个区域的规划蓝图。大温哥华区域局的规划主任克里斯蒂娜·德马科指出,这个区域的22个自治市时常相互协商。她说:"20世纪90年代中期以来,区域内的所有规划主管每个月都会聚集讨论共同关注的事项,不论是平价住宅还是重划工业土地的用途。"他们也和运输联线密切合作。这个由省政府在1999年成立的机构,不但负责监督公共交通运输系统,也负责监督桥梁与主要道路的修建。在这个过程中,相关各方看法不一定一致。举例而言,大温哥华区域局倾向于规划像波特兰的MAX那样的地面轻轨线,省政府却选择成本较高的天空列车。"各自治市都说,我们当初没有同意兴建这种列车,现在你却要求我们掏出4亿美元兴建这套系统,这就像我们只要求大众汽车,你却决定买法拉利,还要求我们出钱。"

不过,有一点倒是获得各方的共识,即区域各城市中心应由公共交通运输连接,而不是高速公路。天空列车已证明其具有提高城市密度的效果:这是一套真正的公共交通运输系统,具有庞大的吞吐量,能促成高密度的住宅区和商业区,就像纽约的地铁造就了中城的摩天大厦以及上东区和上西区的公寓大楼。

光是把一套良好的公共交通运输系统抛进一座城市,城市密度并不一定会跟着提高——看看菲尼克斯花了大把资金兴建的轻轨系统,路过的尽是一座座停车场。差别在于,温哥华很早就限制了汽车的空间,该市的规划者也竭力将公寓大楼、公交车环线和商店设置在公共交通站点附近。温哥华的例子进一步证明,公共交通运输系统要充分发挥效果,就必须由真正具有区域视野的机构管理,而且合作对象最好是对土地划分及土地使用权有某种控制权的规划单位。

有些人认为,与亚洲经济关系越来越密切的温哥华,并不是其他北美洲城市能模仿的样板。某天上午,我搭乘加拿大线前往里士满(该市人口有半数以上都是亚裔,其中大部分是来自中国的新移民),并在阿伯丁中心停留了一会儿。阿伯丁中心是一座堪称从上海、台北或新加坡直接搬来的购物广场,美食街里的商业午餐是鱼翅汤,一家规模不亚于邦诺书店的书店内贩卖的商品包括麻将和《美国居住不易?搬到中国吧!》这类书籍。当地报纸的头条新闻报道了一名房地产中介将公寓大楼整层整层地预售给中国新贵。在批评者眼中,温哥华已成为一座具有活力但没有本地经济活动的度假中心,对于亚太地区具有强大移动能力的企业高级主管而言,它是个相当吸引人的居住地,但完全依赖外资。我能了解,温哥华就像迪拜或新加坡一样,是个适合事业有成的人待上几年的地方,却不是个定居成家的好地方。

实际上,我年轻时居住的这座城市已经变得昂贵不已,甚至到了荒谬的程度。现在,即便是一小块土地上的老旧房屋也可能要价超过100万美元;我父母原来住的那栋房子,近来标售的价格是他们当初在20世纪70年代买入价的30倍。我曾经不止一次梦想过说服艾琳搬到温哥华来住,每逢蒙特利尔的寒冬时节更是如此——毕竟,温哥华的市区内就有美丽的沙滩与树木高大的森林。但事实上,我们恐怕根本买不起故乡的房子了。

温哥华的规划部部长布伦特·托德里安年纪很轻,而且充满热情。对于批评者指责这座城市房价过高,只有国际精英才住得起的说法,他辩解说:

"我们有约7000个儿童住在市中心,而且北美洲在过去10年只有极少数的城市在市中心开设小学,而我们就是其中之一,"托德里安说,"我们要求开发商必须规划幼儿园、公园,以及社区设施。"他指出,像伍德沃兹大楼这样的开发项目,便因为含有数百户专供较贫穷的家庭购买的低价公寓而得到国际社会的赞许。

托德里安坦承温哥华的公寓大楼已经足以应付需求;大温哥华区域局的德马科也表示自己希望温哥华在未来能朝欧式城市化发展。不少温哥华人都把那些海绿色的公寓大楼视为入侵者,认为那些大楼占据了他们的家乡——对这些人而言,托德里安的这句话自然是个好消息。

托德里安指出:"温哥华胜过新加坡或香港之处,在于那些纤细且间隔宽敞的大楼,让山景与阳光都不至于遭到遮蔽。不过,仅以兴建高楼大厦诠释温哥华主义的懒惰做法已到尽头,我认为温哥华的未来在4层至12层的中层高度建筑,而且集中在公共交通运输路线附近。加拿大线的新车站周围将可看到许多这样的发展。"

波特兰与温哥华这种由公共交通运输引导的复兴有许多值得

学习的经验。波特兰采取缓步前进的做法——在部分人士眼中显然太过缓慢。若要靠像奥伦科车站这种密度较高的TOD模式的郊区转变北美洲的城市景观，数量恐怕太少，也来得太迟，在经济衰退时期尤其如此。至于温哥华，则正进行着一场迅速的转变，速度与这座城市选择的公共交通运输系统——天空列车相当。不过，就广泛适用性而言，温哥华的模式恐怕过于奢华——不但具有其他城市远不能及的大批规划专家，兴建天空列车的高昂成本更是远远超过现今大多数城市的负担能力。我猜想，真正的可行之道，也许介于波特兰的新郊区主义与温哥华的高度城市化之间。

换句话说，也就是重新想象、重新打造我们许多人早已住在其中的这种城市。

> 想象一下这样的情景：你在市中心搭上一班列车，不必赶往机场，不必穿越航站楼，没有晚点，不必在跑道上等待，没有行李遗失的问题，不必脱鞋接受安检。想象一下，以超过161公里的时速掠过一座座城镇，只需走几步路就可抵达公共交通站点，下车后，离你要去的地点也只有短短几个街区。想想看，若能按此方法重建美国，会是多么美妙的事情。
>
> ——第44任美国总统贝拉克·奥巴马，2009

10
下一座伟大的城市

宾夕法尼亚州·费城

美国国铁68号列车在短短几个小时内第四度临时停车，这次停在一片田野上，只见不少马儿在一幢白色农舍前悠闲地吃着草。这时候，我努力想象未来也许会有这么一天，火车将成为和汽车及飞机一样有效率的城际运输工具。对于这班列车上的数百名乘客而言，被困在纽约州这条田野间的支线上动弹不得，证明白宫承诺的80%的美国人皆可享有高速铁路连接之便的愿景，显然遥不可及。几分钟后，一辆老旧的小货车在平行于轨道的一条黄土路上从我们旁边驶过，车后扬起一阵尘土，完全遮蔽了我们的视线。

这班火车上午9点30分从蒙特利尔中央车站开出，我在发车前的10分钟才上车。我把行李放好后，在一个靠窗的座位上坐了下来，听着周围乘客的交谈。罗格斯大学的五六个教授谈论着搭火车旅行的乐趣，他们中大多数人说起话来都带着印度或南非口音。

"坐火车看到的风景比搭飞机漂亮多了。"一个满头银发的男子说。我们搭乘的阿迪朗达克列车就在这时缓缓驶离月台，在蒙特利尔市的边缘工业区慢慢前进，轨道两旁尽是满墙涂鸦的仓库。"风景？"他身旁一个年纪较轻的同事附和道，"搭飞机根本没有风景可看。只要一飞上9000多米的高空，窗外就成了白茫茫一片，什么也看不到，只看得到前排座椅背上的电影。"

一位女子从后面两排应和道："而且我听说以后搭飞机连看电影都要收钱了。"

在这个星期天上午，搭乘火车似乎是最划算的选择。座椅的椅背不但可倾斜，腿部空间也相当充裕，又不必提着行李接受安检。望向窗外，满是锈斑的桥梁横跨在古老的运河上，远方有10座银色尖塔，这幅平静的景象让人不禁陷入沉思。此外，价格也很理想——从蒙特利尔到纽约，我能找到的最便宜的机票也是搭乘阿迪朗达克列车的3倍价钱。

然而，一个小时之后，我们还没驶出蒙特利尔的南部郊区。我们这列4节车厢的火车在一条乡间道路上暂停了10分钟，被挡住的汽车在火车两侧排成长长的队伍。接着，我们才缓缓前进几百米，来到劳西斯波因特的边界检查亭。加拿大与美国官员上车——查验乘客护照，并没收苹果和橙子。这时我身后的南非裔男子突然大声说了一句话——他仿佛自言自语，又仿佛是对所有人宣告：

"问题是，火车实在太慢了！"

车厢内响起众人低语赞同的声音。在耗时一个小时的海关检查期间，这种嗡嗡唧唧的牢骚声从没断过。我们过了西港之后，又在田野间停了下来，我身后的一对夫妇甚至忍不住哀叹出声。

最后，车厢广播响起了列车员的声音。"本列车将在这条支线上继续等待10分钟左右，"他慢声慢气地说，"等到69号补给列车经过之后再继续行驶。"

那班开往蒙特利尔的列车轰隆隆驶过之后，我们的列车总算再次开动。这种延误通常由货运列车造成，早已是火车乘客习以为常的现象。美国国铁在美国大部分地区都没有自属的铁路。阿迪朗达克列车行驶的轨道分属于加拿大太平洋公司、CSX运输公司及其他货运公司，列车不但必须支付使用费，还经常得给货运列车让路。直到接近纽约，我们才开始加速弥补先前浪费的时间，呼啸着经过班纳曼城堡和悬臂桥塔潘泽桥。我们在8点55分抵达宾夕法尼亚州车站，晚点了15分钟。

阿迪朗达克列车若是准时，只需11个小时即可横越600多公里的距离，从蒙特利尔抵达纽约。你要是有一天的空闲时间，搭乘这班列车会是绝佳选择。我在车上看完了一整本书，还得知邻座乘客的经历——他是个来自奥克兰的年轻剧作家，在参加完蒙特利尔的一场彻夜未眠的单身派对后，好不容易在车上缓过劲来。不过，平均时速只有55公里的阿迪朗达克列车实在慢得令人难受。

假使我是在1960年进行这趟旅程，速度绝对会快上许多，而且更加体面。每天晚上10点25分，蒙特利尔特快车就会在流线型不锈钢火车头的拖行之下驶出温莎车站。到了午夜，这班车已经通过边界，而乘客在餐车享用过一杯美酒之后，服务员已为他们铺好床，他们可回到普尔曼标准车辆制造公司生产的车厢，各自返回小卧铺或豪华双人卧铺里安睡。大约9个小时后的次日上午，列车抵达目的地，经过充分休息的乘客在中央车站下车，准备进城开始忙碌的一天。

不久之前，在北美洲搭乘火车旅行是备受世人欣羡的体验。20世纪20年代之前，美国共有约60万公里的轨道，比其他任何国家的都多。早在1934年，伯灵顿北方铁路公司的先锋者微风号就以平均约125公里的时速横越美国中西部乡间，而且在从丹佛到芝加哥这段中途不靠站的路程上，时速更是经常可达180公里。在20世纪50年代，搭乘奥林匹亚海厄瓦萨列车从芝加哥到明尼阿波利斯只需4.5小时。（今天，搭乘美国国铁的帝国建设者号列车则需要8小时。）装潢华丽的卧铺车厢以及足以和纽约顶尖主厨相比的随车厨师，使美国的许多火车——例如开往好莱坞的超级酋长号列车——成为世人口中光鲜亮丽的代名词。而且，北美洲的火车也的确创下不少世界纪录：1967年，"动力列车"这辆车头形状有如喷气机的涡轮喷气列车打破了高速旅行的记录，在一条通往新泽西的轨道上时速达到275公里。不过，美国最后一家铁路机动车生产商在2008年宣告倒闭，于是美国这个国家虽然发明了电车、卧铺车厢与集电弓，国民现在却只能搭乘西班牙制造的泰尔戈列车、法国生产的HHP-8列车，以及日本的二手轻轨列车。美国的铁路原本纵横交错，路线广布全国，可抵达每一座小镇，现在却缩减到只有1.6万公里，与1881年的水平相当。2010年，美国国铁傲然宣布乘客创下2900万人次的新高——这个纪录还算不差，除非和20世纪20年代相比，当时美国火车一年载运的乘客是13亿人次。

　　隔天下午，我坐在曼哈顿中城一座火车站的候车室里。除了我之外，那间由荧光灯照明的大厅里还有一群企业白领，男士们都松开了领带，女士们则全穿着定做套装。我坐在现场，不禁纳闷美国的铁路运输究竟是从什么时候开始出了错。也许是在20世纪60年代，当时美国许多绝佳的火车站都遭到拆除，包括亚特兰大的终点站（后来成了政府机构的水泥大楼）、孟菲斯的联合车站（现在是一座周围环绕着铁丝网的邮局），以及最令人惋惜的旧宾夕法尼亚州车站。原本的宾夕法尼亚州车站建于1910年，有由玻璃与铁条构成的高耸顶棚以及石灰华大理石构成的天花板，却在1963年被夷平，改建成一座阴郁的现代主义迷宫，上方还有一个丑陋的球场。

原本的候车厅是仿造加拉加拉大帝时代的罗马浴池设计的,现在我坐在其中的新宾夕法尼亚州车站的候车厅则天花板低矮,感觉比较像一座二线城市机场的登机门。5点50分,车站广播引导我们前往东门排队,准备搭乘美国唯一的高铁。

能在2小时45分钟内从纽约驶达华盛顿的阿西乐快线列车,是相当杰出的列车,由魁北克的庞巴迪公司与法国的阿尔斯通公司联手打造,每一部列车都有2个火车头、1节餐车与4节旅客车厢,动力来自轨道上方的吊索。我穿过第一节车厢,里面坐满了人,但我在"宁静车厢"里找到一个座位,邻座是个灰发男子,拿着Kindle,正读着一本惊悚间谍小说。在我们前方的车厢,服务人员正推着银色餐车为头等舱乘客端上牛排和烤鱼。我身边的旅客纷纷打起瞌睡或是盯着手上的黑莓手机,阿西乐快线列车的表现显然也名副其实,从95号州际公路的高峰期车流旁飞驰而过。

尽管高峰期的单程票价可高达200美元,阿西乐快线列车却经常客满。美国国铁的东北走廊线(这是美国国铁唯一自有的轨道)已吃掉波士顿与华盛顿之间航空与铁路运输的一半市场,在纽约与美国首都之间的运输市场更占有六成份额。哈佛史学家约翰·斯蒂尔戈指出:"阿西乐快线列车的服务初步证明富裕人士对于160公里至800公里距离的旅行,可能更愿意放弃汽车与飞机,改搭高铁。"

不过,就国际标准而言,阿西乐快线列车的表现其实不尽如人意。我站在餐车里排队等着喝一碗蛤蜊杂烩汤,刚好看到一名列车员经过,于是问他我们现在的速度有多快。

"现在的时速大约是217公里,"他说,"可是我们刚刚在马萨诸塞州有一段时间时速只有150公里。"

我问他车上有没有像欧洲许多列车那样,配有显示目前列车速度的屏幕。

"没有,"他说,"实在应该有。看来我们有很多地方都落后于人家了。"越过特拉华河上的桁架桥之后（那座桥上写着一排大字："特伦托建造，供世人享用。"），我们就开始减速。阿西乐快线列车的最高时速虽可达到320公里，但在纽约与华盛顿之间的平均时速却只能勉强达到140公里。若是在欧洲，阿西乐快线列车只能算是区域快车，而不是真正的高铁。半个世纪之前，宾夕法尼亚州中央公司的快速火车也经常能以更短的时间行驶同样的距离。

美国的列车至少有两大技术问题，以致难以达到目前欧洲与亚洲大众早已习以为常的速度。1947年，美国国会将旅客列车的时速上限定为127公里，只有设有列车自动控制系统的轨道可以例外。（列车自动控制系统类似于我在巴黎地铁看到的那套系统：列车司机若是没有定时触碰控制开关，"驾驶失知制动装置"就会自动刹住列车。）列车自动控制系统应该是现代铁路的标准设备，东北走廊线早就采用了这套设备，但握有大部分铁路的货运公司却因安装这种设备必须花费数十亿美元而持反对立场。就目前而言，北美洲是全世界唯一限制旅客列车速度的地方。

另一个问题是没有电气化。除了东北走廊线以外，北美洲几乎所有的火车头都是使用化石燃料。电气化可以减少塞车现象，进而提高可靠度：由于电力驱动的火车头重量较轻，加减速都可比柴油火车头快上许多，而且所需的维修工作也比较少，因此靠高架电线提供动力的铁路线所能行驶的车厢数也就多出许多。在亚洲与欧洲致力于为低二氧化碳排放的电力列车兴建基础设施的同时——就连西伯利亚铁路也采用电力，其轨道上方的电线穿越了约1万公里的针叶林和冻原——美国的通用汽车却忙着说服国内少数几条电力铁路拆除电线，只为了兜售柴油动力火车头，还搭配提供极易申请的贷款。另一方面，目前全球已有20个国家兴建了高速电力铁路网，连巴西、摩洛哥与越南都已开始打造这种系统。加拿大是七大工业国当中唯一完全没有高速铁路的国家。

不过，美国之所以一直无法建出一套像样的高速电力铁路系统,最大的问题还是在于这个观念:无法自负盈亏的运输系统,就没有理由存在。① 与一般人的认知相反,东北走廊线并未替美国国铁带来利润。事实上,全世界只有少数几个地方的高速旅客铁路能赚得利润,其中包括巴黎—里昂以及东京—大阪之间的子弹头列车路线。如同詹姆斯·麦康芒斯在他的著作《在火车上等待》(*Waiting on a Train*)当中强调的,在20世纪,全世界只有美国的铁路网仍然完全保持私有。这个模式一旦失效,美国铁路也就从此衰颓没落。为了让宾夕法尼亚州中央公司之类的大型铁路公司退出萎靡不振的旅运业,尼克松政府在1971年成立国营的美国国铁。美国国铁的列车若要真正与汽车及飞机竞争,就需要像公路信托基金一样,有稳定的专属资金来源。在联邦政府财源充裕时,美国国铁一年可获得15亿美元的补助,但其本身的售票收入也足以支撑三分之二至四分之三的运营成本。相比之下,高速公路是免费使用的,而且在2010年还得到了联邦政府520亿美元的补助。

现在,货运列车才是利润所在。随着油价上涨,铁路货运的竞争力也随之提高。一列火车以1加仑的柴油,即可拖着1吨重的货物行驶约643公里,比起行驶于高速公路的卡车,前者的燃料效率是后者的7倍——也许这就是为什么像巴菲特这类富有远见的投资人,都纷纷购买大型铁路货运公司的股份。有些专家认为,若要建立高铁,最快的方式就是由联邦政府买下各大铁路货运公司,将铁路国有化。如此一来,铁路的基础设施就会像高速公路一样归国家所有,国家即可一视同仁地向货运和旅客列车收取使用费。(国有化的道德论据是当今的货运铁路都是铺设在联邦政府于19世纪授予的大片公有土地上。)另一种极端——私有化——已在英国被证

---

① 必须依赖大量补助的航空业,就是靠美国联邦政府的高额补助才得以存活。举例而言,小型机场就深深受益于"基本航空服务"这项鲜有人知的计划——这项计划为每名航空乘客提供平均74美元的补助,将近美国国铁所得补助的3倍。

明不可行。铁路一旦私有化，除了乘客人数最多的路线之外，恐怕都无法存活。还有一种争议性较少但成本昂贵许多的选项，也是当时奥巴马政府提出的构想：展开全国性的铁路建设计划，打造一套质量足以与欧亚两洲相提并论的旅客专用铁路网。

阿西乐快线列车离开纽约才一个小时，列车员就在广播上宣布我们即将抵达费城，也就是我要下车的车站。我拉着行李走出车厢，站在车厢之间的连接处等着车门打开，顺便与一个30多岁的男子攀谈，问他是不是到这里来出差。

"我住在费城，"他边微笑着回答，边将耳机取下，"可是我在纽约工作，所以我都搭阿西乐上下班，一个星期3次。"在他身后，一个年纪较大、穿着衬衫系着领带的男人主动加入了我们的谈话："我也一样，一个星期至少两次。这趟车的服务很棒，今年只有一两次晚点，因为下雪。"我问他们，是不是有很多费城居民都在纽约工作。"是啊，"第一个人说，"阿西乐快线列车上有很多和我们一样的人，有点像个小社团。"

阿西乐快线列车显然产生了和日本及法国的子弹头列车同样的效果：高铁让人得以到其他城市工作，但仍然住在自己的家乡。

我在月台搭上手扶梯，抬头仰望一根根大理石柱——向上伸展至饰有花格镶板的天花板，对这幅宏伟的景象叹为观止。这里是费城的第30街车站，完工于正值经济大萧条谷底的1933年。在我抵达费城的两个月前，美国副总统拜登站在车站内擦鞋台旁的一个讲台上，承诺将在未来6年投入530亿美元兴建高铁。后续几周，佛罗里达州、威斯康星州与俄亥俄州的共和党州长都拒绝分摊这项经费。加州借机从这笔遭到拒绝的资金当中争取到将近10亿美元，打算建造一套时速约354公里的列车系统，连接湾区和圣迭戈。这项计划可让旧金山到洛杉矶的旅程耗时缩短2.5小时，预计将在2030年之前花费430亿美元——这笔资金虽然庞大，但若是扩大机场与高速公路的容量以应对加州预计的人口增长，花费将较此多出不知多

10 下一座伟大的城市

少。但在2011年10月,众议院的共和党党团却表决取消了几乎全额的高铁资金,导致加州的计划胎死腹中,而奥巴马政府当时打算建立现代国家铁路网的愿望也因此画上句号。未来的史学家也许会认为这是导致北美洲未能跟上亚洲基础建设的一个关键时刻。原本的加州高速铁路网计划并非铺张浪费,而是应对越来越严重的塞车现象所需的合理措施,并能复制到全国。美国有70%的人口住在东、西两岸的80公里以内,中西部的面积与人口密度则和西班牙相当,而西班牙早已在不到10年的时间里就建构了全套高速铁路网。

搭乘高铁飞快穿越一座座城镇,旅程的开头与结尾都依赖公共交通工具,这样的梦想究竟切不切合实际?要是你认为纳税人不该优先资助缺乏可持续性的运输系统,那么这个问题绝对只有肯定的答案。高速公路与机场的成本非常高,而且还会造成污染、城市扩张以及温室气体排放。如同我在巴黎与哥本哈根所目睹的,相较于汽车或飞机,城际铁路网不但能降低二氧化碳排放量,还可提供更加舒适便利的旅行体验。就每英里人均二氧化碳排放量而言,即便是美国国铁那种缺乏效率的柴油火车头,二氧化碳排放量也比汽车少了60%。

如果你对城市的未来有信心,那么先前那个问题的答案会更肯定。铁路可让旅客直接抵达城市的核心地区,进而为城市中心带来活力与商业活动。乘客人数众多的旅客铁路不是市中心繁荣的必要条件,却极具振兴之效。尽管你可能听过许多关于费城的负面传闻,但这却是一座市中心没有衰退迹象的城市。

走过第30街车站的抛光大理石地板,我按照指示来到地铁站。我在中心城区订的饭店距离这里不远,搭乘地铁只需要一笔微不足道的车费。我从蒙特利尔到费城的这段路途堪称美梦成真,从头到尾都是搭乘公共交通工具。不过,这段路程才不到800公里,我却花了13个小时,可见北美洲的铁路旅行落后于其他地方的程度有多么严重。

在其他工业化国家,包括法国、中国、西班牙与日本,同样距离的旅程大概只需要3个小时。

第一城原则

城市规划专家指出,我们的城市扩张过大,交通太堵塞,污染情形也太严重。我们该怎么矫正这些问题?

在这趟旅程当中,我已听过许多人以各种不同的方式回答这个问题。像维莱戈沙与佩尼亚洛萨这类城市领袖,认为规划完善的公共交通运输系统是促使城市摆脱严重塞车现象的关键。克特金这样的汽车郊区拥护者,则呼应赖特的观点,认为燃料效率更高的汽车以及地区零售商店与就业机会,终究会让郊区拥有和市区一样的活力。根据新郊区主义者的说法,在城市边缘打造更密集的环境,是城市和谐发展的最佳样板。与此形成强烈对比的,则是温哥华的高度城市化主义者,他们认为在大城市里兴建高密度的住宅大楼才是通往低碳未来的可持续之道,这个观点不禁让人回想起柯布西耶的光辉城市,唯一足以庆幸的是温哥华依赖的是公共交通工具,而不是私家车。

尽管这些观点各有其推论逻辑,我在其中却都没看到足以作为未来城市发展基础的模式。光提供更佳的公共交通运输系统,显然是种过于简化的解决方案:穿越城市扩张区域与一座座停车场的单轨列车、现代化电车和高架轻轨列车,只不过是一些昂贵的玩具而已。在城市边缘兴建密集社区以提高城市密度,是极度缓慢的过程,而且目前也没有证据显示这种做法长期坚持下来能减少私家车的使用。公寓高楼虽可带来绝佳的城市便利设施,却不是所有人都想住在密度如亚洲的环境中。

我越来越清楚地发现,我们面临的许多问题其实都可通过更妥善地运用既有条件来解决。这座大陆已有将近500年的城市建设史——西班牙人在1565年于佛罗里达州建立了圣奥古斯丁——因此我们其实有许多既有的城市结构可以利用。长期以来,战后的郊区建设一直毫无节制,直到暴发次贷危机才终止,因此住宅其实处于供过于求的状态:2011年,美国共有1840万栋空置住宅,占全国住宅存量的11%。许多先驱早在数十年前即已开始搬回市内居住,有些人则从来没有离开过市区,这种趋势即将随着千禧世代与空巢客涌回城市而加快。与其从头开始,美国人其实应该重新重视和利用既有的社区,不论是位于市中心的还是内围郊区的。

这就是我来到费城的原因。无可否认,这里通常不是足迹踏遍全球的城市主义大师会提到的地方。产业空洞化对这座位于铁锈地带①东端的城市造成的冲击比大多数城市都严重。费城的人口在20世纪中期曾经达到210万的高峰,后来在50年间流失了30%,目前仍有四分之一的人口生活在贫穷线下。不过,这里的失业率如今已低于全国平均水平,而且在2010年还出现了数十年来首度的人口增长现象,尽管增长率不到1%,却还是增加了1.8万户,其中大多数都在市中心,并且让费城得以从衰颓的菲尼克斯手上重新夺回全国第五大城的头衔——现在有10万人住在中心城区,使其成为全美居民第三多的市中心地区,仅次于纽约与芝加哥。此外,费城有35%的家庭没有私家车,不但是步行上班人口占比最高的城市,更在市长纳特的主导下打造出了一套涵盖范围极广的自行车道系统,因此费城每天骑自行车上班的人数比美国其他城市都要多。

事实证明,费城正适合公共交通运输导向的复兴。这座城市的

---

① 铁锈地带最初指美国中西部和五大湖附近,因曾经强大的传统工业衰退导致人口流失、经济衰落的地区,现可泛指工业衰退的地区。——编注

骨架不只是良好而已,而是极为杰出。这座昵称为"第一城"的城市拥有的架构来自新大陆上最具影响力的城市规划之一。1682年,富裕的英国贵格会信徒威廉·宾在特拉华河与斯库尔基尔河之间规划出一座"绿色乡间城镇",把两条宽敞的大道划分成4块。他的规划是对旧大陆那种拥挤城市(例如当时刚遭到大火摧残的伦敦)的驳斥:间距宽大的格状街道之间包括了四座大广场与一座大公园;每栋独立的住宅都位于各自的土地中央,周围环绕着宽敞的庭院与果园。①威廉·宾的格状规划后来复制到美国南方与中西部的无数城镇,却很快就遭到大量移民破坏。随着工厂与作坊出现,住宅土地划分得越来越小,并几经转卖,主要街道之间也增添了小巷。在主要干道上盖得宏伟高耸、在小巷里则狭小拥挤的联排排屋于是成为费城对于纽约廉价出租公寓的响应。这种由红砖砌成的联排排屋形成一股西进浪潮,到了1840年已扩张到目前的市政厅,处于两条河流的中间点。15年后,开发项目越过斯库尔基尔河,扩展到西费城。到处可见的联排排屋使费城保有适合步行的紧密结构;19世纪,推销费城的人士称其为一座"住宅城市",连工匠和工人都有机会拥有属于自己的住宅。

如同美国的许多其他城市,铁路马车与电车也将费城扩展到了原本的步行城市范围之外,轨道延伸至春园、芒特艾里、欧弗布鲁克,以及电车大亨拥有房地产的其他地方。温尼伍德、纳伯斯、哈弗福德与布林茅尔这些原本的乡下村庄,纷纷成为上层阶级聚居的飞地;这些地方的居民靠着宾夕法尼亚铁路公司的主线,得以在短时间内抵达市中心的上流社会热门去处,例如沃纳梅克百货公司。

---

① 矩形格状规划作为结构元素可追溯到罗马帝国以及中国古代的城市。威廉·宾采用的格状规划后来影响了1811年纽约市的规划蓝图,但最彻底的直线式几何规划出现于1862年的《宅地法》,它将原殖民地西部的国土全部划分为100多万块约65万平方米的方形土地。

等到汽车开始出现时,铁路已经在费城运行了一个多世纪。20世纪50年代,位于市郊的巴克斯县和莱维敦一样,成了大量出现的典型郊区之一。接着,托尔兄弟建设公司在蒙哥马利县充分练就技艺之后,将其招牌的扩张式高级开发项目推广到全美各地。高速公路时代对费城的影响虽然不亚于其他地方,但这座城市的骨架却有一大部分因受到铁路时代铺设的钢铁骨干影响而保存下来。

若说费城的城市结构在经历20世纪的洗礼之后仍然完好无缺,那么这主要得归功于埃德蒙·培根的影响。他是一个信奉贵格会的名门望族后代,曾在中国上海担任建筑师,1949年成为费城市区规划委员会的主席,并在这个职位上待了30年。培根经历过大肆兴建高速公路和现代水泥建筑、市区人口涌向郊区的全盛期,也曾犯过许多错误。与周遭环境格格不入并和火车站相连的市中心购物广场"东部市集"出现之后,原本热闹繁荣的市场街就此丧失活力。此外,在培根的主持下,费城也从位于两条河流之间的城市变成位于两条高速公路之间的城市。95号州际公路将费城与特拉华河滨切开,高架的斯库尔基尔快速道路将河畔的费尔芒特公园变成一条汽车跑道,更是20世纪数一数二的令人发指的亵渎城市之举。[斯库尔基尔快速道路(Schuylkill)的急弯臭名昭著,费城人因此取其谐音将这条道路称为"必死之路"(Surekill)。]

不过,相较于摩西,培根对汽车时代的妥协实在微乎其微。居民发起反对运动之后,培根就放弃了沿着南街兴建穿城高速公路的计划——直到今日,南街仍是费城最热闹的餐厅与夜生活地段。在城市的东北远郊,他采取了兴建密集联排排屋的绝佳做法,不但迎合当地的分水岭地形将街道规划成弯曲状,而且通过公共交通运输系统将其与市中心相连——这正是智能型增长的典型案例,只是当时这个名词尚未出现。20世纪50年代末,当地一份杂志邀请培根撰写一篇文章,预测费城在2009年的模样。结果他正确预测出费城将会有一套由政府机构掌管的公共交通运输系统,将铁路、公交车与地铁连接成一个相互调和的整体（不过，他也推测费城居民到了2009年普遍都会搭乘直升机、使用电动走道）。到了20世纪70年代，培根对汽车的态度已转为彻底反对。他向一名访问者表示："民众对汽车及其对城市和乡村造成的破坏开始感到厌恶。汽车已经失去光环，不再是一种值得为其牺牲的东西。"他退休之后，撰写了许多文章探讨"后石油城市"。在2005年以95岁之龄去世前的两三年，他还溜着滑板横越肯尼迪广场，抗议市政府计划禁止滑板运动的提案。

《费城询问报》的建筑评论家英格·萨弗容认为培根留下的影响利弊参半。她和我一同坐在中心城区一家法国餐厅位于人行道的露天座位上，说："培根有两个。一个是可恶的培根，认为城市需要高速公路。这个培根兴建了宾夕法尼亚中心，这个开发项目就许多方面而言都极为丑陋，但毕竟造就了一个让企业满意的现代办公区域，避免那些企业迁到郊区；另一个是好培根，认为所有人都该搭乘铁路进城，步行穿越地下车站前往工作地点。这个培根以区域铁路、地铁和电车把办公区域和市政府机关所在地连接在一起。不过，培根真正杰出之处，在于他造就了一个能让中产阶级民众待在城市里的方式。在战后的城市规划师当中，他最先意识到昔日的城市结构具有宝贵价值，可加以翻新并改善。"

培根担任城市规划师期间虽然正值费城的经济衰退时期，他对这座城市的信心却未曾动摇过。相较于兴建大量毫无特色的公共住宅，不如推行"二手屋计划"，将翻修过后的联排排屋变为专供穷人居住的平价住宅。培根很早就大力支持保存古迹，费城中心城区的社会山社区就是在他的奔走之下免于荒芜的命运。那里如今是个优美的社区，充满林荫巷道和雅致的殖民地时代联排排屋，以吸引众多中产阶级郊区居民重返市区而扬名。

培根在描绘2009年的费城景象时预测："一方面，旧费城许多地区的砖砌联排排屋都将历久不衰，而且能通过更新造就出迷人的城市生活环境；另一方面，那些年代较新但规划不尽完善的市郊地区，则不免渐趋衰颓，成为低收入族群的购房市场。"后来，事实证明培根的预测极为准确：费城市郊地区遭到次级房贷风暴的冲击之后，购物广场内店家撤离一空，蒙哥马利县的郊区贫困人口比例也跃增50%。

"我住在中心城区的联排排屋里，"萨弗容说，"在费城，我们把这种房屋称为'三一住宅'，就像圣父、圣子、圣灵三位一体一样，每一层楼都有一个房间，原本还有一间户外厨房和厕所。典型的三一住宅宽约5米，就像阿姆斯特丹的联排住宅。我们家翻修过，添了房间，所以现在面积约有186平方米。"萨弗容认为充足的住宅存量是费城的市中心不曾没落的原因之一。"和美国许多城市不同，费城中心城区的居民从来没有流失过，这一点见证了费城杰出的内在价值观。即便在郊区迁居潮达到高峰时，这里还是有致力于城市缙绅化的先驱人士。"

在我们隔壁桌，3个戴着黑框眼镜的男子用做工精美的专用滴水器将冰水滴入装在高脚杯内的苦艾酒里，谈话也随着他们的情绪渐趋高昂而越来越大声。萨弗容和我结了账，一起穿越里滕豪斯广场——这个广场仍是美国数一数二的大型公共空间——途中遇到一群20多岁的年轻人，他们靠着自行车，正欣赏一场霹雳舞竞赛。萨弗容指向洋槐街上一溜联排排屋，说："那里就是培根住了大半辈子的地方。"那是一幢正面狭窄的砖砌三一住宅，和周围的其他联排排屋没有任何不同。"他把内部装修成非常优美的现代主义风格。"我注意到那栋房子正在挂牌出售，于是透过窗户窥看了房屋内部。现任屋主恢复了所有原本的装饰板条。

在费城，回收再利用的脚步从未停歇。

朝着目标迈进……

费城的公共交通运输系统充满惊奇，满是各种时代错置的事物。这是少数仍使用代币的大城市交通运输网之一。不过，购买代币却一点都不容易：车站里的贩卖机通常处于故障状态，态度出了名冷淡的服务人员通常不肯找钱，而要求乘客必须备妥刚刚好的零钱。此外，一项不知道源自何处的工会规范更规定代币必须以两枚为一组贩卖。这里的电车行驶于所谓的"宾夕法尼亚州电车标准轨道"上，轨距比一般标准还宽10厘米，显然是为了避免蒸汽火车公司接管市区铁路。有些电车是"无轨车"，这是当地特有的称呼，指的是由高架电线提供动力的橡胶轮胎公交车，而且有一条路线仍然使用古色古香的PCC电车①——这是80年前顶尖的流线型电车。此外，费城也有一支现代电车车队，但对游客而言却充满不确定性：前一分钟，你可能还望着窗外，开开心心地欣赏着西费城的景观；下一分钟，窗外却可能突然变得一片漆黑，原因是电车在中心城区钻到地底下去了，而且有长达几公里的路段都行驶在一条与地铁平行的轨道上（不过，即便在地底下，下车之前也要记得拉铃，否则司机可能会直接越过你要下车的站）。在我见识过的电车路线当中，诺里斯敦快线算是个比较古怪的例子——这条路线上只有一辆车，急躁地在小之又小的郊区车站之间行驶。在每一座车站的露天月台，你都得找到一个非常不显眼的按钮，按下之后一个灯泡会亮起

---

① PCC电车的全名为Presidents' Conference Committee Streetcar（"总统大会委员会电车"），是20世纪30年代全美各大城市电车运营者的代表合作设计而成的电车。——译注

来,让司机知道在这里必须停车载客。费城更是少数必须到地下搭乘高架列车的城市之一:市场-法兰克福线在市中心是地铁,出了中心城区之后却变为高架铁路。

直到不久之前,费城居民一直都把宾夕法尼亚州东南运输局视为笑话,将其谑称为"无能局"或"傻瓜局"。从这个机构的口号"我们正在朝着目标迈进",大概就可瞧见端倪。宾夕法尼亚州东南运输局由许多风马牛不相及的成员拼凑而成,包括私营电车公司与铁路线,不但服务中断的状况时有所闻,冗员众多的工作人员更是经常罢工,导致整座城市停摆。不过,在2009年,罢工的员工签署了一份5年合约,新的领导阶层也允诺改革老旧过时的运营文化,于是承诺已久的车站翻新工作总算得以落实。经过20年持续不断的危机,宾夕法尼亚州东南运输局的前景总算开始出现光明。

我找到宾夕法尼亚州东南运输局的新任局长乔·凯西,问他掌管这个财务上老是捉襟见肘的机构有哪些挑战。

他告诉我:"我们在20世纪70年代接收了宾夕法尼亚州中央公司与雷丁铁路公司的资产。那两家公司基本上都已经破产了,在旅客服务上并没有投入多少资金。上个月,我还必须去处理4起吊索断落的事故——那些高架电线都是30年代架设的,所以不免因为老旧而断裂。除了要应对9000多个工作人员,我们还得面对17个各自独立的工会。"

不过,根据凯西的说法,宾夕法尼亚州东南运输局最主要的问题是缺钱。"我们的主要资金来源是州销售税。这笔收入约可应付半数的运营费用。另外,联邦政府与市政府也分别提供一笔金额不多的运营补助。这么说你可能会比较有概念:宾夕法尼亚州东南运输局的载客量与华盛顿的地铁以及波士顿的马萨诸塞湾地铁不相上下,但我们一年的资本预算,也就是我们用来维护这套系统以及进行改善工作的资金却只有3亿美元。而华盛顿与波士顿的资金大概是10亿美元。"凯西表示,宾夕法尼亚州东南运输局的部分区域列车都已运行了将近50年之久。

这种资金匮乏的现象实在不幸,因为宾夕法尼亚州东南运输局正是专家心目中理想的公共交通运输机构。著有《市郊运输》(*Transport for Suburbia*)的澳大利亚公共交通运输学者保罗·米斯,分析了全球各地的公共交通运输机构,包括国营的极端案例(实际上由政府部门主导的公共交通运输机构,例如京都与渥太华的运输机构)和自由市场的极端案例(采取私人运营并且彻底不受管制的运输机构,这普遍见于发展中国家与英国的小城市)。米斯认为,有些运营工作虽可外包给私人公司,包括设定长期目标、设计路网、挑选适当的科技手段以及协调车次、时刻的策略规划,总体上却必须由政府部门掌握,而且最好是区域级别的部门。(这种政府机构性质的组织有可能非常精简。米斯举了苏黎世的例子:这座城市的电车与公交车一年载客量高达5亿人次,但策略规划机构的正式员工却只有35人。)宾夕法尼亚州东南运输局是个区域级别的国营机构,并且保有策略规划的职权,因此,至少在理论上,是未来数十年负责经营费城城区公共交通运输的理想对象。

宾夕法尼亚州东南运输局的区域级别为其赋予了独特的优势。早在1922年,费城就已开始购置列车,成为美国第一座拥有公有铁路机动车辆的大城市。如同温哥华的运输联线,宾夕法尼亚州东南运输局同时握有几乎整个运营区域的管理权,还在特拉华与新泽西州提供服务。(另一个名叫港务公共交通运输公司的机构,则负责经营从中心城区穿越特拉华河到新泽西州卡姆登的单一地铁线。)1984年,一条横越市中心的隧道正式开通,将宾夕法尼亚铁路公司的市郊旧车站与原雷丁铁路公司的轨道连接起来。这条由培根最早倡议的中心城区隧道,让宾夕法尼亚州东南运输局的区域铁路列车得以行驶在偏远的郊区,并在市中心停靠许多站。理论上,乘客可在特伦托搭上一班列车,穿越中心城区,一路搭到西栗子山;或是从北方的格伦代尔搭到南方的机场。这种由巴黎的区域快铁在20

世纪70年代率先提供的郊区间运输服务,让费城运输网的连接范围达到了大多数公共交通运输规划者只能梦想的程度。然而,宾夕法尼亚州东南运输局却在不久之前决定取消连接不同郊区的班车,所以现在大多数班车的行驶路线都只到中心城区为止。

"宾夕法尼亚州东南运输局是唯一自己拥有区域铁路系统的机构,"维奇克在他位于宾夕法尼亚州立大学工程系大楼的研究室里告诉我,"就算是在德国,通勤铁路也是属于国家铁路局所有,不是市政府的财产。宾夕法尼亚州东南运输局拥有完整统一的所有权,这点极为独特。问题是,他们缺乏经营这套系统的能力。"

维奇克写过一部探讨公共交通运输的权威著作——《城市公共交通运输》(*Urban Transit*),共有两册,是许多工程学院系下该科目的标准教科书。他以顾问身份协助宾夕法尼亚州东南运输局对区域铁路系统进行井然有序的规划,为每条市郊路线赋予浅显易懂的颜色与名称。维奇克对于这个机构决定扼杀北美洲唯一能真正达成郊区间旅行的系统深感沮丧。

"我们是第一个从有组织的系统退回缺乏组织的系统的城市。为什么?因为宾夕法尼亚州东南运输局想拥有任意规划列车行驶路线的自由,根本不在乎乘客需求。"

我指出,宾夕法尼亚州东南运输局声称他们的乘客中极少有人从一个郊区搭车前往另一个郊区。

维奇克提高声音说:"那是因为他们从来没有做过任何营销,从来没有向大众说明这套系统的特点!"他接着指出,费城区域铁路的列车系统不同于欧洲的系统,班次间距都长达一个小时。"该怎么提高频率呢?裁减人力就对了。他们现在每班车上都有一名司机和5名列车员,而且在车票上打洞,仿佛现在还是1910年一样。他们只要裁减人力,安装自动收票闸门,就像其他五六座城市已实行的那样,就能每半小时发一班车。"

维奇克的批评还不只如此。他说,行驶在街道上的电车必须拥有优先标志和专属车道，而且费城也应该推出只停靠重要十字路口的BRT，像洛杉矶的快速公交车或温哥华的B线。

"可最基本的问题是宾夕法尼亚州东南运输局没有稳定的资金来源，"维奇克说，"我们真正需要的是像欧洲那样的汽油税，并将50%的税收投入城市公共交通运输，这样可为费城公共交通运输系统带来极大的改善。"

宾夕法尼亚州东南运输局的局长告诉我，部分改善措施很快就会出台。凯西指出，该局正准备推出可供整套系统使用的票卡，区域铁路也将在2012年之前换上由现代集团生产的"银色列车"。

就目前而言，宾夕法尼亚州东南运输局为费城居民提供基本运输服务的表现其实相当值得称许。不同于洛杉矶的城市运输局，宾夕法尼亚州东南运输局并没有拥有车站周围太多的土地，因此促成公共交通运输发展的能力有限。所幸，除了战后兴建的郊区，几乎所有人都住在电车、公交车或铁路站的步行范围内。换句话说，由于长期以来以铁路为中心的规划，费城大部分地区早已是公共交通运输的发展结果。

这座城市真正需要的是更好的公共交通运输系统。

无车的西费城

几年前，《纽约时报》曾在"生活版"登过一篇报道，将费城称为纽约的"第六区"。这篇报道提及低廉的房租与生机盎然的艺术与音乐，认为费城即将成为下一个布鲁克林。

我能明白《纽约时报》想说的是什么。费城至今仍是一座充满住宅的城市，也保有纽约在缙绅化过程中排除掉的庶民文化。在费城的中心城区，似乎每隔一个街角就能看到有人在路旁吹奏萨克斯管或兜售单根香烟，还有偷取宾夕法尼亚州东南运输局一日乘车票的猥琐小贩在向路人竞讨零钱。除了著名的芝士牛肉堡与潜艇堡之外，费城的饮食文化其实讨人喜爱又朴实：星期六上午，蓄着大胡子的阿米什农民在西费城的克拉克公园摆摊贩卖苹果派；在雷丁车站，小贩正忙着剥牡蛎壳，这里原本是火车站，但现在已成为市中心一座热闹的市场。有一天，我搭乘市场-法兰克福线高架列车西行，得以俯瞰一幅幅的屋顶涂鸦飞掠而过，有如昔日公路上的伯马牌刮胡膏广告①。那些屋顶涂鸦原本是颂扬爱情的情书，但读起来却像是言不由衷的搭讪语句。"在52街和我会面，就算只有52秒也好。"其中一句这么写道。另外一句写在一幅手机图画旁，内容是："预付卡开通了，我们来通话，把时间全说完吧。"我最喜欢的一句，用大字写在白墙上："你当初要是在这儿，我现在就回家了。"

　　有一天，我租了一辆自行车，骑着穿行于旧城区、北自由区和鱼镇这几个名字引人遐想的河畔区域，从中心城区沿特拉华河一直往北。②这些老旧的工人社区近年来经历了缙绅化的发展。费城受到"黑眼"问题困扰已久——全市据估计共有4万栋空置的住宅散布在各处，其中大部分都是门窗封死的联排排屋。不过，如同建筑评论家萨弗容所写，现在从费城市政厅朝任何方向走上一个小时，都不会看见严重的荒芜破败现象。在北自由区，古老的施密特酿酒厂（一片占地约5.6万平方米的砖造建筑群）已被精心改造成一片包含公寓、餐厅与商店的区域。新开发区通常是填入式建筑，也就是建

---

① 伯马牌刮胡膏是美国的一个刮胡膏品牌，其著名的广告手法是在公路旁设置一连串的广告牌，每一面都只有几个字，连起来即串成一段逗趣的广告打油诗。——译注
② 有些自行车拥护者认为，费城这座平坦又相对紧密的城市可成为美国的首要自行车城市。这座城市拥有320多公里的休闲自行车道，而且市长纳特无惧汽车驾驶员的抗议，沿着松树街和云杉街铺设宽敞的自行车道，造就了一条可穿越中心城区的实用的东西向自行车路线。

在既有社区中的空地上，当地人称之为"一屋开发区"以及"两屋开发区"：在整个北自由区当中，联排排屋之间的空地都逐渐被只有一两栋房屋的微型开发区所填满——这是TOD模式发展当中最不具侵入性的一种案例。河畔地区都以市场-法兰克福线上的车站为重心，搭车只要20分钟即可抵达宾夕法尼亚州立大学与那些至今仍是费城最大私人雇主的医院。

我若是打算在这里定居，一定会从西费城开始找房子。只要越过斯库尔基尔河即可抵达中心城区的西费城，在南北战争至经济大萧条期间，这里从一个时髦的上层阶级聚居地转变成了中产阶级的电车郊区。直到今天，电车路线仍然遍布这片社区，公寓街区则与1907年延伸至西费城的高架铁路平行。这里的住宅都是3层至4层半的宏伟建筑，看起来气势惊人。安妮女王式与罗马复兴式建筑杂处在同一街区上，但大多数街道两旁都排列着日耳曼-乔治亚风格的联排排屋，结合了条顿人①与不列颠人的建筑传统。（这里让我联想起布鲁克林的公园坡，房屋前方没有水泥阶梯与逃生梯，而是门廊与阶式山墙。）战后，西费城庞大的庄园宅邸都被划分成一个个小型的出租单位；随着昔日的盎格鲁新教与爱尔兰天主教居民迁至郊区，非裔美国人开始拥入这里。不过，白人撤离市区的现象在费城并不像底特律或巴尔的摩那么彻底。早在20世纪60年代，城市先驱就坚定地待在市区内。由贵格会前信徒发起的"新社会运动"，其参与者都定居在巴尔的摩大道附近，他们组织社区巡逻队并指派街区长②，以减少犯罪。宾夕法尼亚州立大学的校园不但是这个地区的经济与文化中心，后来也成为促成复兴的力量。转折点是在1996年，当时一位生化学家因为试图阻止匪徒抢劫他人皮包而遭

---

① 条顿人是古代日耳曼人的一个分支，后来逐步与日耳曼其他部落融合。后世常以条顿人泛指日耳曼人及其后裔，或是直接以此称呼德国人。——编注
② 街区长受市政府正式委托，负责协调街区安保和卫生工作。

到刺杀,宾夕法尼亚州立大学事后便对西费城展开一项日后累积达10亿美元的投资。

"10年前我刚住进这里时,"同意为我导览这座社区的迈克尔·弗勒利希说,"巴尔的摩大道上什么也没有,至少绝对没有瑜伽教室、针灸诊所和印度餐厅。"我们坐在第47街的越南咖啡厅里,等着我们的咖啡倒进淡奶里。"有没有看到对面那栋双拼住宅?"弗勒利希指向一幢3层的连体屋,上有凸窗,前门还有一个宽敞的门廊。"那栋房子的价格大概要60万美元,视内部装潢,可能高一点,也可能低一点。10年前,那样的房子只要6万美元就买得到。那些花哨的街灯、经过整修的人行道,还有巴尔的摩大道上的旗帜,都是宾夕法尼亚州立大学对这片社区的投资。"

弗勒利希出生于匹兹堡,在俄亥俄州长大,20世纪90年代末来费城学习政治学。35岁左右的他是一位法律援助律师。我们走在巴尔的摩大道上,他一一列出他那个街区上的邻居:"街角是出租公寓,住在1楼的是个美发师,3楼住着一个律师和一个图书馆员,他们有一个小孩。隔壁是狄克逊夫妇,这对白人老夫妇在这里已经住了30年。住在他们隔壁的是托利弗夫妇,一对黑人老夫妇,先生是退休保安,太太是护士,还在上班。他们这辈子都住在这里。接着就是我们,还有在这里住了30年的多萝西,她是宾夕法尼亚州立大学的退休行政人员,现在是我们的街区长。另外还有韦恩校区的一个教授,以及专门租给大学生的房子。"

弗勒利希住的是一栋已有110年历史的4层砖砌联排住宅,位于第48街与拉赫伍德大道交叉口。我们走到他家的门廊,他两岁的女儿佐拉随即跳进他的怀抱。在放着自行车的客厅里,弗勒利希向我说明他家中的规划。"我的伴侣苏珊娜和我,还有我们的室友艾丽西亚,在3年前一起买下了这栋房屋,价格只要30万美元多一点点。我们共同使用前门,艾丽西亚住3楼和4楼。这栋房子的面积超过278平方米,还有一个地下室、门廊、一个露天阳台和后院。"如同我在西费城见到的所有住宅，弗勒利希的住处也有种种醒目的设备：宽橡木地板、精美的装饰板条与花饰铅条凸窗，使这栋房屋看起来有如《亚当斯一家》(The Addams Family)里主角家族的那幢豪宅，就只差蜘蛛网了。3楼有一间独立厨房，艾丽西亚带我参观她那间由未完工的阁楼改装成的、拥有绝佳景观的卧房，透过窗户可以越过邻屋的屋顶，看见远方的景色。

这栋房子里没人拥有私家车。"我20岁出头的时候，曾有6个月的时间拥有一辆老旧的丰田轿车，"弗勒利希说，"不过我后来就都过着无车生活了。"我在厨房内见到弗勒利希的伴侣苏珊娜，她正忙着阻止笑个不停的佐拉钻进两个架子间。"我们的女儿出生之后，"弗勒利希说，"我们决定观察一年，看看我们是否需要买车。"

"我们一开始讨论了很多，"苏珊娜说，"少数几次真正需要用车时，我们就去费城汽车共享俱乐部，感觉还蛮方便的。"苏珊娜说她比弗勒利希更常搭宾夕法尼亚州东南运输局的公共交通工具。"迈克尔都骑自行车带佐拉去幼儿园，可我还是不太敢在费城的街上骑车。"她在中心城区工作，担任家暴防治讲师，每天都搭电车上下班，搭公交车到各地出席研讨会。

苏珊娜说她对过着无车的生活并不后悔。骑自行车以及搭乘公交车为这个家节省了许多钱，而我对这点也毫不意外。根据布鲁金斯研究院的一项研究，美国住在公交车站附近的家庭，花费在交通上的支出只占收入的9%，开车的家庭则是25%。弗勒利希和苏珊娜都说，无车生活让他们得以维持身材。由于前往公交车站或地铁站的路程都得靠步行，因此美国的公共交通运输乘客平均每天走路19分钟，接近美国疾病控制中心建议的每天有氧运动22分钟。（使用公共交通工具甚至可能有减肥效果：一项针对北卡罗来纳州夏洛特市的研究发现，轻轨乘客开始搭乘轻轨半年之后，平均体重就比当汽车驾驶员时少了6斤。）

不过，弗勒利希坦承他对费城的公共交通运输略有怨言。不久之前,他还在经营一个名为"宾夕法尼亚州东南运输观察站"的博客,记述每天在费城搭乘公共交通运输的乐趣和缺点。他说,公共交通运输的服务人员通常不太热情,也没有及时提示路线与服务的变更;此外,票务系统实在应该彻底更换,区域铁路的列车也至少该增加到每半小时一班。不过,整体而言,他对这套系统在市区的覆盖范围相当满意。

"如果有更多中产阶级搭乘宾夕法尼亚州东南交通系统,这套系统改善的幅度就会更大,"他说,"可要是不改善,中产阶级就不太可能搭乘。可惜,公共交通运输的问题就和'鸡生蛋还是蛋生鸡'的问题一样。"

"我后来没再写那个博客了,因为我觉得自己这样好像有点装模作样,"他坦言,"我本来以搭乘宾夕法尼亚州东南交通系统为主,但现在我已经变成骑自行车为主了。"弗勒利希每周还是会搭乘一两次公交车,可是现在他发现,走路和骑自行车的效率其实不比搭车低。

弗勒利希有许多朋友也都过着无车生活。我们在街上和阿里尔聊了一会儿,他在艾利山的一座火车站旁长大,现年30岁,却从来没学过开车。他告诉我:"兄弟啊,我参加过一场派对,结果派对上有个朋友说,这里有5个人都是到30多岁才学开车的。这在费城是很典型的现象。我只有搬家时才后悔自己没有驾照。"

西费城的居民生活在有些人眼中可能显得颇为反常。不过,我们不该忘记美国有35%的人口甚至连开车的机会都没有:他们可能年纪太小,可能年纪太老,可能身体太虚弱,可能太穷,或是视力有缺陷。就目前而言,美国1.05亿户的家庭中只有600万户(尽管这个数字预计将在未来20年增加1倍以上)住在公交车站密集的范围内,也就是说,如果你想降低对汽车的依赖,就得住对地方——最好是住在汽车普及之前就已发展成形的社区。西费城是全美公认的历史悠久的电车地区,但几乎每座城市都有这样的社区。东波特兰、克利夫兰的谢克海茨、伯克利的阿什比车站附近、波士顿的罗克斯伯里，以及华盛顿的阿纳卡斯蒂亚（现在这里已出现缙绅化的发展，成为非裔美籍专业人士的聚居地），都是古典电车郊区，拥有适宜步行的街道。①就连菲尼克斯也有斯托里社区，那里有战前设置的小型电车网络，也是菲尼克斯少数在次级房贷风暴之后房价没有暴跌的区域之一。有意促成公共交通运输发展的规划者，应当把焦点集中在这类区域，因为它对于密度的容忍度通常高于后来出现的郊区。

费城正处于绝佳的立场，足以在即将来临的城市复兴中受益。这座城市拥有绝佳的结构，也有像索赛蒂希尔、河畔区域和西费城这类极佳的社区，还有宾夕法尼亚州东南运输局的公共交通运输设施。这套系统尽管有不少缺点，却具备良好的基础，可提供优秀的服务与宽广的覆盖范围，它唯一需要的，就是多一些像弗勒利希和他的家人这样的乘客。

头脑不清的选择

我已有心理准备，搭乘公共交通工具，以及在费城纷乱的大街上骑租来的自行车，不免会让人不太自在。毕竟，这座城市可是恶名在外。不过，实际上我没有碰上任何麻烦。尽管我遇到的每个人都说自行车在这里很容易被偷，我攀谈的公共交通运输乘客却都不曾在费城的公共交通运输方面目睹过严重的犯罪行为。他们唯一抱

---

① 有个网站是了解这些地区的绝佳指南，网址为http://www.walkscore.com。这个网站对全美各个城市、地区进行评分，0分代表彻底"依赖汽车"，100分则代表"行人天堂"。

怨的是青少年放学后的行为——不过，这是世界各地的公共交通运输都避免不了的问题。

地铁和公交车虽是电视剧和电影最喜欢利用的犯罪场景，但在真实生活中，公共交通运输系统其实都受到大量警力的巡逻保护，现在还有监视器监视。统计数据显示，即便在犯罪猖獗的20世纪90年代，在大城市的地铁中还是比走在街道上安全。不过，有一类公共交通运输犯罪倒是在过去几年大幅增加，就是窃取MP3播放器和手机。

我了解我父母那一辈为什么会逃离市区而迁居郊区。在20世纪60年代，盗窃与攻击行为日益增加，暴动也使得人心惶惶，而且当时大众能明确感受到各地城市社区都陷入衰颓。不过，时代已经改变了。目前美国的重大犯罪率已降到40年来的新低，这种趋势在大城市更引人瞩目。2009年，纽约的凶杀案件数达到该市自1963年开始保有精确记录以来的最低点。（下滑的曲线在2010年微微上扬，但谋杀案件数仍然仅有1990年高峰期的四分之一。）在过去10年，费城的暴力犯罪案件数减少的幅度每年都达两位数，谋杀率自20世纪90年代以来也减少了四分之一。事实上，唯一呈现上升趋势的是人们对于犯罪猖獗的感觉。根据盖洛普的调查，在2010年之前的5年，每年都有超过三分之二的美国民众表示他们认为美国的犯罪情形比前一年更糟。

我的意思不是说感觉不重要，没有人会想住在自己觉得不安全的地方，更别说在那样的地方养儿育女。不过，人口结构已经出现变化，像费城这样古老的大城市都已比过去数十年安全得多。《美国新闻与世界报道》在2011年分析了联邦调查局的犯罪统计数据，列出一份全美最危险城市的名单。前5名依序是圣路易斯、亚特兰大、伯明翰、奥兰多与底特律。在圣路易与亚特兰大，遭遇谋杀、抢劫、盗窃或汽车失窃的概率比全国平均水平高出5倍。

这是一份相当值得注意的名单，这些城市似乎都有一个特点，就是同样拥有高度扩张的城区,如大圣路易地区的面积将近2.2万平方公里,而且因为公共交通运输衰落,居民几乎只能完全依赖汽车。

有责任感的犯罪学家都会说,只有头脑不清楚的人才会把关联性和因果关系混为一谈。尽管如此,我们还是不免要问:如果你以为自己的交通和居住选择能避免遭受犯罪的危害,但实际上却是让自己暴露于更高的危险当中,这不才是头脑不清楚的表现吗?

橡胶轮胎与铁路

提到居民密度、工作场所密集程度,以及公共交通运输载客率等问题,城市规划者都可侃侃而谈;奇怪的是,他们对于肤色在公共交通运输当中扮演的角色却是缄默不语。尽管如此,在世界上的许多城市,阶级、人种、宗教与族群都可能是影响民众选择交通方式的重大因素。在费城,你只要一踏上公交车,就不免立刻注意到这一点。

某天上午,我在北12街搭上北向的23路公交车前往栗子山。公交车在满载的情况下驶出中心城区,但随着我们行经天普大学周围那些低矮的公共住宅,车上的乘客便陆陆续续下车。抵达帕克街的街角之后,我们的女驾驶员在路旁停下车,然后拿出一份小报看了起来——任何一个赶时间的公共交通运输乘客都知道,这绝对是个不妙的迹象。她让车门开着,那天天气很冷,坐在我前方一个单人座上的白发男子喊了一声:"司机小姐,至少把门关上嘛!"

不过,接着就有另一辆公交车经过,只见一名宾夕法尼亚州东南运输局的公交车司机下了车,为自己的迟到向我们这位女司机低声道歉，接着就坐上驾驶座。经过10分钟的等待之后，我们总算继续沿着德国城大道向北行驶，经过门窗都封起来的浸信会教堂、马丁·路德·金与哈丽雅特·塔布曼①的壁画、支票兑现商店与刺青馆，以及铁丝网围墙上方架设了刀刺的空地。一个对着手机讲话的女子上车之后即快步从司机身边走过，司机立刻把她叫了回去，仔细检查她的票卡。

后方突然冒出一道响亮的嗓音："喂，司机！别分心看车票！开慢一点，你开车太危险了！"

我回头一看，高声大喊的那个男子圆瞪着双眼，满脸胡茬，身穿一件黑色的连帽衫。的确，我们的公交车急停急驶，甚至还闯过了一个红灯；这个接班的司机显然极力想弥补刚刚迟到的时间，赶上原本的班车时刻。

几站之后，那个身穿连帽衫的男子大踏步走到车头。"你的员工编号是多少？"他大吼，"你开车太危险了！车上所有人的安全都握在你手里呢！我真该直接揍你一拳！"

坐在我对面的一名中年妇女哀求道："别打他！我上班快迟到了！"

司机和那名男子互瞪了好一阵子，那人才总算下了车。

我们再次上路之后，我前方那个年纪较大的男子移到公交车前面的板凳座位去安抚司机的情绪。

"该死的毒虫！"他摇着头说。

"我已经50岁了，"司机喃喃说道，"我可不打算在自己的公交车上被打。"

开到德国城大道北端路段时，车上只剩下我和坐在我对面的那

---

① 哈丽雅特·塔布曼（1822—1913），美国著名废奴主义者、女权主义者，是美国南北战争时期帮助黑奴逃离南方的"地下铁道"活动最活跃的领袖之一，南北战争之后投身于女权运动。——编注

名妇女。

"司机先生！"她开口说道，"你刚刚开得太快，现在又开得太慢。我中午就要上班，现在已经晚了4分钟了！我的工作是不能迟到的。"

我们当时行驶在北费城，那是一片以高犯罪率著称的三不管地带。不过，顺着德国城大道抵达栗子山时，街道两旁的景观已转变为理想中的美国小镇：古董商店前方悬挂着花盆，年轻夫妇带着孩子在一家高档咖啡厅前的长凳上喝冰咖啡。我下了车，漫步在僻静的小街道上，路旁两层楼的连体屋不久之后就变为中央大厅式的殖民地复兴风格建筑，以及占地2万平方米的木质骨架外露式都铎建筑。栗子山原本是一座铁路郊区，19世纪50年代由宾夕法尼亚铁路公司的一名股东建成，为费城的白人精英提供一处避难所，远离拥挤不堪且住满外来移民的市区。这里至今仍是一块上层阶级聚居的飞地，与中心城区隔着几座最破乱的社区。

一个小时之后，我走到了东栗子山火车站，车站的木质顶棚月台看起来俨然是我儿时玩过的那些火车模型仿造的对象。一班区域列车正停在轨道上等待乘客。我上车之后，看到一名蓄着八字胡的列车员正阻拦一名对着手机讲话的妇女进入"宁静车厢"。

"现在每个人都有手机，"他一边慢声慢气地说着，一边翻了个白眼，"这是新时代的美国，不过我还真怀念旧时代的那个美国。"

这趟列车把我载回中心城区，平稳地行驶在穿越草木的轨道上，经过一栋栋市郊住宅的宽敞后院。另一位列车员走了过来，逐一为乘客剪票——就像宾夕法尼亚州东南运输局的批评者维奇克指出的那样，仿佛现在还是1910年。

到中心城区的单程票要5美元。车上的所有人，包括列车员在内，都是白人或亚裔人士。

以较低的舒适度行驶同样距离的23路栗子山公交车，搭乘一趟的车资只要1.55美元。那班公交车上都是黑人。

为了进一步了解这种服务差异，我找到了戴维斯——他的朋友都叫他小戴——询问他在费城搭乘公共交通工具的经历。小戴是我在蒙特利尔认识的费城人。当时他抽着烟斗，走在我们那条街上，想要找个美味的汉堡充饥。我为他导览了那个社区，于是他跟我说要是有机会到费城，一定要去找他。小戴住在西费城，几乎每天都会搭乘电车到德国城与桑拉乐团排练。20世纪90年代以来，他就在这个传奇的自由爵士乐团里吹长号。

"宾夕法尼亚州东南运输系统是很棒的公共交通运输系统，"小戴对我说，"我在堪萨斯市长大，那里每个人都有车。宾夕法尼亚州东南运输系统覆盖了费城各处，遍布城里每个小角落和每个小缝隙。"小戴唯一的不满是缺乏及时的列车信息。我们约在旧城区的一家酒吧见面，结果他因为电车卡在隧道内而迟到了20分钟。"你只能坐在那里苦等，没有人告诉你目前的状况。我其实可以到车头去问司机，可是我实在不喜欢被人无礼地对待。"

不过，小戴认为在费城还是该搭宾夕法尼亚州东南运输系统，那些电车、公交车与高架列车都便宜、快速又安全，根本没有必要搭乘比较贵的区域铁路。"很多列车载运的都是从市郊来市区的人。公交车上的黑人大部分都是上班族，每天搭车往返，而不是开车。"小戴坦承自己对费城的缙绅化发展感到忧心。他住在宾夕法尼亚州立大学附近的一间"效率公寓"里——这是当地人对于一房一厅公寓的称呼。"就一定程度而言，看到人口回流市区感觉很好。不过，这样又不免造成房价上涨，导致很多在这里住了许多年的人都因为负担不起而只好搬走。"我问小戴想不想去鱼镇，因为那里的宾夕法尼亚州条约公园正在举行一年一度的鲥鱼节，但他婉拒了。"我听说那个社区的种族歧视很严重。"他说。小戴是非裔美国人，鱼镇则是个传统爱尔兰工人阶级聚居的地区。"我有个朋友是联邦快递的司机，曾经在鱼镇遭人殴打，就因为他是黑人。"

这点提醒了我们，种族的地理分布在费城可能仍是个问题。不过，全美各地都有不少迹象显示，公共交通运输系统昔日的种族区隔现象已经开始改变。随着年轻人返回当初婴儿潮世代逃离的城市，在公共交通工具上，尤其是在地铁与轻轨上，越来越多元化的乘客也反映出社会整体的种族融合现象。建筑评论家萨弗容认为这是时代交替的象征。"我很高兴看到千禧世代住进中心城区和北自由区，"她对我说，"他们是后民权运动的世代，没有经历过种族融合校车措施，也没有经历过那些城市暴动。他们在郊区长大，完全没有我这一代的一大堆种族包袱，对于能在城市中生活深感兴奋，对于搭乘地铁和公交车完全没有任何犹豫。"

这种社会改变如果要持续下去，公共空间也得持续扩展。正如购物广场扼杀了商店与人行道、栅栏社区取代了真正的社区，私家车也篡夺了过去由地铁、公交车与火车共享的社会空间。一旦消除了公共空间——你和自己的同胞唯一的接触如果都发生在时速88公里的情况下，而且还受到层层玻璃的阻隔——这个社会就会丧失自我认知，进而开始相信各种荒唐的谎言，例如犯罪猖獗不已、人与人之间没有一致的利益、不同的种族与阶级没有共同的立场。我的意思并不是说费城已经成为平和的苏黎世或毫无冲突的哥本哈根，阶级与种族的历史区隔在这里仍根深蒂固。不过，有许多证据显示，种族的地理区隔与公共空间的私有化等发展已逐渐趋缓。而且，不论是好是坏，地铁、公交车与火车长久以来都是社会的重要集会处所：罗莎·帕克斯在1955年于亚拉巴马州的一辆公交车上拒绝让位给白人乘客，当时公共交通运输系统就提供了一个能让人对种族歧视提出挑战的公共空间。费城民众搭乘公共交通工具的习惯从来不曾消失，这对于未来显然是个吉兆。

不过不是每个人都对未来如此乐观。我在费城访问的第一个人是威托德·黎辛斯基，他是现代建筑界的杰出文学家。我很喜欢他优美的文笔，但他对于汽车在北美洲大城市的演化过程中所扮演的角色却不当一回事，而且我对他认为费城没有前景的观点也颇感意外。

"费城已经衰退几十年了,"他对我说,"这座城市的问题是穷人太多,不识字的人口太多,生活在贫穷线下的人口太多,而且失业率又高。"黎辛斯基对于市中心荒芜没落的情景记忆深刻。"我记得搬来这里之前,曾经和朋友走访旧城区,结果那里的街道上竟然有流浪狗。那是个空空荡荡的地区,很可怕。"

不过,黎辛斯基认定美国人的自然栖地不是城市,而是郊区。从《城市生活》(*City Life*)、《金屋、银屋、茅草屋》(*Home*),乃至《最后的收成》(*The Last Harvest*),他不断在他的著作中宣称,独立的单户市郊住宅是英国人与美国人注定的居住形态,而且他也认为郊区的扩张纯粹是出于民众喜欢住在郊区。"扩张发展向来都是城市化的固有现象,"他写道,"促成这种发展的原因不是立法者的规范、开发商的行为或是城市规划师的理论,而是千百万的个人所做出的决定——也就是亚当·斯密所谓的'看不见的手'。"声称单户住宅在城市边缘的扩张现象纯粹是个人选择的结果,这是忽略了这一点:在战后几十年的时间里,美国政府的政策导致这种扩张发展成为大众唯一的务实选项。

此外,黎辛斯基在他的著作里也没有提及促成美国郊区的那些负面力量:高速公路的兴建铲除了许多原本生机盎然的社区;银行拒绝与贫穷区域往来的行为,也导致了城市没落。黎辛斯基从加拿大搬到费城,以便在宾夕法尼亚州立大学教书——这一举措正是白人逃离市区的鲜明例证。到20世纪60年代末,将近25万的白人离开了费城市中心,迁往像巴克斯县的莱维敦这样的市郊地区。1957年,曾有一对黑人夫妇想在这座典型的市郊住宅区买房,结果被200名郊区居民抛掷石头赶回原住处。(直到2000年,莱维敦的非裔美籍居民仍然不到5%。)

黎辛斯基住在栗子山的旧铁路郊区。我问他对于人口回流中心城区及其周遭社区的现象有何看法。他认为这种发展并不具备人口学上的重要性,并且指出费城的管弦乐团刚在不久前破产。这的确是个令人难过的消息，但绝非城市没落的确凿证据。

我认为费城已经开始复兴，这座城市展现的活力也许和黎辛斯基这类人士心目中想象的不同，却更具持久性，能产生许多适宜居住的良好社区。促成此一复兴发展的力量，是像费城灵魂乐先驱制作人肯尼·甘布尔这样的人士。他搬离自己位于郊区主干道的舒适住宅，在南区买下许多遭到遗弃的房屋，将其装修成平价住宅，鼓励非裔美籍居民购买属于自己的家。这种做法的首倡者是培根——他在20世纪60年代想出一个促使黑人民众参与城市规划过程的计划，而且他从未搬离自己位于中心城区的连栋房屋，这也显示出他对费城的信心。此外，像弗勒利希一家这样的居民也会更加促进这样的发展，因为他们都致力于改善自己居住的社区。

我敢说这种城市复兴不是昙花一现，而是一种长期趋势。进入新世纪以来，全美排名前50的大城市当中，已有26个城市的市中心住宅开发比例出现1倍以上的增长。单户住宅的开发量短时间内大幅下滑，绝大多数新开发项目都是多户住宅与公寓大楼。扩张发展的时代可能已经过去——你若是把受到公共交通运输服务的市中心区、内围的旧市郊地区和小型城镇的人口加起来，即可发现已经明显超过全美人口的半数。

公共交通运输若是单靠着自己的力量，绝对不足以复兴一个经济处于萧条状态的地区。如果没有工作可让人谋求生计，那么全世界最先进的BRT与轻轨系统也将毫无用处。不过，在即将到来的城市复兴中，公共交通运输将是至关重要的元素。在这个能源价格节节高涨的时代，大众一旦意识到适宜居住与步行的城市社区是养儿育女的最佳环境，像费城这种拥有良好公共交通运输与绝佳城市结构的城市，就会开始繁荣。"第一城"也许永远达不到纽约、上海或伦敦那样的国际地位，但我个人的猜测是，再过不久，费城将会成为一个极佳的居住地。

这种发展早就已经开始了。

11
即将来临的改变

魁北克省·蒙特利尔

在我想出走遍世界各地搭乘地铁、公交车与火车的点子之后没几个月,当时还是我女友的艾琳就和我一起买下了一栋房子。对我们而言,那是很重要的一步。在这之前,我们两人都是租房族,分别住在蒙特利尔同一社区的不同公寓内。一开始,我们不免担心缴付房贷以及水电费与财产税的压力可能会危及我们的关系。不过,面对共同生活的种种挑战反倒让我们的关系更加密切,于是我们在同居一年后结了婚,近来还得知我俩即将诞生的孩子是男孩。

我相信你选择的住处能反映出你是什么样的人。所幸,艾琳和我在大事上的观点相当一致。尽管我能接受住在小镇里,但我俩对郊区都毫无兴趣;此外,我俩也都希望有朝一日能住在湖边小屋里。由于艾琳找到了一份教书的工作,所以不想住得离她的学院太远,因此我们就把找房的范围限定在市区内。我们有个朋友是绝佳的房地产中介,在他的协助下,我们爬上一栋又一栋公寓的楼梯,比较一间间住宅里的壁炉与阳台,也认真思考了房子应该离公园、市场、学校和公共交通运输设施多近。我们虽然走遍全市各地,真正中意的对象却都在同一个社区,甚至就在那少数几条街上。最后,我们终于做出决定。距离那套房子两个街区处有个露天咖啡座，当年10月下旬一个天气异常宜人的下午，我们两人就是在那儿初次注意到彼此。

我们的住处位于乌特勒蒙区东端，是个中产阶级社区，位于蒙特利尔市中心以北几公里处。我们那条街道上的住户包括哈西德犹太人、年老的希腊人与意大利人、说法语的家庭，以及不久之前从加拿大、美国与欧洲来到此地的艺术家与学者。我们周遭的街区有约6000名哈西德犹太人，他们通常选择在这类密集的社区定居，原因是他们在安息日不能开车，所以不能住得离犹太教堂太远。有些邻居虽然厌恶他们并排停放的SUV与行驶缓慢的校车，但哈西德犹太人提供了简·雅各布斯所谓的"街道之眼"：我们那个区域未曾有过入室盗窃的案件，小孩，甚至是蹒跚学步的幼儿也能在没有大人陪伴的情况下在公园、街上安全玩耍。由于乌特勒蒙区的街道相当适宜行走，所以当我得知这里和西费城一样原本是电车郊区时，也毫不意外。在20世纪50年代之前，这里的主要干道上有电车行驶。每到夏天，柏油路面一旦在高温与橡胶轮胎的摩擦下剥落，昔日的电车轨道就会浮现，犹如突出表皮的骨头。社区当中的儿童一旦拿着弹簧跳杆、呼啦圈和滑板车出门玩耍，那情景感觉就像是在1920年——当地大多数住宅也正是兴建于那个时代。

艾琳在蒙特利尔出生，她的家人至今仍住在这里，而我则是在15年前迁居此地的。这座城市与费城有几个共同的特点：两者在北美洲都算是古老的城市——蒙特利尔由天主教徒建于1642年，费城由贵格会信徒造于40年后——而且经过富裕、影响力庞大的全盛时期之后，都有过长期的经济停滞。20世纪60年代以来，由于魁北克省看似将要脱离加拿大独立建国，于是构成上层阶级的英语居民便纷纷逃离蒙特利尔。有些人搬到西岛以英语居民为主的郊区，有些人则迁往隔壁的安大略省。我在20世纪90年代中期来到蒙特利尔，当时，魁北克省要求独立的省级公投几个月前以些微差距遭到否决。当时,这座城市仿佛感染了某种萎缩病,市中心不少街区的房屋完全无人居住,门窗都封了起来,而且一整排房屋不到10万美元就能买到。好的工作机会不多,但你如果是音乐家、艺术家或作家,那么蒙特利尔绝对能让你沉浸在浪漫的破旧环境、活力盎然的街头文化与褪色的光辉中,还能享有低廉的房租,有点像是20世纪90年代的布鲁克林,或是今天的费城。

不过,进入新世纪之后,蒙特利尔发生了一连串奇特的现象。政治恢复了稳定,待下来的英语居民纷纷学习法语,经济状况出现改善,人口也慢慢回流到原本遭到遗弃的市区。这样的复兴主要归功于蒙特利尔杰出的住宅。在费城,标准的住宅单位是3层楼的砖砌连体房;在蒙特利尔,则是3层楼的砖砌公寓,每层楼都分属不同屋主所有或是个别出租。蒙特利尔的3层楼公寓原本是为大家庭而设计,也是依照战前的高建筑标准建成,是宽敞又节能的城市住宅。

艾琳和我住在一栋建于经济大萧条时期的3层楼公寓。我们住在采光良好的3楼,平时采购日用品都靠步行,分别到面包店、蔬果商和鱼贩处采买。由于商家知道许多顾客都没有车,因此当地的街头小店仍然以老式的三轮车为顾客送货到家。从人行道上将物品搬上35阶楼梯到家门口,让我们得以保持身材,而且我们也很期待在这个社区中养育孩子——这里有许多托育场所,每天上午都能看到教师带着排成一列的幼儿到当地的公园活动。这种老式的城市生活吸引力似乎越来越强,我们这个社区的公寓价格不到7年已然倍增,接着又涨为原本的3倍。

我刚搬到蒙特利尔时,这里的公共交通设施堪称破败不堪。蒙特利尔为1967年世界博览会所兴建的地铁虽然仍提供基本服务,但已有多年不曾扩展路线。20世纪60年代对于粗暴水泥建筑物的着迷,为这座城市留下不少纵横交错的丑陋高架高速公路,其中许多都已近最迟销售期限。2006年,一条高架道路崩塌,导致5名车内乘客丧生。看起来有如一大坨面条的特科特立交桥，处处可见水泥剥落的情况，现在只靠铁丝网与众人的祈祷支撑。如果有需要，我就搭地铁与公交车，不过平时主要都是靠自行车移动，夏天骑一辆老旧的公路自行车闪避路上的坑洞，冬天则是改骑装有雪胎的自行车，以便适应融雪与滑溜的结冰路面。

令我讶异的是，蒙特利尔竟然在近来推行了不少北美洲最进步的运输及土地使用政策。闲置了数十年的停车场与棕地已开始建起新公寓，而且多是典型的砖砌联排排屋，但带有屋顶露天平台和现代化设备。这些建筑物许多都靠近地铁站以及班次频密的公交车路线。在距离我们家一个街区的帕克大道，市政府设了高峰期仅限公交车通行的车道，并将老旧的柴油公交车替换为约20米长的双节公交车，而且班次极为频密，几乎随时都有空位可坐。精巧的平面电视宣传公共交通运输的环保效益，并且让搭乘公共交通工具看起来新潮时尚。此外，易于使用的智能卡也加速了公交车的上下客速度。

蒙特利尔目前仍然没有连接机场的铁路，但有一班快速公交车以频密的班次从市中心载运乘客前往机场，票价只有出租车车费的五分之一。在这些改善措施的激励下，乘客数出现大幅增长。蒙特利尔居民平均每人每年搭乘224趟公共交通工具，荣膺北美洲人均公交搭乘之冠，甚至还胜过纽约。这座城市扩展了地铁路线，也增设了新车站，却没有削减公交车服务，因此也就没有引发我在纽约、洛杉矶与波特兰目睹的那种不满情绪——在那些地区，公共交通运输机构都在增建基础设施的同时缩减了基本运营服务。2010年，蒙特利尔的公共交通运输系统被选为北美洲最佳。城市规划者都对"温哥华主义"兴奋不已，但他们也许该好好研究蒙特利尔的模式，以此作为更能普遍适用的持续性城市化发展的参考。

蒙特利尔绝对称不上是无车城市。我搬到这里之前，就曾耳闻此地的驾驶员缺乏行车礼仪与耐心的程度堪比巴黎人。蒙特利尔的汽车驾驶员直到现在还是既无礼又没耐心，不过目前已有对汽车的反对声音出现了。皇家山高地是市中心一个以法语居民为主的自治区，当地的区长吕克·费朗代推行了交通平静管理政策，他所属政党的领袖也正是《汽车黑名册》（*The Black Book of the Automobile*）一书的作者，该书猛烈抨击汽车给社会与环境带来的冲击。蒙特利尔的自行车道路网虽然仍处于初期发展阶段，而且设计也不佳，但路网里程却年年增加，而且现在还有一项广受喜爱的自行车共享计划，称为"比克西"，在遍布市区各地的取车站提供了5000辆坚固耐用的自行车。赶时间的时候，我可以在距离我们家门口几百米的取车站租借一辆比克西，骑过几个街区，到最近的地铁站。

许多人都告诉我和艾琳，一旦有了孩子，非买车不可。我们对这个说法并不是那么确定。我们真正需要用到车的情况少之又少，而且就算需要搬运家具或是到朋友的别墅造访，我们也有共享汽车平台的会员身份。此外，走访哥本哈根让我冒出一个点子。我们近来在家附近发现一对夫妻从丹麦购得一辆载货自行车，用来载运儿女上下学。购买载货自行车的费用比起SUV的价格，实在微不足道，却能让我们载孩子到幼儿园、学校或是公园。艾琳和我原本对这辈子都不必买车的想法不免还有怀疑，但现在我们则怀疑这辈子是否会有买车的需求。

目睹蒙特利尔的缓慢重生让我对费城的未来充满信心。美国还有其他许多城市也都具有适宜步行的市中心，我认为这些城市的前景同样一片光明。在20世纪70年代被许多人视为无可救药的纽约，就是城市复兴的典型例子；至于旧金山、芝加哥、波士顿、明尼阿波利斯与波特兰等城市，其市中心的活力则从来不曾丧失。随着促使北美洲大城市疯狂发展的廉价化石燃料时代画上句号，为了扩张而扩张的意识形态也已然走到尽头。就房屋与城市而言，越大不一定越好。越大只会带来越多的假豪宅；越大只会带来分散到居民都不知道邻居是什么人的市郊住宅区；越大只会带来越久、越来越让人心灵枯竭的上下班时间——越大其实是越愚蠢。

在我刚展开这场旅程之际，明智的公共交通运输在北美洲的前景似乎一片光明。按照之前奥巴马政府的说法，美国就算不可能出现相当于州际公路系统的高速铁路网，至少汽车与火车的比重也会较为平衡。不过，尽管为新铁路及公共交通运输计划所规划的资金原本就微不足道，许多冥顽不灵的州长却连这么点钱也不肯批，而且鼓励将资金主要投入发展道路与汽车，接着彻底用罄。反税的共和党在国会取得多数席位之后，随即推动在2012年的预算中削减三分之一的运输开支，也就是说，大部分的联邦资金都只能用于维护既有的高速公路。（在加拿大，联邦政府不但在城市事务中扮演的角色微不足道，其保守派政府更完全无意把资金投入公共交通运输或客运铁路。）美国原本拥有一个历史性的机会，能在已有半世纪之久的高速公路网与持续性的铁路运输之间求取平衡，但这个机会如今恐怕已惨遭废弃了。整个北美洲都将为此付出代价，在未来数十年承担竞争力落后的后果。

几乎可以确定，即将来临的改变必然会在城市、区域或州的层面发生。大众对于更好的城市发展与公共交通运输的要求日益增长，而在可持续性公共交通运输上有所投资的城市将可收获投资的效益。若要从车流中拯救我们的城市，就必须发展公共交通运输，对市中心的老旧社区进行填入式开发，并在低密度的地方兴建多户住宅与公寓大楼。必须"棍棒"与"胡萝卜"齐使，一方面提高汽车的行车难度与停车的成本，一个简单的办法就是倾听加利福尼亚大学教授唐纳德·舒普的追随者"舒普族"的呼吁，想办法提高停车空间的利用率；另一方面则以安全、舒适、频密的公共交通运输吸引更多新乘客。对城市而言，寻求重生必须打造高质量的自行车道、步行导向的城市空间，以及金钱所能购得的最佳公共交通运输系统，而且不能缩减公交车服务的班次或质量，损及BRT的运作效果。事实已一再证明地铁是城市最可靠也最有效率的公共交通运输方式，但对于无力兴建地铁的城市，BRT及轻轨也是极佳的替代方案。新的公共交通运输系统由于自动化的发展，将不必负担过去那种庞大的人力成本；不过，公交车永远都需要司机，而且城市也绝对不该削减公共交通运输服务人员的薪资与福利。毕竟，他们手中掌握的可是大众的生命安全。

如何改变市郊地区，特别是北美洲城市的郊区，将是一大挑战。不过，这并不表示郊区已完全无可救药。地铁与轻轨系统能靠班次频密的接驳公交车扩展服务范围，在分布于各大交通干道的公交车站接驳乘客（这种做法在波哥大、多伦多与苏黎世都有极佳的效果）。像费城的宾夕法尼亚州东南运输系统这种既有的铁路网，只要增加班次，例如每半小时发一班车，而不是每小时发一班，即可形成有效的郊区公共交通运输系统，足以和巴黎的区域快铁相比。至于缺乏既有铁路网的城市，只要实行BRT，搭配公交车专用道、公交车优先通行的标志设计，以及便利、快速的服务，即可将市郊与市中心连接起来，甚至将城市边缘的办公园区、购物商场与边缘城市也连在一起。

要做到以上这些，就必须发挥创意找寻资金来源。对于当今的政客而言，提高汽油税也许会是政治自杀之举，但公共交通运输可以有其他多种补贴来源，包括停车费与塞车税、公路与桥梁通行费、对大公司征收的薪资税以及二氧化碳排放税。（目前已有少数公共交通运输机构自行开发公共交通运输设施附近的商业与住宅房地产，而不只是将土地卖给私人开发商，洛杉矶城市运输局就是一例。）公共交通运输若要具备持续性，就不能听从若干狂热分子的呼声将其彻底私有化。毕竟，这种做法在英国与澳大利亚已被证明是一大灾难。发达国家几乎每一座大城市的公共交通运输网都不免在发展过程中的某个时间点收归公有，这种现象不是没有原因：在经营繁忙的路线上，私企虽然可能有令人赞赏的表现，历史却一再证明，它对复杂的公共交通运输的经营不可能以公众利益为目的。历史教训告诉我们，拥有区域视野和统合规划督导权的国有机构才是最佳的公共交通运输经营者。

城市的救赎可以从重新思考城市高速公路这种不良构想的产物做起。密尔沃基、旧金山、巴尔的摩与纽黑文都已通过拆除部分市内高速公路的路段复兴了若干社区。西雅图的阿拉斯加路高架桥、新奥尔良的10号州际公路、克利夫兰的西滨公路，以及费城的95号州际公路部分路段，也可能会被改建成设有红绿灯的林荫大道，或是彻底拆除。高速公路正是造成城市荒芜的元凶，因此通过拆除道路启动城市复兴的进程，也是令人称快的明智之举。

我以公共交通运输乘客的身份走访世界各地已有几年的时间，我不会谎称我得到的都是令人振奋的体验。搭乘公共交通工具能看到各种各样的景象。在上海，我看到一个身形瘦小的小乞丐走进地铁车厢，双膝着地，对座位上一名衣着光鲜的妇女，不停磕头，直到她递给他一枚硬币才肯罢休。在洛杉矶一辆开往威尔希尔大道的公交车上，我不得不忍受前方座位上一个女人的大声咆哮，她以裹满绷带的手抓着手机，对一个个志愿者声称她居住的大楼里有"公然信奉撒旦的信徒"，不但对她下了咒，还在她门前的擦鞋垫上留下死鸽子。在菲尼克斯，有个眼神怪异的妇人，嘴唇上的口红涂得乱七八糟，头上还戴着布满花饰的圆帽，和我一同下了电车，跟在我身后穿越了几座停车场，我最后在一家美妆店的货架间才甩掉她。不过，我唯一遭遇的犯罪行为是在波哥大的一辆公交车上被人扒走一部廉价手机，扒手的技术极佳，我直到回到旅馆才发现手机不见了。在我搭乘公共交通工具的经历中，未曾见过暴力事件，也没遭遇过严重事故。回想起来，我在旅程中目睹过的死亡事故现场——不论是印度高速公路上的尸体，还是州际公路上撞毁的卡车旁满是血迹的路面——全都在公路车道上。

而且，除了少数令人不安的情景之外，我见到的是不计其数的善心之举。在波特兰的MAX列车上，一个拉丁裔少年看到一名手持拐杖的盲人快撞上门柱，立即跳起来，轻轻拉住他的手，引导他走向正确的方向。在京都火车站外，我迷惘地看着该市的公交车地图，一名头戴人字呢帽的干瘦老者立即下了自行车，以不甚通顺的英语问我想去哪儿，接着带我走到正确的站牌，直到看我搭上正确的公交车之后才骑车离开。在柏林地铁上，我看着两位母亲同时上车，其中一人戴着穆斯林头巾，另一人的脖子上挂着十字架项链。第一个母亲拉着一个小女孩的手，第二个母亲则是以婴儿车推着一名男孩，两人在相邻的座位上坐了下来。那名穆斯林女子的女儿长着一头鬈发，大约4岁，突然和婴儿车上的男孩四目相对，向他挥了挥手。那名男孩睁大眼睛，露出腼腆的微笑，也举起手。小女孩看着自己的母亲，咯咯笑了起来。他们在几个站的路程中不断互相看看对方。后来，那名金发母亲推着婴儿车走向门口，男孩严肃地向他新交的朋友挥手道别。两位母亲对视了一眼，双双笑了起来。她们从头到尾都没有开口交谈。这是一部美妙的小小哑剧，是城市里一个人际交流的片断。

　　我还是会想到达利与撒切尔夫人把公共交通运输乘客贬斥为窝囊废与失败者的说法。不过，它们是汽车时代的产物，如今看来，那个时代对发动机马力的着迷已显得病态。虽然我也是听着汽车带人逃离烦闷生活的浪漫传说长大的，但我愿意接受比较缓慢、根基比较深固的生活。道路上的叛逆人士没有提到这一点——高速公路虽然让他们得以追寻心目中的真理，却也摧毁了城市里许多充满活力的真实事物。近来，相对自由的另一种象征——列车及其孤独的笛声，在我耳中听来显得甜美许多。你在列车上能看见大地上的景色，你能认识其他人，孩子会对你挥手，你也能挥手回应。轨道将不同的地方连接起来，高速公路则是将它们加以撕裂。

　　此外，我也没有什么重大的旅行计划。我已花了一段时间游历世界，认真思考我自己想居住的地方，也听过许多人分享他们希望以什么样的方式让自己的社区变得更好。艾琳和我做出了选择，我们找到了属于我们的社区。现在,是时候唤回我自己8岁时的智慧了:那个身穿白色套头毛衣的男孩,用"大富翁"的饭店棋子建造出了一个城市街区的模型——那个街区看起来不像停车场,而比较像是公园。

  有时候,寻得一个更美好之地的最佳方式,就是努力把你我身处的地方变得稍微好一点。

致　谢

每一本书都是一趟旅程。但这本书感觉却像是一场长达3年的列车之旅——幸运时搭乘的是子弹头列车，但我通常搭的都是外壳闪亮但性能老旧的郊区电车。所幸，每一座车站都有人告诉我该往哪条轨道去；如果不是他们，我绝对回不了家。（当然，我的旅程并不完全都是搭乘列车；为了弥补我在为本书搜集资料的过程中所搭乘的飞机里程，我向总部位于英国的"气候关怀"组织购买了相应的碳补偿额度。）

首先，我要感谢我的经纪人米歇尔·特斯勒，她总能在最具挑战性的情况下取得绝佳的成果；还有先前任职于亨利·霍尔特出版公司的韦伯斯特·扬斯，他对这部旅行游记反应极为热烈。亨利·霍尔特出版公司的编辑吉利恩·布莱克则提供了建议与鼓励，也为书稿内容做出了恰到好处的删节。哈珀·柯林斯出版社的吉福德对于城市的一切都深感兴趣，因此和他合作起来非常愉快。

在上海，托比·斯金纳在临时接到通知的情况下，提供了关于2011年汽车展的绝佳报告。

在纽约，区域规划协会的杰夫·朱潘为我提供了纽约大都会公共交通运输史的珍贵背景知识；吉恩·鲁西亚诺夫是"公共交通运输乘客权益运动"这个令人盛赞的组织的成员，他以幽默而坦率的态度和我分享他搭乘地铁的经验,"街道博客"网站(www.streetsblog.org)的马克·戈顿则是对改变曼哈顿的街道充满热情。布鲁克林的萨拉·霍伊德与安德鲁·平克为我提供了住宿与亲切的陪伴,还和我分享了匪夷所思的公共交通运输逸事。戴维·皮尔曼是内容丰富的纽约市地铁网站的主持人,他带我参观了纽约地铁系统当中若干鲜为人知的角落。

在洛杉矶,格洛丽亚·奥兰德带我认识了这座城市的公共交通运输运动人士,也带我品尝美味的韩国餐点。都市运输局的亚历山大·卡拉玛莫斯很有耐心地引导我参观轻轨系统的重点。尤里·阿里蒂比斯与托尼·阿伦纳加则花了许多时间论证目前认定菲尼克斯无可救药还言之过早。

深深感谢亚历山德拉·利米阿蒂与纪尧姆·布兰查德,还有小艾蒂安,和我分享在巴黎的生活,也感激布鲁斯与塞西尔带我到圣马丁运河上享受一场怀旧的野餐。马克·奥文登与朱利恩·佩平斯特是绝佳的地铁导游;法国的头号"地下墓穴痴"吉勒斯·托马斯,则是以他对巴黎地底那些错综复杂的墓穴的深入了解让我惊奇不已。

在前往哥本哈根的旅程中,感谢汉斯-乔治·赫尔在接到临时通知时立刻为我安排弗莱堡之旅;感谢约翰·普克尔向我提示欧洲有哪些优秀的自行车城市,也感谢格维纳埃尔·卡雷克与迈克尔·谢弗在柏林收留及照顾我这个发烧的旅人。在哥本哈根,麦布里与乔恩·刘易斯为我介绍了复杂的丹麦公共交通运输系统以及神奇的素肉产品"quorn";奥吉文德·施韦勒针对哥本哈根的骑车现象为我提供了丰富的背景知识。

我非常感激埃里克·斯科特与雅各布·拉布金介绍我认识阿纳斯塔西娅·波普科夫。她对于莫斯科地铁的讲解百无禁忌,也在街道上发挥耐心为我担任翻译。

若是没有斯科特·切尔诺夫与珍妮弗·梅纳德的热情招待与引导，我在东京那座迷宫里绝对理不出任何头绪；斯科特，谢谢你精神上的支持，你持续提供最新消息，也不断认真进行探究。在斯科特介绍给我认识的许多人当中，我要感谢早崎红子、早崎友子、彩奈与椎本宽、茉莉香与丽莎，还有饰磨里沙。克里斯琴·迪玛针对公共空间提供了绝佳的观点，我也要感谢加布里埃尔·班克斯分享了对日本城市的深刻洞见。此外，还要感谢助理翻译拨冗向我说明日本人的骑车习惯。

在波哥大，我生疏的西班牙语根本不足以理解哥伦比亚俚语，所幸卡洛斯·莫雷诺及时伸出了援手。卡洛斯·帕多幽默而体贴地为我提供了千禧公交车与高峰期车号管制的背景说明。

在费城，感谢"费城无车网"（www.carfreephilly.com）与"城市猫咪"网站（www.citykitties.org）的洛丽与卢带我进行了一趟美妙的西费城自行车之旅。

在温哥华，感谢我的姐妹劳拉与她的先生贾斯廷·艾登到机场接我，带我吃了美味无比的外带印度美食，偶尔还在深夜邀我玩上几局Xbox游戏。一如往常，我的父母保罗与奥德丽·格瑞斯科仍然给我坚实的支持。爸，感谢你适时提供最新数据与网站链接，协助校正标点符号，给我及时的鼓励。妈，感谢你详尽而且充满幽默标注的研究，以及对各章的仔细阅读，也感谢你愿意放任我这个任性的儿子在写作上的执着。如果没有你们，我绝对不可能有足够的自信与坚持完成任何一本书。

蒙特利尔的兹维·列夫熟知哪里有美味咖啡，也和我分享了他在全球公共交通运输界的人脉。丹尼尔·罗特曼与瑞安·奥斯古德以绝佳的整理功力帮我誊写了纷杂的访谈内容。两位，感谢你们专业与高效的表现，还有充满机智的旁注。

在西伯利亚铁路上的旅程显得永无止境之际，所幸有我太太艾琳·丘克尔的陪伴。我要感谢我太太在后勤上的实质帮助——包括吃力不讨好的誊写工作——也要感谢她容忍我在为本书搜集资料以及撰写的过程中经常离家在外，而且就算在家的时候也常心不在焉。她的乐观态度与浓情蜜意是这一路支持我的力量。亲爱的，我已等不及要和你一起展开下一阶段的旅程了。